Шри Дайя Мата
(1914—2010)

Третий президент и духовная глава общества
Self-Realization Fellowship/Yogoda Satsanga Society of India

Как найти радость внутри себя

Духовные советы о том, как сделать Бога центром своей жизни

Шри Дайя Мата

Книга «Как найти радость внутри себя», впервые изданная в 1990 году, является вторым по счету сборником выступлений Шри Дайя Маты, президента и духовной главы общества Self-Realization Fellowship с 1955 года до своей кончины в 2010 году. Первый том, «Только любовь. Как жить духовной жизнью в изменчивом мире», вышел в свет в 1976 году. В середине 1950-х годов монахи в ашрамах Парамахансы Йогананды начали записывать выступления Шри Дайя Маты на *сатсангах* (собраниях богоискателей, где духовный глава говорит экспромтом на ту или иную духовную тему и отвечает на вопросы собравшихся). Для того чтобы сохранить ее личные истории о Парамахансе Йогананде и ценный духовный опыт, полученный за более чем двадцать лет обучения у него, аудиозаписи были переведены в печатную форму, и избранные темы из ее выступлений начали регулярно печатать в журнале *Self-Realization*, основанном Парамахансой Йоганандой в 1925 году. Поскольку эти выступления стали вдохновляющим источником духовного руководства для людей разных религий и мировоззрений, печатный материал был издан в форме книги.

Название англоязычного оригинала, издаваемого
обществом Self-Realization Fellowship, Лос-Анджелес, Калифорния:
Finding the Joy Within You: Personal Counsel for God-Centered Living

ISBN: 978-0-87612-288-4

Перевод на русский язык: Self-Realization Fellowship

Copyright © 2024 Self-Realization Fellowship

Все права защищены. Без предварительного разрешения Self-Realization Fellowship перепечатка (за исключением кратких цитат для рецензий) и распространение книги «Как найти радость внутри себя. Духовные советы о том, как сделать Бога центром своей жизни» (Finding the Joy Within You: Personal Counsel for God-Centered Living) в любой форме — электронной, механической (или любой другой, существующей сегодня или в будущем), включая фотокопирование, звуковую запись или хранение ее в информационных и принимающих системах — является нарушением авторских прав и преследуется по закону. За справками обращайтесь по адресу: Self-Realization Fellowship, 3880 San Rafael Avenue, Los Angeles, California 90065-3219, USA

 Авторизовано Международным Издательским Советом
Self-Realization Fellowship

Название общества *Self-Realization Fellowship* и его эмблема, помещенная выше, присутствуют на всех книгах, аудио- и видеозаписях, а также других публикациях SRF, удостоверяя читателя, что он имеет дело с материалами организации, которая основана Парамахансой Йоганандой и передает его учения точно и достоверно.

Первое издание на русском языке, 2024
First edition in Russian, 2024
Издание 2024 года
This printing 2024

ISBN: 978-1-68568-194-4

1294-J8040

С вечной благодарностью и любовью
эта книга посвящается моему
глубоко почитаемому Гурудэве

ПАРАМАХАНСЕ ЙОГАНАНДЕ

за его любящее и безошибочное руководство
на моем пути к совершенной радости

Содержание

Вступительное слово доктора Биная Р. Сена xvi
Предисловие xix
Введение xxii

1. Да, мы можем познать Бога! 1
  Гармоничное развитие тела, ума и души
  Божественное предназначение жизни
  Развитие спокойствия и ясного мышления
  Человек страдает, потому что он отвернулся от Бога
  Путь к покою
  Пример великой души
  Видение Божественной Матери

2. Почему душа нуждается в Боге 14
  Человек забыл свою истинную природу
  Как вернуть себе свою утраченную божественность
  Что такое истина?
  Опыт восприятия Единого Бога во всех религиях
  Божественная лила Господа Кришны
  Господь Будда и его путь праведного действия
  Божественное сострадание Христа
  Всеохватывающая любовь Божественной Матери
  Человек рожден для того, чтобы познать свое единство с Богом
  Зачем ждать, пока страдания заставят вас искать Бога?

3. Как нам разрешить проблемы этого мира? 28
  Природа сегодняшнего кризиса
  Выживание цивилизации зависит от духовного прогресса
  Духовное изменение начинается с нравственности и позитивного мышления
  Измените себя, и вы измените тысячи людей
  Внутренняя гармония появляется благодаря медитации

Удерживайте внутренний покой и радость при любых обстоятельствах
В этом мире нет совершенства

4. Весь мир — наша семья 39
Что такое свобода?
Правильная деятельность начинается с правильного подхода..
Любящее служение всем Божьим детям

5. Надежда обрести покой в изменчивом мире 48
Индия: духовный лидер человечества
«Будь верен сам себе»
Величайшие из влюблённых

6. Общение с Богом: нить, связующая все религии 56
Опыт восприятия Бога разрушает барьеры между религиями
Йога: прямое восприятие Бога
Ключ к глубокой медитации
Цель жизненных испытаний
Проявление понимания и сочувствия к окружающим

7. Достижение гармонии между духовностью и мирской деятельностью 66
От каждой культуры берите только самое лучшее
Осознание Бога во время работы
Путь к внутреннему равновесию
Миру не хватает общения с Богом

8. Карма-йога: равновесие между активностью и медитацией .. 75
Бог присматривает за вами
Единение с Богом через бескорыстное служение
Освободите себя от чувства бремени
Важность медитации
Работайте с радостью и творческим энтузиазмом
«Учитесь больше жить внутренней жизнью»

9. Как работать с правильным духовным настроем 91
КТяжелый труд: ценная духовная дисциплина

Содержание

Как относиться к «непосильному» объему работы
Обучение у Гуру
Готовность браться за дело — ключ к духовному росту
Что такое правильная деятельность?
Бог никогда не посылает нам испытаний, которые мы не смогли бы осилить

10. Избавьтесь от внутренней напряженности **101**
Практические методы снижения напряженности
Важность правильного питания и физических упражнений
Активный отдых с Парамахансаджи
Удерживайте свой ум на Боге — как в работе, так и в уединении
Будьте восприимчивы к водительству Гуру

11. Пылающее сердце **112**
Критерий глубины медитации
Простое признание в любви Богу.
Соотносите весь свой опыт с Богом
Говорите Богу, что любите Его

12. Как углубить свою любовь к Богу **123**
Значение и ценность групповой медитации
Как развить личные взаимоотношения с Богом

13. Духовное пение как форма медитации. **130**

14. Как научиться любить себя **135**

15. Учитесь полагаться на безграничную силу Бога **139**
Как устранить препятствия, отделяющие нас от Бога
Расслабление и медитация: ключ к внутреннему резервуару сил
Сила аффирмаций и позитивного настроя
Вручив себя Богу, вы достигнете наивысшего удовлетворения

16. Смерть: таинственные врата в лучший мир **151**
Не нужно бояться смерти
Восприятие мира за гранью смерти
Следуйте Божьей воле с радостью

17. Разрешайте проблемы с помощью внутреннего руководства . 160
Прислушивайтесь к Божественному Голосу внутри себя

18. Как развить в своем сердце понимание 166
Эмоции и перепады настроения — враги понимания
Извлекайте божественный урок из всего, что с вами происходит
Внутреннее спокойствие помогает принимать правильные решения
Сделайте истину частью своей повседневной жизни
Безусловная любовь Бога и Гуру

19. Пусть каждый день будет Рождеством 175
Человечество страдает от «духовного голодания»
Блестящий пример Иисуса Христа
Волна духовного пробуждения в мире

20. Универсальное послание Христа и Кришны 182
Схожесть жизней Христа и Кришны...
Универсальное послание божественной любви
Разные аспекты единой Истины
Величайший завет
Ключ к решению всех проблем
Мир на земле начинается с мира в семье

21. Воспитывать детей — это целая профессия 193
Обучение детей начинается в семье
Дети нуждаются в любящей дисциплине
Родители должны принимать равное участие в воспитании детей
Как развить доверительные отношения с детьми
Поддерживайте контакт со своими детьми
Прививайте детям чувство ответственности

22. Когда допустимо применение силы при защите? 207
Бог судит мотивы поступков
Различные ступени эволюции
Проницательность и уважение ко всем формам жизни
Мирное решение конфликта

Содержание

23. Как укрепить силу своего ума 214

24. Как укоренить свою жизнь в Боге 224
 Чтобы осознать истину, тренируйте свой ум
 «Просто вручи это Богу»
 Как развить внутреннюю силу
 «Уединение — плата за познание Бога»
 «Ничто не сможет тронуть тебя, если ты внутренне любишь Бога»

25. Совершенная радость 237
 Будьте выше болезненных переживаний
 Что заставляет нас страдать?
 Что такое правильный настрой ума?
 Искореняйте в себе желание критиковать других
 Отдавая, мы получаем

26. Путь к эмоциональной и духовной зрелости 246
 Способность трезво воспринимать реальность
 Способность адаптироваться к переменам
 Находите радость в дарении
 Учитесь любить

27. Преодоление отрицательных черт характера 252
 Тренируйте свой ум быть объективным
 Уверенность в себе приходит изнутри
 Правильное отношение к своим ошибкам
 Будьте честны перед собой и перед Богом
 Терпение и решимость
 Ненависть и обида разъедают вашу внутреннюю жизнь
 Преодоление ревности и зависти
 Мотивируйте себя на поиски Бога
 Преодоление негативных обстоятельств позитивным мышлением
 Откуда исходят негативные и вульгарные мысли?
 Сосредоточьтесь на совершенствовании взаимоотношений с Богом

28. Смирение: неизменный покой сердца **268**
Значение смирения
Умейте выдерживать критику
«Благословенный дом внутри»

29. Гуру: проводник к духовной свободе **274**
Предназначение гуру
Станьте опорой для других людей

30. Парамаханса Йогананда, каким его знала я **283**
Преданность идеалам чести и честности
Заверение присутствия Божественной Матери
Служение, мудрость и божественная любовь
«Только любовь сможет занять мое место»
Неподвластный смерти
Вечно живой Гуру

31. Любовь спасет мир **299**
Потребность в прощении
Каким образом любовь меняет людей
Любовь к Богу — это то, что делает духовное учение живым
Отстаивайте свои принципы, но без враждебности

32. Сделайте Бога центром своей жизни **310**
«Божественная Мать, позволь мне завоевывать сердца лишь для Тебя»
Служение Гуру
Преодоление плохого настроения
«И познаете истину, и истина сделает вас свободными»
Случайностей не бывает
Практика Божьего присутствия
Как найти необходимые руководство и силу
Используйте свое время с толком
Программа для длительной медитации
Как бороться с «засухой» в медитации
Бога покоряют безусловной любовью
Каждый человек может найти Бога

Содержание

33. Антология духовных советов 331
Решение всех проблем
Сила молитвы за мир на земле
Почему некоторые дети рождаются с недугами?
Об атеизме
Роль музыки в поиске Бога
Находите время для Бога
Намечайте цели для своего духовного развития
Бог всегда с нами
Когда же Бог отзовется?
Нужно ли рассказывать о своих духовных воззрениях другим людям?
Гармоничные отношения с окружающими
«В духе божественной дружбы»
Прощение приносит умственный покой
Как «стереть» свои прошлые ошибки
Безусловная любовь Господа
«За все благодарите»

Фотографии

Шри Дайя Мата *(фронтиспис)*

Приветствие участников Ассамблеи SRF, 1989 год	5
50-я годовщина SRF, Лос-Анджелес, 1970 год	9
Шри Дайя Мата, Мриналини Мата и Ананда Мата, 1976 год	40
Раздача сладостей после *сатсанги*, Ранчи, 1968 год	43
В Ранчи, 1973 год	43
Шри Дайя Мата приветствует девочку, Калькутта, 1961 год	76
Члены YSS встречают Дайя Мату в Дели, 1972 год	76
С Парамахансой Йоганандой и Раджарси Джанаканандой	79
Речь в Озерной Святыне SRF, 1965 год	79
Медитация перед портретом Парамахансаджи, 1980 год	84
Шри Дайя Мата, Ананда Мата и Ума Мата, 1964 год	85
Сатсанга в Мехико, 1972 год	85
В глубоком состоянии *самадхи*, Ранчи, 1967 год	114
После рождественской *сатсанги*, Пасадена, 1978 год	116
В Пальпаре, Западная Бенгалия, 1973 год	183
Приветствие учеников школы YSS для мальчиков, 1972 год	186
В летнем лагере SRF, 1978 год	186
В Озерной Святыне SRF, 1988 год	215
В школе YSS для девочек, 1972 год	215
Приветствие собравшихся после *сатсанги*, Ранчи, 1967 год	217
Приветствие собравшихся в Административном центре SRF *(SRF Mother Center)*, 1982 год	217
С Его Святейшеством Шанкарачарьей из Пури, 1959 год	218
Со Свами Сиванандой, Ришикеш, 1959 год	221
С Анандой Мойи Ма, Бенарес, 1959 год	221
После песнопения в Ранчи, 1964 год	255
Со статуэткой святого Франциска Ассизского, 1973 год	257

Фотографии

Сатсанга в Риме, 1969 год..................................... 257
Парамаханса Йогананда.. 286
С Парамахансаджи и его учениками, 1937 год 290
Приветствие участников Ассамблеи SRF, 1972 год..................... 314
После *сатсанги*, Дели, 1972 год 314
На Ассамблее SRF, 1983 год................................... 318

Вступительное слово

доктора Биная Ранджана Сена, бывшего посла Индии в США и Генерального директора Продовольственной и сельскохозяйственной организации ООН

Почти сорок лет назад мне выпало счастье познакомиться с Парамахансой Йоганандой, этой божественной душой, чей дух и чьи учения так прекрасно представлены в этом томе выступлений его выдающейся ныне здравствующей ученицы, Шри Дайя Маты[1]. Встреча с Парамахансой Йоганандой стала одним из тех событий, которые прочно закрепились в моей памяти. Это произошло в марте 1952 года. Приступив к исполнению своих обязанностей в качестве посла Индии в США в конце 1951 года, я отправился в служебную командировку, в рамках которой посетил разные города страны. Когда я прибыл в Лос-Анджелес, я в первую очередь захотел встретиться с Парамахансой Йоганандой, чьи учения по Самореализации оказывали большое духовное влияние не только в Соединенных Штатах, но и во многих других странах мира.

Несмотря на то что я много слышал о Парамахансе Йогананде и его организации, я оказался не слишком готов к тому, что меня ожидало в Центре Самореализации в районе Маунт-Вашингтон. Когда я прибыл туда, у меня появилось чувство, что я перенесся на три тысячи лет назад в один из тех ашрамов, которые описываются в индийских священных писаниях. И там

---

[1] Шри Дайя Мата ушла из жизни в 2010 году. См. стр. *xxvii*.

Вступительное слово

был великий *риши* (просветленный мудрец), окруженный своими учениками, которые были облачены в шафрановые одеяния *санньяси* (тех, кто отрекся от мирской жизни). Я словно попал на остров божественного покоя и любви посреди бурного океана современной жизни.

Парамахансаджи встретил меня и мою супругу в дверях. Невозможно описать словами то, что я испытал, увидев его. Я почувствовал такой духовный подъем, какого еще не знал. Когда я посмотрел ему в глаза, меня чуть не ослепило исходящее из них сияние духовного света. Его безграничная мягкость и великодушная доброта окутали нас теплом, словно солнечный свет.

В последующие дни Мастер проводил с нами свою каждую свободную минуту. Мы говорили о трудностях, переживаемых Индией, и о планах наших лидеров улучшить условия жизни народа. Я увидел, что его понимание и внутреннее видение охватывали даже незначительные сферы мирской жизни, хотя он и был человеком Духа. В нем я увидел истинного посланника Индии, несущего миру суть ее древней мудрости.

Его последние минуты на банкете в отеле Билтмор навсегда запечатлелись в моей памяти. Подобное явление уже было описано не раз: это было воистину *махасамадхи*. Совершенно очевидно, что он покинул тело так, как это может сделать только великая душа. Думаю, никто из присутствовавших там не испытывал чувства скорби. Став свидетелями божественного явления, мы пребывали в самом возвышенном состоянии.

С тех пор по долгу службы я побывал во многих странах. В Южной Америке, Европе и Индии люди, которых коснулся божественный свет Парамахансаджи, подходили ко мне и, зная по широко распространенным фотографиям, что я был рядом с этим великим человеком последние дни его жизни, просили меня рассказать о нем. Во всех тех, кто подходил ко мне, я чувствовал внутреннюю потребность в руководстве — чтобы кто-то подсказал им, как жить в эти смутные времена. И я видел, что с уходом Мастера его работа не только не угасала, а начинала освещать путь еще большему числу людей на земном шаре.

Ни в чем и ни в ком другом его наследие не проявилось так ярко, как в его святоподобной ученице Шри Дайя Мате, которую он воспитал как своего преемника. Незадолго до своей кончины он сказал ей: «Когда я уйду, только любовь сможет занять мое место». Все те, кто, так же как и я, имел счастье познакомиться с Парамахансой Йоганандой, говорят, что в Дайя Матаджи они видят тот же дух божественной любви и сострадания, который так впечатлил меня во время моего первого визита в Центр Самореализации почти сорок лет назад. В ее словах, запечатленных в этой книге, мы находим бесценный дар мудрости и любви, которыми великий Мастер осветил ее жизнь и которые также изменили и мою жизнь.

Мир движется навстречу новому тысячелетию; как никогда прежде ему угрожают мрак и смятение. Новый дух вселенской любви, понимания и заботы о других позволит преодолеть извечные ошибки мира, когда страна идет против страны, религия — против религии, человек — против природы. Учение, которое принес Парамаханса Йогананда своим современникам и будущим поколениям, — это нетленное послание индийских провидцев. Я лишь уповаю на то, что факел, который он передал в руки Шри Дайя Маты, осветит путь миллионам людей, ищущих руководства в своей жизни.

Калькутта
20 октября 1990 года

Предисловие

С 1931 по 1952 год я имела счастье стенографировать учения Парамахансы Йогананды — его публичные лекции и занятия, вдохновенные богослужения по воскресеньям и четвергам в Главном международном центре Self-Realization Fellowship[2] и в храмах, а также его неформальные беседы с учениками, — чтобы сохранить их для будущих поколений. Учения, которые Гуру представлял в своих лекциях и занятиях по всей стране — в частности, его детальные инструкции по техникам йогической медитации, которые он давал тем, кто записывался на частные уроки в самых разных городах, — вошли в *Уроки Self-Realization Fellowship*. Более сотни его вдохновенных выступлений перед учениками и интересующейся публикой в храмах и Главном международном центре SRF были изданы в двух сборниках: «Вечный поиск» и «Божественный роман»; остальные появляются в каждом новом номере журнала *Self-Realization* (рус. «Самореализация»). Цель данного сборника (так же как и предшествовавшего ему *Only Love* (рус. «Только любовь»)) состоит в том, чтобы передать читателю личное руководство и вдохновение, которые Парамахансаджи давал своим ближайшим ученикам — тем, кто жил рядом с ним и получал в

---

[2] Букв. «Содружество Самореализации»; произносится как [сэлф риализэйшн феллоушип]; сокр. SRF [эс-эр-эф]. Парамаханса Йогананда объяснил, что название общества означает «союз с Богом через Самореализацию (осознание своего истинного „Я") и братскую дружбу со всеми искателями Истины».

ежедневном общении с великим Мастером основательное духовное обучение и воспитание.

Со всеми теми, кто пришел с искренним желанием познать Бога, Гурудэва[3] был достаточно откровенен; он прямо говорил нам, что именно мы должны были сделать, чтобы изменить себя и продвинуться духовно. Большая часть его водительства, однако, давалась не в форме длинных речей или детальных инструкций. Всякий раз, когда наши мысли или действия отклонялись от нашей цели, заключавшейся в том, чтобы выстроить свою жизнь вокруг Бога, он применял замысловатые методы — хотя некоторые из них были не такими уж и замысловатыми! — чтобы перевести наше внимание в правильное русло. Несколько прямых слов, многозначительный взгляд и воодушевляющий комментарий о качествах идеального ученика или определенном критерии истины всегда действовали эффективно и производили в нас какие-то изменения. Но главным образом мы учились на примере самого Гуру и применяли собственные усилия, чтобы следовать по стопам его жизни, которая таким совершенным образом отражала любовь и радость Бога.

Духовные советы, представленные в этой книге, — это плод двадцати лет жизни, проведенных у стоп моего Гуру. Это руководство, которое он давал всем, в ком он обнаружил не просто интеллектуальный интерес к духовным истинам, но искреннее желание стать ближе к Богу путем укоренения своей жизни в Нем.

---

[3] Говоря о своем гуру Парамахансе Йогананде, Шри Дайя Мата называет его *Гурудэвой* («божественный учитель»), *Гуруджи* (составная часть слова *-джи* обозначает уважительное обращение; она прибавляется к индийским именам и титулам) и *Мастером* (наиболее близкий эквивалент санскритского термина *гуру*; тот, кто достиг самообладания и получил право направлять других на их пути к постижению Бога). — Прим. изд.

Предисловие

Большая часть материалов, представленных в этом сборнике, позаимствованы из *сатсанг* — неформальных собраний, на которых духовный глава отвечает на вопросы собравшихся или экспромтом говорит на какую-нибудь духовную тему. Ученики Гуруджи записали на магнитофонную пленку многие из этих выступлений; они были опубликованы в журналах *Self-Realization*, а также выпущены на аудионосителях. Последние месяцы я просматривала ранее опубликованный материал совместно с редакторами, чтобы разъяснить им некоторые моменты, добавить кое-где необходимые детали и классифицировать по темам имеющийся материал для издания его в форме книги.

Оглядываясь на многие годы, прожитые под руководством Гуру, я чувствую безмерную благодарность. Это были годы абсолютной удовлетворенности души и сердца. В этом нет моей заслуги — вся заслуга принадлежит моему Гуру и его учениям. Я смиренно надеюсь, что духовная практика и идеалы, которые сыграли огромную преобразующую роль в моей жизни, окажутся своего рода благословением для тех, кто впервые ознакомится с ними на страницах этой книги.

Лос-Анджелес
19 ноября 1990 года

Введение

«Какой огромный мир любви и радости таится внутри души! Нам не нужно его обретать — он уже принадлежит нам».
— Шри Дайя Мата

Это собрание выступлений несет в себе убедительное доказательство того, что каждый из нас — какими бы ни были внешние обстоятельства — может научиться жить в постоянной радости и чувстве защищенности, исходящими из глубины нашего существа. Книга «Как найти радость внутри себя» представляет собой вдохновляющее практическое руководство о том, как сонастроить свою жизнь с Богом. Это плод шестидесяти лет жизни, которые автор прожила для Бога, даря Его радость другим.

Шри Дайя Мата родилась 31 января 1914 года в Солт-Лейк-Сити, штат Юта[4]. С ранних лет она испытывала глубокое стремление познать Бога. Она впервые услышала об Индии, когда была еще школьницей и училась во втором классе. Тогда она испытала загадочное внутреннее пробуждение; к ней пришла абсолютная уверенность в том, что Индия таит в себе ключ к разгадке ее жизни. В тот день она прибежала из школы домой и радостно воскликнула: «Когда я вырасту, я не выйду замуж! Я поеду в Индию!» Слова ребенка оказались пророческими.

Когда Дайя Мате было 15 лет, ей подарили Бхагавад-Гиту, «Песнь Господню». Это священное писание тронуло ее до глубины души, ибо открыло ей, что Бог любит всех Своих детей, даря им

---

[4] Урожденная Фэй Райт, она стала известна под своим монашеским именем Дайя Мата («Мать Сострадания»). *Шри* — уважительный титул.

понимание и сострадание. Она увидела, что к Нему можно стать ближе; что Его можно познать. Его детей писание называет божественными существами, которые посредством собственных усилий могут обрести свое духовное наследие и единство с Богом. Дайя Мата приняла твердое решение, что так или иначе посвятит свою жизнь поискам Бога. Она ходила от одного религиозного учителя к другому, но никак не могла найти ответ на вопрос: а где же тот, кто *любит* Бога? Где же тот, кто *познал* Его?

В 1931 году, когда Дайя Мате было семнадцать лет, она впервые встретила Парамахансу Йогананду[5], который приехал в Солт-Лейк-Сити, чтобы провести серию занятий по йоге. Вспоминая свое первое впечатление о нем, она сказала: «Я стояла в конце переполненного зала, не замечая вокруг себя ничего — все мое внимание было приковано к оратору и его словам. Его мудрость и божественная любовь затопили все мое существо, проникая в душу, сердце и разум. Я могла думать лишь об одном: „Этот человек любит Бога так, как я всегда хотела Его любить. Он познал Бога. Я последую за ним"».

В тысячной толпе, казалось, у нее не было шанса познакомиться с Гуру. Но, как говорится, не было бы счастья, да несчастье помогло. В то время Дайя Мата страдала серьезным заболеванием крови. Из-за этой болезни, которую врачи признали неизлечимой, Дайя Мата в конце концов была вынуждена оставить учебу в школе. Однако она стала регулярно посещать занятия Парамахансаджи, и бинты на ее опухшем лице привлекли внимание великого

---

[5] Парамаханса Йогананда, основатель общества Yogoda Satsanga Society of India (действует с 1917 года), проживал в США с 1920 года. Именно тогда он был приглашен на Конгресс религиозных либералов в Бостоне в качестве делегата от Индии. В последующие годы он выступал с лекциями в разных городах страны и основал в Лос-Анджелесе Главный международный центр своего общества, которое за пределами Индии известно как Self-Realization Fellowship.

Гуру. На одном из своих последних занятий в городе он даровал ей божественное исцеление, предсказав, что через семь дней от ее болезни не останется и следа. Так оно и случилось[6]. Но для Дайя Маты еще большим счастьем — большим, чем чудесное исцеление — стала возможность познакомиться с Божьим человеком. Она была чрезвычайно робкой, и поэтому последующие годы очень дивилась тому, откуда в ней взялась сила и смелость на первой же встрече сказать ему: «Я очень хочу поступить в ваш ашрам и посвятить свою жизнь поискам Бога!» Гуру пристально посмотрел на нее и сказал: «Так оно и будет».

Но для того чтобы это свершилось, требовалось чудо: ее семья была против. Дайя Мата была еще совсем юной, и все члены семьи, за исключением понимающей матери, твердо воспротивились ее намерению покинуть дом и следовать чуждой им религии. На одной из своих лекций в Солт-Лейк-Сити Парамаханса Йогананда сказал, что, если верующий глубоко и искренне взывает к Богу с твердой решимостью получить ответ, Бог ответит. И Дайя Мата проявила эту решимость. Ночью, когда все легли спать, она уединилась в гостиной. Из ее глаз ручьем текли слезы: она изливала свою душу Господу. Через несколько часов на нее снизошел глубокий покой, и слезы ее исчезли: она внутренне почувствовала, что Бог услышал ее молитву. Всего две недели спустя все двери для нее были открыты. 19 ноября 1931 года она поступила в ашрам Парамахансы Йогананды в Лос-Анджелесе. В следующем году она дала обет самоотречения и верности Богу, став одной из первых женщин-*санньяси* монашеского Ордена Самореализации (Self-Realization Order).

Время, проведенное у ног Гуру, пролетело быстро. Хотя она и была глубоко счастлива, ранние годы обучения в ашраме были не из легких. Парамахансаджи с любовью, но строго воспитывал

---

[6] Более подробно Дайя Мата описывает это чудесное исцеление на стр. 2.

Введение

молодую монахиню, превращая ее в примерную духовную ученицу. С самого начала было видно, что Парамаханса Йогананда избрал ее для особой роли. Позже он сказал Дайя Мате, что в те годы воспитывал ее так же строго, как его воспитывал в свое время гуру Свами Шри Юктешвар. Это было необходимо, поскольку в будущем ей предстояло унаследовать мантию духовного лидера и организатора, которую Шри Юктешвар вручил Парамахансаджи.

В течение более двадцати лет Шри Дайя Мата входила в узкий круг его ближайших учеников, которые находились при нем почти постоянно. Со временем Гуру возлагал на Дайя Мату все больше и больше обязанностей; под конец своей жизни он стал открыто говорить своим ученикам о той роли, которую ей было предназначено сыграть в этом мире.

Однако Дайя Мата, всегда желавшая оставаться за кулисами, считала, что ей было не под силу возглавить организацию. Она умоляла Мастера, чтобы он позволил ей просто служить под руководством любого другого человека, которого он выберет. Но Мастер был непреклонен. Желая прежде всего исполнять волю Бога и своего Гуру, Дайя Мата внутренне подчинилась. «Моя работа закончена, — сказал ей Мастер. — Теперь начинается твоя работа».

Парамахансаджи вошел в *махасамадхи*[7] в 1952 году. Три года спустя, после кончины первого преемника Мастера, высокочтимого Раджарси Джанакананды, Шри Дайя Мата стала третьим президентом общества Self-Realization Fellowship/Yogoda Satsanga Society of India, основанного Парамахансой Йоганандой. Как духовный преемник своего Гуру она отвечала за

---

[7] Сознательный выход из тела, совершаемый познавшей Бога душой в момент физической смерти. Парамаханса Йогананда вошел в *махасамадхи* в отеле Билтмор в Лос-Анджелесе 7 марта 1952 года сразу же после своей речи на банкете в честь посла Индии Б. Р. Сена.

духовное водительство последователей его учений; за обучение и подготовку к монашеской жизни учеников, живущих в ашрамах SRF/YSS; за верное соблюдение идеалов и пожеланий Парамахансы Йогананды в деле распространения его учений и расширения его духовной и гуманитарной работы во всем мире.

7 марта 1990 года газеты Лос-Анджелеса возвестили о тридцать пятой годовщине нахождения Шри Дайя Маты на посту президента общества. В одной из газет, в частности, говорилось: «Будучи одной из первых женщин, назначенных на должность духовной главы всемирного религиозного движения современной эпохи, она стала предтечей сегодняшней тенденции принимать женщин на высокие духовные посты, которые в своем большинстве традиционно предназначались для мужчин. За тридцать пять лет служения на этом посту Шри Дайя Мата стала известной миру благодаря ее обширной деятельности: международным лекционным турне, письменным трудам, аудио- и видеозаписям ее лекций об универсальных идеалах великих религий Востока и Запада».

Парамахансаджи написал Дайя Мате на день ее рождения в 1946 году: «Желаю тебе обрести рождение в Космической Матери и вдохновлять других людей только духовным своим материнством — лишь для того, чтобы привести их к Богу примером своей собственной жизни». Члены SRF/YSS по всему миру относились к Дайя Мате как к *Сангхамате* («Матери общества»). Многие из тех, кто не состоял в обществе, также были тронуты той огромной любовью и духовной силой, что она излучала. Один бизнесмен, который долгие годы оказывал профессиональную помощь обществу Self-Realization Fellowship, написал Дайя Мате: «Ваша умиротворенность имеет большое значение для меня и других людей. Вы и те, кто вас окружает, подобны скале, на которую можно опереться в этом крайне ненадежном мире. Я знаю, что вы не приписываете себе свои заслуги — вы просто живете этими принципами, а остальное приходит само собой».

Прослужив более 55 лет на посту духовного лидера общества Парамахансы Йогананды, Шри Дайя Мата мирно скончалась 30 ноября 2010 года в возрасте 96 лет. Достижения Дайя Маты как одного из первопроходцев в распространении древних духовных традиций Индии были освещены на страницах *New York Times, Los Angeles Times, The Times of India* и других известных газет и журналов в Соединенных Штатах, Индии и других странах[8].

Хотя ее жизнь и была посвящена работе общества Self-Realization Fellowship и его духовным последователям, все богоискатели мира, какую бы веру они ни исповедовали, были для нее частью ее духовной семьи. Вот что сказала монахиня католического ордена Сестер Милосердия после знакомства с Дайя Матой и посещения нескольких ее выступлений: «Для меня, члена религиозного ордена, Шри Дайя Мата являет собой блистательный пример жизни, посвященной служению Богу и своему ближнему. Слушая ее, я вспомнила великого предтечу Христа, Иоанна Крестителя, который сказал о себе: „Я глас вопиющего в пустыне: исправьте путь Господу". Для нее нет католиков, протестантов или индуистов — есть только дети Единого Отца, Бога. И каждого из них она принимает с добродушием; каждый из них занимает особое место в ее сердце. Я, католическая монахиня, почувствовала в ней столько доброты, энтузиазма и воодушевления! Она относилась ко мне как к родному человеку. Для меня она всегда будет идеалом надлежащего духовного служения… Она лучится Богом».

Self-Realization Fellowship

---

[8] Духовным преемником Шри Дайя Маты на посту президента Self-Realization Fellowship/Yogoda Satsanga Society of India стала Шри Мриналини Мата, которая также являлась одной из ближайших учениц Парамахансы Йогананды.

КАК НАЙТИ РАДОСТЬ ВНУТРИ СЕБЯ

Да, мы можем познать Бога!

Речь на открытии Ассамблеи SRF — недели занятий, медитаций и духовного общения, проводимой ежегодно в Лос-Анджелесе

Уже завтра начнутся занятия, и я вспоминаю, как много лет назад в Солт-Лейк-Сити я впервые посетила такие же занятия, которые проводил наш почтенный Гуру, Парамаханса Йогананда. О, какое огромное влияние он оказал на мою жизнь!

С ранних лет у меня было необоримое желание найти Бога в этой жизни. Мне было семнадцать, когда я встретила Парамахансаджи. В то время я была больна сепсисом, и врачи ничем не могли мне помочь. Один глаз у меня так опух, что даже не открывался. У меня было три бинтовые повязки на лице. На самом деле эти повязки сослужили мне добрую службу, потому что меня можно было легко заметить даже в той огромной аудитории!

В те времена Мастер сначала давал несколько лекций, в которых рассказывал о сути своих учений, а потом, на занятиях, разъяснял более глубокие аспекты йоги и ее методы. После заключительной лекции он обычно приглашал присутствовавших подойти к нему по очереди и приветствовал каждого лично. Уже приближалась моя очередь, а ноги мои дрожали: я была очень робкой и застенчивой. Когда я оказалась перед ним, он посмотрел на мое обезображенное лицо и спросил: «Что с тобой?» После того как моя мать, которая сопровождала меня на лекциях, рассказала ему о проблемах с моим здоровьем, он сказал:

«Приходи завтра (конечно, я пришла бы в любом случае!) и останься после занятия».

Весь последующий день я находилась в предвкушении личной встречи с Гуру. В тот вечер он говорил о вере и силе воли. Выслушав его вдохновенную речь, я почувствовала, что вера в Бога и в самом деле может свернуть горы.

После занятия я дождалась, пока останусь совсем одна, чтобы подойти к нему. Во время нашего разговора он вдруг ни с того ни с сего спросил: «Ты веришь, что Бог может тебя исцелить?» В тот момент глаза его сияли божественной силой.

Я ответила: «Да, я знаю, что Бог может меня исцелить».

В жесте благословения он коснулся моего лба в точке между бровями — в том месте, которое мы называем центром Христа, или *Кутастхой*[1], — после чего сказал: «С сегодняшнего дня ты исцелена. В течение недели у тебя отпадет необходимость носить повязки, и твои шрамы исчезнут». Именно так все и произошло. Болезнь прошла в течение недели и уже больше никогда не возвращалась.

Гармоничное развитие тела, ума и души

Учения Self-Realization Fellowship посвящены гармоничному развитию тела, ума и души. Если вы все время тревожитесь о проблемах своего тела и если физическая боль поглощает все ваше внимание, познание Бога становится невозможным. Его невозможно познать и в том случае, если ум охвачен беспокойством, страхом, сомнениями и эмоциональными проблемами, потому что тогда мы не можем уделять Богу внимание,

---

[1] Тонкий энергетический центр *(аджна-чакра)* в точке между бровями; местоположение всевидящего духовного ока и вселенского Христова Сознания в человеке; центр воли и концентрации.

необходимое для того, чтобы Его найти. Поэтому индийские йоги говорят, что для осознания Бога очень важно следовать определенным методам, посредством которых можно поддерживать тело здоровым, следуя простым правилам по уходу за ним, и совершенствовать свою способность к концентрации, в результате чего ум, встревоженный взлетами и падениями этого мира, уже не будет отвлекать вас, когда вы садитесь медитировать.

Руководство Парамахансы Йогананды по искусству правильной жизни *(how-to-live)* и техники[2], которым вас обучат в ближайшую неделю, основаны на этих принципах. Они помогут вам укрепить и обуздать ваше тело, а также позволят вашему сознанию выйти за пределы физических и психологических барьеров, чтобы вы смогли осознать, что сотворены по образу нашего Единого Космического Возлюбленного.

Вам дадут ключ, но, как говорил наш Гуру, это вам решать, воспользуетесь ли вы им. Если вы приезжаете, беретесь за учения, испытываете временное вдохновение и уезжаете домой со словами: «Как приятно было освежить в памяти эти учения», впоследствии забывая о них, тогда, дорогие мои, эти учения не принесут вам много пользы. Для того чтобы достичь успеха в овладении *Раджа-йогой*[3], которой мы обучаем, человек должен практиковать ее прилежно и регулярно, сосредоточенно и с энтузиазмом.

---

[2] Имеется в виду наука Крийя-йоги: техники концентрации, медитации и контроля над жизненной энергией, которым обучает Парамаханса Йогананда в *Уроках SRF*.

[3] «Царственный», или наивысший, путь к единению с Богом, *Раджа-йога* включает в себя главные положения всех других видов йоги. В качестве наиболее эффективных средств для постижения Бога в ней используются научные медитативные техники, такие как Крийя-йога.

Божественное предназначение жизни

Мы пришли на землю с определенной целью — востребовать, как тому нас учил Христос, свое утраченное наследие — наследие детей Божиих. «Разве не знаете, что вы — храм Божий, и Дух Божий живет в вас?»[4]

Все мы об этом уже когда-то слышали, но кто из нас это познал? Есть разница между теоретическим пониманием религиозной науки, науки души, и прямым восприятием Бога — непосредственным общением с Божественным Возлюбленным, по которому тоскует каждое человеческое сердце. И я точно знаю, что говорю сейчас о каждом из вас.

Все мы в глубине души жаждем чего-то неземного. Даже Бог испытывает своего рода нужду, желание. Он обладает всем во Вселенной, за одним лишь исключением: Ему очень не хватает любви Его детей — вашей, моей — каждого из нас. И Он не будет удовлетворен, не будет доволен, пока мы не выберемся из того хаоса, который сами же и создали. Когда Мастер сказал мне об этом много лет назад, его слова воспламенили все мое естество, и я твердо решила, что посвящу эту жизнь поискам Бога.

Подумайте о колоссальных проблемах, с которыми сегодня сталкивается человечество: ненависть, предубеждения, эгоизм; кто-то живет в достатке, а кому-то не хватает средств к существованию. А противоборство одного «-изма» с другим? Каждый думает, что его «-изм» лучше остальных. Почему Бог создал столько разных людей с разным складом ума? Если мы дети одного Отца, что же стоит за всеми этими различиями?

---

[4] 1Кор. 3:16.

Шри Дайя Мата приветствует участников ежегодной Ассамблеи SRF, Лос-Анджелес, август 1989 года

«Сколько раз Гуруджи наказывал нам читать вместе с ним аффирмацию о том, что наша жизнь должна быть прожита в радости, которая есть Бог: „Из Радости я пришел. В Радости я живу, развиваюсь и пребываю. И в этой священной Радости я вновь растворюсь". Придерживайтесь этой истины, и вы увидите, что эта Радость внутренне поддерживает вас, что бы ни происходило в вашей жизни».

Развитие спокойствия и ясного мышления

Все священные писания мира говорят, что мы сотворены по образу и подобию Бога. А если это так, почему же мы тогда не знаем, что мы так же непорочны и бессмертны, как и Он? Почему мы не осознаем себя воплощением Его Духа?

Гуруджи сравнивал ум с озером. Когда вода спокойна, луна в ней отражается четко. Но если бросить в озеро горсть камушков, образ луны исказится, потому что рябь встревожит водную гладь. Аналогично этому, ум человека то и дело покрывается рябью, подернутой камушками эмоций, настроения и привычек, обретенных в этой и прошлых жизнях[5]. Все это не дает человеку возможности ясно мыслить, не говоря уже о том, чтобы узреть внутри себя ясное отражение Бога.

Вы можете заключить: «Получается, что Бога познать невозможно?» Опять же, что говорят священные писания? «Остановитесь и познайте, что Я — Бог»[6]; «Непрестанно молитесь»[7]. И здесь, и в других странах люди то и дело подходят ко мне и спрашивают: «Как это у вас получается столько часов подряд неподвижно сидеть в медитации? Чем вы занимаетесь в этот период неподвижности?» Йоги Древней Индии, преуспевшие в науке религии как никто другой на земле, обнаружили, что с помощью определенных техник можно успокоить ум так, что ни одна беспокойная мысль не сможет его потревожить или

---

[5] Здесь затрагивается тема реинкарнации — доктрины о том, что человеческие существа, побуждаемые законом эволюции, рождаются на земле снова и снова до тех пор, пока не достигают Самореализации и единения с Богом. Этот жизненный путь замедляется из-за неправедных действий и желаний и ускоряется благодаря духовным усилиям.

[6] Пс. 45:11.

[7] 1Фес. 5:17.

отвлечь. В зеркальной глади озера сознания вы созерцаете внутри себя отражение Господа.

Если вы будете практиковать йогу регулярно и сосредоточенно, то придет день, когда вы вдруг скажете себе: «О, да ведь я не тело — хоть я и использую его для взаимодействия с этим миром; и я не ум с его эмоциями гнева, ревности, ненависти, жадности и беспокойства. Я есть это прекрасное состояние сознания внутри. Я сотворен по небесному образу Божьей любви и блаженства».

Человек страдает потому, что он отвернулся от Бога

Цель жизни — познать Бога. И если человек страдает, то только потому, что он отвернулся от Бога. Пришло время вновь повернуться к Нему лицом. Значит ли это, что мы должны бежать в Гималаи или уходить в ашрам или монастырь? Конечно, нет. Мастер говорил об этом в следующей молитве: «Где по Твоей воле очутился я, туда должен прийти и Ты». Но это подразумевает, что человек должен уделять Богу хотя бы один час из тех двадцати четырех часов в сутки, в течение которых он работает, чтобы одевать и кормить свое тело; читает, чтобы развивать свой ум; или развлекается и спит. Может ли кто-нибудь из нас, положа руку на сердце, сказать, что это невозможно?

Господь Кришна сказал Арджуне: «Выбирайся из Моего океана страданий!»[8] К сожалению, очень часто мы даже не начинаем думать о Боге, пока нас не потрясет какая-то личная трагедия или мы не переживем глубокое потрясение, которое опечалит нас и заставит осознать, что в конце концов мы беззащитны в этом мире. Здесь все преходяще: деньги, здоровье, человеческая любовь. Так за что нам держаться? Когда жизненные обстоятельства

---

[8] «Для тех, чье сознание укореняется во Мне, Я вскоре становлюсь Искупителем, вызволяющим их из моря рождений и смертей» (Бхагавад-Гита XII:7).

грубо сбивают нас с ног, мы пытаемся подняться вновь. Мы приступаем к поиску истинного смысла жизни. Мы можем, например, начать ходить в церковь или изучать философию или жития святых. Так начинается поиск Бога.

Если мы спросим себя, кто же в этом мире воистину служит идеалом внутреннего равновесия, на ум может прийти, например, Христос. Даже когда его тело терзали, его сознание было сосредоточено на радости Божьего присутствия. Его счастье и чувство защищенности не зависели от тела и от внешних, материальных вещей. Его радость, его защищенность были в Боге. Он и подобные ему великие души являются самыми уравновешенными существами, которых только знает история человечества.

Почему миру сегодня так сильно недостает равновесия? Что не так с человечеством? Наша проблема в том, что мы стремимся обрести покой, радость и любовь ложными путями. Мы думаем, что можем обойтись без единственной Вечной Реальности — Бога. Это Он был с нами с начала времен, и сейчас Он тоже пребывает с нами — и будет с нами, когда мы уйдем из этого мира. И мы не познаем прочного счастья, пока не вернемся к Нему; пока не начнем прилагать сознательные усилия, чтобы познать Его; пока из своих двадцати четырех часов в сутки мы не станем посвящать Ему хотя бы один час.

Путь к покою

В этом мире двойственности, мире света и тени, никогда не будет совершенного покоя. Каждый день нам приходится гадать, какими будут новостные заголовки завтра; какая нация наступит на горло другой. Мир не сможет обрести покой до тех пор, пока человек не ощутит его сперва в своем сердце, а затем не проявит в своей жизни. Вы думаете, окончательный мир на землю принесут разного рода конференции? Нет. Они

Дайя Матаджи обращается с речью к членам SRF со всего мира, собравшимся на празднование 50-ой годовщины общества, Лос-Анджелес, 1970 год

«Все мы соединены божественной любовью, божественным братством, божественной дружбой; и у всех нас одна общая цель: искать Бога вместе и служить Ему любым возможным способом в нашей большой семье, состоящей из всех живых существ».

помогают, но они не являются окончательным решением проблемы, потому что мир и покой должны исходить изнутри. Давайте же сделаем так, чтобы мир сперва пришел в наши сердца. Вы сможете познать истинный покой, только если перестанете мысленно отождествлять себя с этим миром, полным проблем, разочарований и страданий, и укоренитесь сознанием в Боге.

Кто-то может сказать, что те, кто ищут Бога, просто пытаются уйти от жизненных проблем. А покажите мне того, кто не пытается! Однако по-настоящему мудр тот, уже осознал, что единственное надежное прибежище находится только в Боге и нигде больше.

Пример великой души

Прожив много лет рядом с такой великой душой, как Парамаханса Йогананда, я лицезрела неисчислимые проявления его прекрасного духовного примера, пробудившего во множестве душ желание уподобиться ему. Я люблю говорить о нем, потому что он был для меня источником огромного вдохновения. Он обладал способностью исцелять. Я лично стала свидетельницей многих случаев исцеления им различных болезней. И он обладал способностью читать мысли людей. Однако он часто говорил: «Я никогда не вторгаюсь в чужое мысленное пространство, если только такое желание не выкажут те, кто запросил моей помощи и духовного водительства, или если Господь по какой-либо причине не повелит мне это сделать». Сколько раз он читал мои мысли и отвечал на них — не на мои слова… На самом деле, жить рядом с таким учителем нелегко, потому что от него не спрячешь свое плохое настроение или негативные мысли! Он не раз говорил нам: «Я принимаю во внимание не ваши слова, а ваши мысли». И поверьте мне, мы это понимали!

Гуруджи, тем не менее, во многом был как ребенок. И я не имею в виду, что он вел себя как малое дитя — речь совсем о другом. В своих отношениях с Богом он был подобен ребенку, который проявляет искренность, доверие и любовь к своей любящей матери. Библия говорит: «Пустите детей приходить ко Мне и не препятствуйте им, ибо таковых есть Царствие Божие»[9].

Гуруджи считал, что человек не должен выставлять свою любовь к Богу напоказ. Согласно его учениям, это личные и священные взаимоотношения между человеком и его Творцом. «Не говорите о своих духовных переживаниях, — советовал он. — И не ищите чудес и сверхъестественных способностей. Просто культивируйте искреннее, по-детски доверительное отношение к Божественному Возлюбленному». Он учил, что чудеса и необыкновенные переживания часто отвлекают человека от духовного пути и уводят его от главной Цели. Они случаются, но они не являются самоцелью, поэтому не поддавайтесь их чарам. Все устремление должно быть направлено на единение с Богом: «Господи, Господи, я желаю познать Тебя. Я хочу выбраться из этого океана страданий. Я знаю, что, чем больше места Ты будешь занимать в моей жизни и чем больше я буду зависеть от Тебя, тем больше покоя будет в моем сердце. И лишь когда я стану спокойным и любящим существом, у меня появится возможность внести свой вклад в становление мира на земле».

Видение Божественной Матери

Мне бы хотелось прочитать вам одну мою запись о духовном опыте Мастера, которая, возможно, позволит вам глубже взглянуть на его жизнь. К счастью, стенография была одним из тех школьных предметов, по которым я преуспевала. Она мне очень пригодилась в те годы, что я провела у стоп Гуруджи. Я

---

[9] Мк 10:14.

всегда носила с собой блокнот и карандаш, чтобы нанести на бумагу как можно больше жемчужин его мудрости.

Как-то Гуруджи сказал нам: «Пока другие растрачивают свое время попусту, вы медитируйте, и тогда вы услышите, как Тишина начнет говорить с вами прямо в медитации.

О Мать[10], к Тебе взываю всей душой!
Прошу, не прячься от меня.
Снизойди с немых небес,
Из долин ко мне приди,
В глубине моей души,
В тишине моей явись![11]

Повсюду я вижу Божий Дух, воплощенный в образе Матери. Подобно тому как вода кристаллизуется в лед, так и невидимый Дух может кристаллизоваться в какую-либо форму благодаря „морозу" моего поклонения. Если бы вы только видели прекрасные глаза Матери, которые я узрел вчера ночью!.. Сердце мое переполняет нескончаемая радость. Маленькая чаша моего сердца не может вместить в себя всю радость и любовь, которые я увидел в этих глазах. Мать смотрела на меня, периодически улыбаясь. Я сказал Ей: „О! А люди еще говорят, что Ты нереальна". Божественная Мать улыбнулась. „Это Ты реальна, а все остальное нереально", — отрезал я. Божественная Мать снова улыбнулась. Я взмолился: „О Мать, стань реальной для всех!" Затем я начертал Ее имя на лбах нескольких людей,

---

[10] Священные писания Индии учат, что Бог — Существо личное и безличное, имманентное и трансцендентное. На Западе верующие традиционно почитают Бога в Его личном аспекте Отца. В Индии же широко распространен образ Бога как любящей, сострадательной Космической Матери.

[11] Из сборника Парамахансы Йогананды *Cosmic Chants* (рус. «Космические песнопения»).

присутствовавших рядом со мной в тот момент. Сатана уже никогда не возьмет верх над их жизнью».

Гуруджи продолжил:

«И днем и ночью я ощущаю такую радость! День переходит в ночь, и я полностью забываю о времени. У меня уже нет необходимости медитировать, потому что Тот, на Кого я медитировал, уже со мной. Иногда я дышу, а иногда не дышу. Иногда мое сердце бьется, иногда — нет. Я вижу, что сбросил с себя все, кроме этого сознания. Работает этот физический механизм или нет, я все равно созерцаю великий свет Господа. Такова моя радость».

Как прекрасно было познание Парамахансы Йогананды — этого великого божественного мастера из Индии, последнего в линии Гуру общества Self-Realization Fellowship[12]. Если вы проникнитесь его посланием, изложенным в серии занятий, которые вы посетите, и если вы будете искренне и глубоко практиковать то, чему вас научат, и не сдадитесь в своем поиске Бога, тогда, вне всякого сомнения, вы познаете в этой жизни истинность его слов.

Бог любит вас всех.

---

[12] Махаватар Бабаджи, Лахири Махасайя, Свами Шри Юктешвар и Парамаханса Йогананда.

Почему душа нуждается в Боге

Из выступления в Барели, Индия

В умах тех, кто думает о Боге, возникает множество вопросов: «Что такое Бог? Что такое душа? Что такое Истина? Что такое религия? Что такое истинная религия? Какой путь к Богу — самый верный? Почему мы вообще должны искать Бога?»

Давайте сначала рассмотрим вопрос: «Что такое Бог?» Никто еще не смог дать Ему полное описание. Но те, кто вкусил божественный нектар Его присутствия, смогли кое-что рассказать о своих переживаниях во время общения с Ним. Одно из священных писаний говорит, что Он есть *Сат-Чит-Ананда* — вечно сущее, вечно сознательное, всегда новое Блаженство. Первое означает, что Он бессмертен; второе — что Он всегда осознает Свое вечное бытие; третье — что Он есть радость, которая никогда не приедается. Каждый человек на свете ищет именно таких переживаний.

Священные писания также говорят нам о том, что по мере своего приближения к Богу человек ощущает различные Его проявления. Бог есть любовь, блаженство, мудрость, покой, свет и великий космический звук *Аум*, он же Аминь[1]. Все священные

---

[1] *Аум* — универсальное слово-символ, характеризующее Бога. Ведический *Аум* стал священным словом *Хам* у тибетцев; *Амин* — у мусульман; *Аминь* — у египтян, греков, римлян, евреев и христиан. *Аум* — звук, который пронизывает все сущее и исходит от Святого Духа (Незримая Космическая Вибрация; Бог в Своей ипостаси Творца); это «Слово», или «Утешитель», в Библии; это голос

писания говорят о том, что верующий воспринимает эти аспекты Бога, когда общается в Небесным Возлюбленным.

«Хорошо, — скажете вы, — если такова сущность Бога, тогда что же такое душа?» Гурудэва Парамаханса Йогананда дал следующее определение душе: это индивидуализированное, вечно сущее, вечно сознательное, всегда новое Блаженство. Крошечная капля морской воды, будучи частью океана, содержит в себе абсолютно все его свойства. И *атман*, душа, подобным же образом содержит в себе все свойства и качества Божественного.

Человек забыл свою истинную природу

Подсознательно человек знает, что он божествен. Но на сознательном уровне он забыл свою истинную природу. Человеку были даны пять чувств, чтобы он познавал этот мир и через свой опыт обретал понимание. Но когда он злоупотребляет ими, он начинает погружаться в чувственность и теряет память о своей безграничной природе. И тем не менее эта природа продолжает тонко проявлять себя псевдопутями.

Например, каждый человек на земле ищет власти; многие и вовсе жаждут ее. Для людей это естественно, потому что душа знает, что она всемогуща. Но поскольку в обычном состоянии сознания душа не ощущает своей безграничной природы, она стремится занять положение авторитета или обрести контроль над другими людьми или даже целыми нациями. В желании быть всемогущим нет ничего плохого, но очень часто методы обретения власти и использование этой власти становятся злом. Те, кто познал Бога, осознают и правильно используют

мироздания, свидетельствующий о Божьем Присутствии в каждом атоме. *Аум* могут непосредственно слышать те, кто практикует техники медитации Self-Realization Fellowship.

таящуюся в душе огромную силу — ту силу, которая может тронуть сердца и воздействовать на целые нации; ту силу, которая на протяжении веков меняет жизни людей.

Еще один пример того, как скрытая божественная природа проявляет себя в человеке, — жажда материального богатства. Душа знает, что, когда она едина с Богом, она владеет всем и обладает способностью создавать все, что ей нужно. Но ввиду того, что мы не осознаем потенциала своей души, мы начинаем накапливать материальные предметы в стремлении удовлетворить свою забытую убежденность в том, что все, в чем мы нуждаемся и чего хотим, по праву принадлежит нам.

Человек также жаждет блаженства. Душа знает, что она блаженна, но поскольку нашему эго это блаженство незнакомо, оно поддается соблазнам псевдорадостей, которые ему поставляет *майя*[2]. На протяжении веков человек использует одурманивающие средства, такие как вино и наркотики, в стремлении забыть об этом мире, потому что подсознательно он помнит более блаженный мир. Разве это не так? И в этом стремлении нет ничего плохого, потому что человек, будучи сотворенным по образу и подобию Бога, Чья сущность — блаженство, бессознательно тоскует по этой чистой радости. Но не зная, как вернуть ее себе, он прибегает к псевдорадости опьянения. Он пьет или принимает наркотики, чтобы хотя бы ненадолго позабыть об этом мире. Трагедия в том, что когда тело пропитывается этими субстанциями, происходит разрушение нервов и мозга.

Человек, помимо всего прочего, ищет любви, подсознательно чувствуя природу своей души, которая есть сама любовь. Но поскольку на сознательном уровне он не испытывает этой чистой, всеудовлетворяющей божественной любви, он ходит по

---

[2] Космическая иллюзия.

миру словно нищий, выпрашивая крохи любви у человеческих сердец. Нет ничего плохого в том, чтобы хотеть любви, но в своем поиске любви человек использует непродуманные методы. Всякий раз, когда он думает, что нашел в человеческих отношениях совершенную любовь, он натыкается на смерть, неверность или иную неприятность, оставляющую его у корыта разбитых иллюзий. Гурудэва говорил: «За каждым розовым кустом наслаждения прячется змея разочарования». И это правда!

Человек также жаждет единения. Все в этом мире старается обрести единство. Закон притяжения действует даже в самых крошечных частицах материи. Если вы посмотрите в микроскоп, вы увидите, что эта сила задействована во множестве природных явлений. Человек всегда стремится к гармонии единства. Его душа знает, что она и все остальные души в сущности едины с Богом. Но поскольку человек отождествил себя со своей телесной формой, он забыл об этом единстве и поэтому ищет союза то с той, то с этой душой, стараясь вернуть себе утраченное чувство полной удовлетворенности, которое исходит от единства.

Как мы видим, человек имеет верные цели, но неверные методы их достижения. Он забыл, что он не тело, а совершенная, бесформенная душа. Он помнит только эту плоть и поэтому безуспешно пытается обрести посредством пяти чувств то, что уже есть внутри него.

Как вернуть себе утраченную божественность

Почему человеку нужно искать Бога? Потому что, как учил Кришна, пока мы отождествляем себя со смертным телом, мы будем подвержены страданиям. Этот предельный мир, и все, что в нем есть, подчиняется закону двойственности. В тот самый момент, когда Единый стал множеством, Он породил двойственную природу мира: не познав боли, вы не можете познать наслаждение; не познав печали, вы не можете познать радость; не познав смерти, вы не можете познать жизнь; не познав ненависти, вы не можете познать человеческую любовь и так далее. Пока нас носят волны двойственности, мы страдаем: сегодня радость — завтра печаль; сегодня наше тело здорово и полно сил, а завтра оно безжизненно как кусок глины. Неужели цель жизни состоит лишь в том, чтобы родиться в этой малой форме, вырасти, обрести кое-какие навыки и знания о мире, жениться, завести детей, состариться, заболеть и умереть? Нет! Цель жизни — единственная ее цель — это познать, что мы сотворены по образу и подобию Божию. Познав это, мы осознаем свою истинную блаженную природу — вечно сущее, вечно сознательное, всегда новое Блаженство.

Писания говорят, что, прежде чем родиться в человеческом обличье, мы проходим через восемь миллионов инкарнаций в низших формах. И лишь после этого мы начинаем приходить на землю снова и снова в качестве людей — до тех пор, пока не удовлетворим все свои желания, требующие смертных переживаний, и пока не достигнем состояния, в котором сможем познать бессмертное единство с Богом.

Так как же нам вернуть утраченное божественное сознание? Этому учит Йога; и каждое священное писание говорит одно и то же: сиди безмолвно и неподвижно, погружаясь внутрь себя. Именно там можно найти Бога и осознать свое истинное «Я». Отстранитесь от этого предельного мира и проникните глубоко в свою душу. И там вы познаете наивысшее достижение, которое является подсознательной целью каждого человека.

Я познала это на своем собственном опыте, а также лицезрела это в течение двадцати одного года, проведенного у стоп нашего благословенного Гурудэвы. Сколько раз мы видели его в духовном экстазе! Так на Западе называют состояние единения с Богом; в Индии используют термин *самадхи*. И его просто невозможно описать словами.

Что такое истина?

Наш следующий вопрос: «Что такое Истина?» Прежде всего давайте рассмотрим, что такое религия, и что представляет из себя путь, который ведет к Богу. У религии может быть только одно истинное определение: это та система поведения и практического применения истины, с помощью которой человек может избавиться от тройного страдания тела, ума и души. Причем избавиться коренным образом — так, чтобы оно не возникло вновь. Вот чем на самом деле является религия, то есть то, что под ней понимается.

К сожалению, сегодня для многих религия стала системой верований и ритуалов. Однако все это не способно удовлетворить душу, иначе миллионы людей, посещающих храмы, мечети и церкви, ходили бы опьяненными любовью к Богу. Но этого не происходит. Внешнее поклонение является важным и полезным аспектом религии, когда ум сосредоточен на Том, Кого мы любим и восхваляем. Но когда ритуал или церемония становятся механическими; когда Объект поклонения забыт, такое поклонение не имеет ни смысла, ни какой-либо ценности. Человек заключил свое поклонение Богу в рамки догматов. Именно поэтому он не может познать Бога.

Давайте вернемся к вопросу: «Что такое Бог?» Господь может проявить Себя как любое божественное качество — а также в любой форме, — однако Он не может быть ограничен какой-то одной концепцией. Он есть все идеи; Он присутствует в каждой частице мироздания; Он содержит в Себе все. Любая мысль, которая появляется у человека, уже была продумана Богом — в противном случае она бы не возникла у человека.

На протяжении веков человек использует символы и образы, которые напоминают ему о Творце. В ранних цивилизациях Бога представляли в образе солнца, огня и других природных явлений. Эти образы-символы Господа стали их богами. Постепенно, по мере роста понимания человека, религия развивалась и наделяла безграничный, бесформенный Дух человеческими характеристиками и обликами. Это породило разделение между приверженцами разных религий. Одни говорили, что Бог есть это, другие — что Бог есть то; возникали распри. Какая нелепость! Господь может выразить Себя в любом аспекте, а может просто оставаться непроявленным Духом.

В поисках Бога верующему порой сильно помогает выбранный им божественный образ как ощутимый символ Бесконечности. Пройдя через огромное множество инкарнаций, человек привыкает к форме: ему так проще думать о Боге. Если человек чувствует, что ему нужна форма, значит, она ему действительно нужна; если же он думает, что в ней не нуждается, значит, она ему не нужна. Но ссориться о том, кто прав, а кто нет, просто глупо, ибо Бог одновременно имеет форму и не имеет ее. Он Существо личное и безличное.

Я знаю, что мой Божественный Возлюбленный в сущности своей не имеет формы, но это не делает Его менее реальным. Любовь не имеет формы; мудрость не имеет формы; радость не имеет формы, — и тем не менее мы их испытываем, не правда ли? Для нас они даже более реальны, чем форма. Так же и с Богом. В наивысшем смысле Он есть безграничная любовь, мудрость, радость. И все же некоторые богоискатели в своем духовном поиске находят для себя более вдохновляющим представлять Его в одном из Его божественных обликов, таких как Господь Кришна, Иисус Христос, Будда; или как Небесный Отец, Мать, Друг, Возлюбленный.

Опыт восприятия Единого Бога во всех религиях

Когда я в семнадцать лет поступила в ашрам, у меня была одна мысль: «А теперь, мой Возлюбленный, я должна почувствовать Тебя таким, каким Тебя знают в различных религиях, потому что я верю в них и почитаю их все». Я верила, что никто не лишён защиты и водительства моего Возлюбленного. В своих путешествиях по миру я поклонялась Ему в мечетях, храмах, церквах, соборах. Погружаясь внутрь себя в медитации в каждом из этих мест поклонения, я ощущала божественное блаженство Господа.

Это блаженство становится доступно каждому человеку, когда он очищает свой ум от предубеждений. В сознании и сердце разумных людей нет места для предубеждений. Эти невидимые кандалы сковывают душу и держат её в плену. Господь терпим ко всем. У Господа нет предубеждений. Если мы хотим уподобиться Ему, разве мы не должны практиковать терпимость? А если мы хотим познать Его, то это вообще необходимо!

Терпимость не противоречит верности. Для меня это означает одно: я следую пути моего Гуру и в то же время почитаю все другие пути. В своих молитвах к Богу Гуруджи всегда воздавал должное своей линии Гуру-наставников. Его молитва начиналась с обращения: «Небесный Отец...», но он не останавливался на этом, потому что знал, что Бог есть всё и для всех людей: «Небесный Отец, Мать, Друг, Возлюбленный Бог!» Господь является и Отцом, и Матерью, и Другом, и Возлюбленным.

Затем он поимённо произносил имена Гуру, оказывающих поддержку его миссии, воздавая должное каждому из них. И в конце он просил благословения у святых всех религий. Вот так он почитал всех, кто живёт мыслью о Боге. Истина едина и Бог един, хотя Его называют многими именами.

Возвращаясь к рассказу о моём раннем духовном опыте, отмечу, что я безумно жаждала Бога. В уме горело лишь одно желание, и я поклялась: «Я не оставлю этот мир до тех пор, пока не познаю, что Бог есть моя любовь». Лишь это было для меня реально. Я была готова отречься от всего, чтобы доказать в этой жизни, что мой Бог есть моя любовь, и что Он любит меня.

Божественная *лила* Господа Кришны

С первым своим духовным переживанием я столкнулась, когда Гурудэва дал мне книгу о жизни Господа Кришны. Несколько месяцев я ходила буквально опьяненной *лилой* (божественной жизнью) Кришны. Работала ли я или пребывала в уединении после работы, мой ум постоянно был опьянен мыслью о ней. По ночам я любила уединяться: я выходила из ашрама, садилась где-нибудь неподалеку и тихо общалась с Господом в образе Кришны.

Господь Будда и его путь праведного действия

Затем, где-то через год, Гуруджи дал мне книгу о жизни Господа Будды; и вновь я была очарована. Кришны в моих мыслях уже не было — был только Будда. Я помню, как проливала слезы, когда читала о его сострадании; о том, что он чувствовал, когда видел все страдания, через которые проходит человечество. Жизнь была совсем не такой, какой ее показывали во дворце, где он жил за высокими стенами, утопая в роскоши и окруженный любящей семьей. Когда же он решил исследовать земли своего царства за пределами дворца, он впервые увидел незрячего человека, мертвеца, голодающих людей; все это сподвигло его сказать: «Неужели это и есть жизнь? В таком случае я должен найти ее истинный смысл».

Приняв это решение, он стал медитировать. Он медитировал долго и глубоко, в конечном итоге придя к осознанию закона кармы, который гласит: «Что посеешь, то и пожнешь». Каждое истинное философское учение говорит об этом. Вы не можете посадить яблочные семена и ожидать, что из них вырастет грейпфрут. Конкретное семя приносит конкретный плод. Если вы сажаете семена неправильных поступков, знайте, что в этой или в будущей жизни эти семена дадут горькие плоды. Если человек полностью осознает значение этого закона, он, ведомый пониманием, а не страхом, стремится следовать лишь путем праведного действия. Так эта истина изложена у Будды. Дайя Ма обрела это понимание, размышляя о возвышенном примере его жизни.

Божественное сострадание Христа

А затем, поскольку я до этого вообще не понимала христианского вероучения (хотя меня и воспитывали в его традициях), я мысленно сконцентрировалась на Иисусе Христе. Я увидела то глубочайшее сострадание и прощение, которыми он одарил человечество. Хотя он и превращал воду в вино, исцелял слепых и оживлял мертвых, все эти чудеса не могут сравниться с чудом великой любви, которую он явил в пример миру. Из всех Божьих даров человеку наиболее дорого его тело. Хотя телесный храм Иисуса пронзали и разрывали на части, он все же сумел пройти через это великое испытание и сказать: «Отче! прости им, ибо не знают, что делают»[3]. Позже духовный опыт Дайя Маты дал ей истинное осознание Христа и значения его жизни.

Всеохватывающая любовь Божественной Матери

Потом Гурудэва дал мне книгу о том, как Бог является поклоняющемуся в образе Божественной Матери. Сознание мое целиком погрузилось в Нее. В мысли о любящем, нежном сострадании Божественной Матери каждое человеческое сердце

---

[3] Лк. 23:34.

знает, что у него есть надежда на прощение. Подобно тому как мать убийцы или вора прижимает своего сына к груди и говорит миру: «Вы не понимаете, почему он это сделал, а я понимаю», так и Божественная Мать с пониманием относится к каждому из нас. Ее сострадание, Ее любовь, Ее прощение всегда могут быть с нами — стоит нам лишь захотеть этого. Именно поэтому мне нравится думать о Боге как о Божественной Матери. В мысли о Ней я нахожу утешение, блаженство и любовь, которых жаждет моя душа.

Так что в Боге поклоняющийся может почувствовать наивысшие формы чистой любви. Она невозможна без той любви, что приходит к нам из Космического Источника. Сам Бог наделяет человеческие сердца любовью матери к ребенку, любовью ребенка к родителям, любовью влюбленного к своей возлюбленной. И хотя мы можем загрязнить все эти формы любви своим человеческим несовершенством, они, тем не менее, являются выражением Божьей любви.

Гурудэва часто говорил: «Сколько людей за всю историю человечества клялись друг другу в вечной любви! Пути инкарнаций усеяны из черепами. И где же их любовь сегодня?» Но любовь тех душ, которые упивались любовью к Богу, продолжает жить по сей день. Они изменили человечество, потому что сначала они преобразили себя, сонастроившись с вечной любовью Бога.

Человек рожден для того, чтобы познать свое единство с Богом

Как печально, когда человек отрекается от Бога! Монахи и монахини отрекаются от мира, но нас нельзя назвать отрекшимися. Настоящие отрекшиеся — это те, кто отрекается от Бога, потому что они забывают о Подателе всего в этом мире. Он поддерживает всю жизнь в мироздании. Мы часто говорим Ему:

«Господи, мне нужно растить детей, мне нужно работать, мне нужно делать столько дел! У меня нет времени на Тебя». А теперь представьте такой Его ответ: «Дитя мое, у Меня столько дел и обязанностей! Я ведь должен править всеми вселенными, коих у Меня не счесть. И думать о тебе у Меня просто нет времени». И что бы тогда было? Мы бы просто прекратили свое существование.

Он ведает о каждой песчинке, потому что Он всеведущ; потому что Он вездесущ; потому что все сущее — это Он. Ничто не может существовать без Него. Человек рожден для того, чтобы востребовать свое утраченное божественное наследство; чтобы познать, что он на самом деле един с Богом.

Человек — триединое существо: он обладает телом, умом и душой. Тело он носит как пальто — всего лишь какое-то время. Когда пальто изнашивается, он его чинит, пока это возможно. В наше время многие органы могут быть заменены новыми, но рано или поздно тело придется оставить. У человека есть ум, но человек сам по себе не есть ограниченный ум с изменчивым настроением, который так часто бывает полон предубеждений, ненависти, злобы, ревности и жадности. Человек есть душа. Как глупо посвящать этой плоти почти всю свою жизнь, внимание и энергию! Некоторые люди, помимо всего прочего, стараются развить свой ум чтением хороших книг. Но кто думает о своем истинном «Я» — о своей душе?

Зачем ждать, пока страдания заставят вас искать Бога?

Я очень люблю мою Индию, потому что эта священная земля вскормила и взлелеяла моего Гуру, прежде чем он поехал на Запад учить тоскующие по Богу души, среди которых была и я.

На протяжении многих эпох Господь направляет на землю

Своих божественных посланников, которые пытаются пробудить спящее человечество ото сна иллюзии. Их голоса раздаются в пустыне[4]: «Проснись, дитя мое! Проснись, дитя мое!» Не желая отвечать на их зов, мы обрекаем себя на неприятное пробуждение под названием страдание. Зачем ждать этого? Такое пробуждение потрясает каждого пребывающего в иллюзии. Во времена больших бед даже самый убежденный атеист восклицает: «О Господи!» Разве не так? Он обращается к Богу непроизвольно, потому что его душа знает, что существует только одна Сила, и внутренне человек постоянно движется к Ней.

Часто говорят, что страдание — самый лучший учитель. Так оно и есть — если только мы делаем правильные выводы. Ни один человек не сможет избежать страданий, пока не достигнет состояния, в котором он будет зреть не двойственность мира, а только лишь Единого Бога; только лишь луч Божественного Света, горящего во всех лампочках человеческой плоти. Тогда человек преодолеет заблуждение и возвысится над страданием. А пока этого не случилось, большие и малые землетрясения печали и боли будут продолжать потрясать его. Такова судьба всех, кто не прислушивается к голосам посланников Господних. Никогда не поздно пуститься на поиски Божественного Возлюбленного, но не нужно ждать, пока тело сильно ослабнет и начнет отвлекать ваше внимание от мысли о Боге. Это будет очень печально. Вот почему все великие души призывают: «Ищите Бога сейчас!»

У Божественного Возлюбленного нет любимчиков. Божественная Мать любит всех Своих детей одинаково — аналогично тому, как солнечный свет падает и на алмаз, и на уголь.

---

[4] «Я, как сказал пророк Исаия, „Голос, раздающийся в пустыне, восклицая: Проложите Господу прямой путь!"» (Ин. 1:23).

Алмаз отражает свет, а уголь — нет. Милость Возлюбленного, Его любовь, Его благословения, Его мудрость и радость светят каждому из Его детей. Мышление, подобное алмазу, отражает Его свет; мышление же, подобное углю, должно облагородиться. Вот и все.

Пусть каждый из вас сделает усилие, чтобы принять Божий свет, который одарит вас неземным покоем, любовью и радостью.

Как нам разрешить проблемы этого мира?

Фрагменты выступлений в Главном международном центре Self-Realization Fellowship

В последние годы меня особенно часто спрашивают, как относиться к проблемам, с которыми мы сталкиваемся в эти непростые времена. Люди во всех уголках земли обеспокоены печальным состоянием дел на планете.

В своей истории человечество прошло через множество кризисных ситуаций, и они будут продолжать возникать. Этот мир развивается по восходящему и нисходящему циклу, который постоянно повторяется[1]. В данный момент сознание общества в целом прогрессирует. Своего пика эта стадия достигнет через тысячи лет, после чего вновь начнётся постепенный упадок. Прогресс, регресс… В этом мире двойственности прилив постоянно сменяется отливом.

Проходя через циклы эволюции, цивилизации рождаются и умирают. Вспомните высокоразвитые цивилизации прошлого — индийскую и китайскую, например. Из древнеиндийских санскритских эпосов[2] мы узнаём, что во времена Шри Рамы — а

---

[1] Мировые циклы *(юги)* детально рассмотрены в книге Свами Шри Юктешвара *The Holy Science*, издаваемой обществом Self-Realization Fellowship.

[2] Имеются в виду *Рамаяна* и *Махабхарата* — повествования-аллегории о вели-

это было за тысячи лет до начала христианской эры — уже существовали продвинутые технологии, и свидетельством тому служит описание его необыкновенного летательного аппарата. Но еще более развитыми были умственные и духовные способности тех, кто жил в тот золотой век. Правда, в конце концов цивилизация стала приходить в упадок, и к моменту наступления Темных веков эти достижения канули в лету. Что послужило тому причиной? Я думала об этом после вчерашней медитации, сопоставляя это с тем, что происходит в мире сегодня.

Природа сегодняшнего кризиса

В нисходящей стадии цикла люди в основной своей массе все больше и больше забывают о духовной стороне своей сущности; этот процесс продолжается, пока не исчезает все, что благородно. Это знак того, что крах цивилизации не за горами. Через подобные вещи нации могут проходить и в восходящей стадии цикла. Когда нравственная и духовная эволюция не идет в ногу с прогрессом науки и техники, человек начинает злоупотреблять обретенной властью, в результате чего он уничтожает самого себя. Такова природа мирового кризиса нашего времени.

Сознание человека развилось в достаточной степени, чтобы он смог раскрыть тайну и необыкновенную силу атома — силу, которая однажды может сотворить потрясающие вещи, о которых мы даже и не мечтаем. Но как мы распоряжаемся этим знанием? Усилия человека направлены в основном на создание средств разрушения. Современная техника уже освободила нас от выполнения большого количества задач, которые отнимали много времени и которые необходимо было делать для своего физического выживания. Однако освободившееся время

ких царствах, которые существовали во времена правления Шри Рамы и Шри Кришны соответственно.

зачастую не используется человеком для совершенствования его умственной и духовной природы, а растрачивается в погоне за материальными и чувственными наслаждениями. Если человек думает только об удовлетворении своих чувственных потребностей и идет на поводу у эмоций гнева, ревности, похоти и алчности, то дисгармония между индивидуумами, хаос в обществе и конфликты между нациями неизбежны. Войны никогда не решали никаких проблем — наоборот, они словно снежный ком вырастают до размеров еще большего бедствия, ибо один военный конфликт становится началом другого. Мир станет лучше только благодаря эволюции сознания, которая производит более разумных, любящих человеческих существ.

Выживание цивилизации зависит от духовного прогресса

Размышляя о текущем положении дел в мире, я часто вспоминаю видение, явившееся мне в 1963 году во время паломничества в пещеру Махаватара Бабаджи в Гималаях. Я уже описывала его в деталях[3]. По дороге к пещере мы остановились на ночь в крошечной гостинице около Дварахата. Глубокой ночью мне приснился сверхсознательный сон: я увидела зловещую тьму, надвигающуюся на землю словно черная туча, которая пытается поглотить весь мир. Однако ей воспрепятствовал ослепительно яркий луч божественного света, который начал теснить ее назад. Это видение было таким живым и страшным, что я закричала, разбудив своих спутниц. Испугавшись, они спросили меня, что

---

[3] Махаватар Бабаджи является первым Гуру в линии Гуру-наставников общества Self-Realization Fellowship. Именно он возродил утерянную древнюю духовную науку Крийя-йоги и повелел Парамахансе Йогананде распространять ее по всему миру. Его жизнь и духовная миссия описаны в «Автобиографии йога».
Здесь Шри Дайя Мата вспоминает пережитый опыт, описанный в ее книге *Only Love* (рус. «Только любовь») в главе «Благословение Махаватара Бабаджи».

стряслось. Но я не хотела об этом говорить, потому что поняла, что означало это видение. Я увидела, что всему миру угрожала смертельная опасность, исходящая от тьмы заблуждения с его силами зла, неверия и нарушения законов праведности.

С тех пор прошло двадцать пять лет, и сегодня отсутствие нравственности и проистекающее из этого насилие приняли такие угрожающие масштабы во всех странах мира, что иногда кажется, что мы переживаем дни падения Римской империи. Особенно это касается большой части молодежи, нравственность которой упала практически до нуля. Повсюду столько боли и страданий! Люди спрашивают: «Почему Бог допускает это?» Но Бог тут ни при чем. *Мы* допускаем это. Он нас не наказывает — мы сами себя наказываем. Мы творцы тех условий и обстоятельств, которые несут нам опасность. Они являются коллективным результатом безнравственного поведения и игнорирования этических норм во всех сферах жизни.

Выживание цивилизации зависит от соблюдения норм праведного поведения. Я имею в виду не те правила, которые устанавливаются человеком и пересматриваются во времена перемен, а вневременные универсальные законы поведения, которые порождают здоровых, счастливых, мирных индивидуумов и общества, основанные на гармоничном единстве культурного и этнического разнообразия.

Нам порой бывает трудно уловить своим обычным сознанием масштабность истин, лежащих в основе сотворенного Богом мироздания. Но эти высшие истины существуют, и идти на компромисс с непреложными законами, посредством которых Господь удерживает космос и все живое в нем, абсолютно недопустимо. Все во Вселенной взаимосвязано. Как человеческие существа мы связаны не только друг с другом, но и со всей природой, потому что вся жизнь исходит из одного источника

— Бога. Он есть совершенная гармония; но злые мысли и деяния человека привносят хаос в Его гармоничный план для этого мира. Зачастую, когда вы пытаетесь настроиться на какую-то радиостанцию, помехи не дают вам четко слышать передачу. Аналогично этому, «помехи», вызванные неправедными деяниями человека, нарушают гармоничное соотношение сил в природе. Результатом этого становятся войны, природные бедствия, общественные беспорядки и другие проблемы, которые стоят перед миром сегодня[4].

Духовное изменение начинается с нравственности и позитивного мышления

В конце видения, которое я описала ранее, мрак, угрожавший миру, был оттеснен Божьим духом благодаря возрастающему числу индивидуумов, живущих согласно духовным идеалам. Духовность начинается с нравственности, с правил праведного поведения, которые лежат в основе каждой религии: правдивости, самоконтроля, верности брачным обетам, ненасилия. И мы должны изменить не только наше поведение, но и наше мышление. Если наши мысли не меняются, не изменятся и наши поступки. Поэтому начать меняться нужно со своих мыслей.

---

[4] «Неожиданные природные катаклизмы, приносящие опустошение и массовый урон, не являются „деяниями Господа". Такие несчастья порождаются мыслями и деяниями человека. Всякий раз, когда скопление недобрых вибраций, исходящих от неправедных мыслей и действий человека, нарушает мировое вибрационное равновесие между добром и злом, случаются бедствия... Когда в человеческом сознании доминируют мысли о материальном, происходит выброс тонких негативных лучей; их скопление нарушает энергетическое равновесие в природе, и тогда происходят землетрясения, наводнения и другие бедствия. Бог за них не в ответе! Чтобы контролировать природу, человек сперва должен научиться контролировать свои мысли» (Парамаханса Йогананда. Вечный поиск).

Постарайтесь быть более позитивным. Тот, чьи мысли всегда негативны и кто подвержен перепадам настроения, гневлив, ревнив, завистлив и недоброжелателен, — не развивается духовно. Такой человек препятствует потоку Божьего света и пребывает во тьме. Куда бы он ни пошел, он излучает уныние и дисгармонию.

Мысль — это сила; она заключает в себе огромную энергию. Именно поэтому я глубоко верю в эффективность Всемирного круга молитвы, который учредил Гуруджи. Надеюсь, каждый из вас принимает в нем участие. Когда люди посылают в эфир сконцентрированные позитивные мысли о мире и покое, любви, доброй воле и прощении, как это делается в целительной технике Всемирного Круга молитвы, они генерируют мощную энергию. Когда этим занимается большое количество людей, это порождает благостную вибрацию такой силы, которая способна менять мир[5].

Измените себя, и вы измените тысячи людей

Наша роль как последователей учений Парамахансы Йогананды заключается в том, чтобы делать все возможное для со-настройки своих жизней с Богом. Это значит, что своими мыслями, своими словами и своим примерным поведением мы можем оказать духовное влияние на мир. Слова человека мало что значат, если они не воплощены в его жизни. Слова Христа и сегодня обладают той же силой, какой обладали две тысячи

---

[5] Молитвы об исцелении физических болезней, умственной дисгармонии и духовного неведения произносятся ежедневно Молитвенным собором Self-Realization Fellowship, состоящим из монахов и монахинь Ордена SRF. Молитвы для себя и своих близких можно запросить, написав или позвонив в общество Self-Realization Fellowship, Лос-Анджелес. Работе этой миссий также помогает Всемирный круг молитвы SRF, в рамках которого члены SRF и их друзья во всех частях света регулярно молятся о мире и благополучии человечества. Буклет, описывающий работу Всемирного круга молитвы, доступен по запросу.

лет назад, потому что он сам жил теми принципами, которым обучал. Наши жизни должны кротко, но красноречиво отражать те идеалы, в которые мы верим. Как говорил Гуруджи, «преобразуй себя, и ты преобразуешь тысячи людей».

Вы можете сказать: «Но в мире так много нужно исправить, столько всего нужно сделать!» Да, огромное количество проблем требуют разрешения, но человечество не избавится от них, если мы будем заниматься лишь внешними проявлениями. Мы должны работать над человеческим фактором, который и является настоящей причиной всех проблем, — и начинать нужно с себя.

Вы можете тысячу раз сказать человеку, чтобы он не курил, но, если он решил для себя, что ему нравится курить, ваши слова не изменят его привычки. Только когда он начнет кашлять и испытывать на себе отрицательный эффект курения, он, наконец, скажет себе: «Курение плохо на меня действует; надо что-то с этим решать».

Ваши слова сами по себе не имеют достаточной силы воздействовать на негармоничного человека и сделать его более спокойным. Но если этот человек почувствует дух гармонии и благополучия, исходящий от вас, — а это то, что действительно ощутимо — это произведет на него благоприятный эффект.

Внутренняя гармония появляется благодаря медитации

Материальные вещи или внешние переживания не способны дать покой и гармонию, которых ищут все люди; это просто невозможно. Да, после любования прекрасным закатом или поездки в горы или на море вы можете ощутить временную безмятежность. Но даже самая вдохновляющая окружающая обстановка не принесет вам покоя, если вы негармоничны внутри, в своем существе.

Секрет привнесения гармонии во внешние жизненные

обстоятельства состоит в том, чтобы сперва установить внутреннюю гармонию между душой и Богом. Ежедневно отводите определенное время на то, чтобы отстраняться от этого мира, углубляться в себя и чувствовать Божье присутствие. Для этого и нужна медитация. Вы обнаружите, что, после того как вы глубоко помедитировали и сонастроили свое сознание с покоем Бога внутри себя, внешние трудности уже не будут вызывать в вас большого напряжения. Вы сможете улаживать все проблемы, не теряя спокойствия и не реагируя на них слишком остро, и вы не будете, как говорил Гуруджи, «бегать кругами как курица с отрезанной головой». Внутри вас скрывается внутренняя сила, благодаря которой вы можете возгласить: «Я возьмусь за эту проблему и решу ее!»

Двое людей могут проходить через один и тот же опыт, но при этом один может озлобиться, а другой — обрести понимание и мудрость. Все зависит от самого человека. Когда я получаю письма, в которых люди пишут мне, что бремя их проблем так тяжко, что они готовы опустить руки, я думаю: «О, если бы я только могла придать им достаточно веры, чтобы они внезапно почувствовали прилив сил и сказали себе: «Да, я могу это сделать!» Воспитывайте в себе позитивное мышление, и даже если вы не можете разрешить свою проблему быстро, сделайте первый шаг и скажите себе: «Если я предприму хотя бы это усилие, завтра мое положение улучшится».

Удерживайте внутренний покой и радость при любых обстоятельствах

Нет лучшего спасательного средства для решения проблем, чем Бог. Именно Ему их можно вручить. Конечно, Он не избавит нас от всех проблем, ибо, когда мы преодолеваем трудности, мы растем. Но от Него мы получаем силу, необходимую для борьбы, и мудрость, необходимую для принятия правильных решений.

Я не знаю, как люди могут жить, не уделяя время Богу. Да, у нас у всех загруженный график, и всем нам необходимо выполнять свои обязанности — это неотъемлемая часть нашей жизни. Но давайте будем честны: каждый из нас может ежедневно находить время на то, чтобы предаваться Богу в медитации. Мне нравится вставать очень рано, когда все еще спят. Мир так спокоен — даже птицы еще не поют. Это прекрасное время, чтобы общаться с Богом безмолвно и доверительно; рассказывать Ему все, о чем вы бы рассказывали своему самому близкому другу. Мы думаем о стольких вещах, но часто чувствуем, что нам не с кем поделиться нашими мыслями. Но у нас есть с кем. Всю мою жизнь со мной был Тот, с Кем я могла говорить, и это — Бог. От Него я получаю столько понимания и утешения — словами не описать! Я иду к Нему со всеми своими радостями и проблемами, и это то, что нам всем стоит делать. Кто еще выслушает вас так, как выслушивает Он? Кто может сделать для вас то, что может сделать Он? Он понимает нас, даже когда мы сами себя не понимаем. Крайне необходимо уделять время Богу и развивать внутренние отношения с Ним.

Чтобы достучаться до Бога, нам нужны надлежащие техники медитации; их нам дал Гуруджи. Верный последователь пути Самореализации ежедневно отводит время на чтение и изучение учений Гуруджи, а затем садится и медитирует в тишине домашней обстановки. Однако просто сидеть в тишине, когда мысли в голове порхают словно бабочки — не значит медитировать. Медитация — это способность отстраняться умом от внешнего мира и сосредотачивать все свое внимание на Боге. Чтобы обрести контроль над беспокойным умом, требуется регулярная практика. Бегать пальцами по клавишам пианино, разучивая гаммы, — не значит полноценно играть на пианино, однако подобная практика необходима для подготовки. Аналогично этому, регулярная практика медитации необходима, чтобы научиться медитировать по-настоящему. Мы понимаем, что продвигаемся духовно, когда очередная наша медитация становится глубже предыдущей и когда мы научаемся удерживать полученные в медитации внутренний покой и радость в любых обстоятельствах.

Много лет назад Мастер повел нас в кино на «Песню Бернадетт» — вдохновенный фильм о великой западной святой[6]. Я помню ее последние слова. В конце жизни ей выпало много испытаний и страданий, но, когда она уже покидала свое тело, она ощутила Божье присутствие и, собравшись последними силами, произнесла: «Я люблю Тебя». Вот что для меня есть экстаз: жить, развиваться и пребывать в этом мире, будучи охваченным любовью к Богу. Каждый день говорите Ему: «Я люблю Тебя, Господи». Если вы еще не чувствуете этой любви в своем сердце, скажите Ему: «Господи, я хочу почувствовать эту любовь. Пробуди Свою любовь в моем сердце».

Когда Бог занимает главное место в нашей жизни, мы всегда думаем: «Поступаю ли я так, как угодно Тому, Кто есть моя любовь, от Кого я пришел и для Кого живу?» Культивируя такое сознание, мы становимся поистине мирными, счастливыми, понимающими человеческими существами.

В этом мире нет совершенства

Чем больше человечество будет стремиться к такому состоянию, тем быстрее ослабеют кризисы, угрожающие нашему миру. Но мы должны понять, что этот мир никогда не будет совершенным, потому что это не наш дом — это всего лишь школа, и ее ученики находятся на разных уровнях обучения. Мы

---

[6] Живя во французском Лурде, святая Бернадетта Субиру прошла через духовные переживания, история о которых в 1850-х годах сделала этот город одним из самых значимых мест религиозного паломничества на Западе.

пришли сюда, чтобы пройти через весь жизненный опыт — и приятный, и печальный — и извлечь из него уроки.

Бог вечен, а посему вечны и мы. Мир всегда будет проходить через взлеты и падения. Наша задача — установить гармонию с Его законами творения. Те, кто продолжает развиваться, очищая и возвышая свое сознание, независимо от внешних обстоятельств или текущего мирового цикла, обретают свободу в Боге.

В конечном смысле спасение каждого из нас зависит полностью от нас самих: от того, как мы справляемся с жизненными трудностями; как мы себя ведем; живем ли честно, правдиво, с заботой о других и — более всего — с мужеством, верой и доверием к Богу. Жизнь станет намного проще, когда мы сосредоточим всю свою любовь на Боге. Мы захотим делать добро и быть хорошими, потому что в наше сознание будут вливаться покой, мудрость и радость Того, от Кого мы пришли.

Сколько раз Гуруджи наказывал нам читать вместе с ним аффирмацию о том, что наша жизнь должна быть прожита в радости, которая есть Бог:

«Из Радости я пришел. В Радости я живу, развиваюсь и пребываю. И в этой священной Радости я вновь растворюсь».

Придерживайтесь этой истины, и вы увидите, что эта Радость внутренне поддерживает вас, что бы ни происходило в вашей жизни. Эта Радость станет для вас более реальной, чем постоянно меняющиеся события этого калейдоскопического мира.

Весь мир — наша семья

Из выступления в женском ашраме имени Гьянаматы на праздновании двухсотлетия Америки, Главный международный центр SRF, июль 1976 года

Сегодня я вспоминаю Дни Независимости, которые мы провели вместе с Гурудэвой. Празднование Рождества и Пасхи у нас было более степенным, а вот четвертого июля мы всегда веселились. Денег у нас особо не было, но нам все же удавалось достать какое-то количество бенгальских огней и фейерверков, а также немного мороженого. Мы собирались на большой поляне здесь, в Центре «Маунт-Вашингтон»[1]. Позже, когда была построена уединенная обитель в Энсинитасе[2], Гуруджи начал водить нас на близлежащий пляж Мишен Бич, откуда мы наблюдали фейерверк, вздымающийся над океаном.

Меня очень радует, что сегодня все собрались здесь в праздничном настроении, чтобы отметить двухсотлетие Америки. Помню, Гуруджи говорил нам, что он приехал в Америку не потому, что другие страны нравятся ему меньше — он обладал вселенским сознанием, — а потому что здесь больше

---

[1] Месторасположение, а также часто используемое название для Главного международного центра Self-Realization Fellowship и административного центра SRF (Mother Center), располагающихся в районе Маунт-Вашингтон в Лос-Анджелесе.

[2] Энсинитас — маленький городок в ста милях от Лос-Анджелеса. Там находится подаренная Парамахансе Йогананде большая уединенная обитель с видом на Тихий океан. Он проводил там много времени в период с 1936 по 1948 годы.

Мриналини Мата (на тот момент — вице-президент SRF), Шри Дайя Мата и Ананда Мата (см. стр. 293.) в ашраме имени Джанакананды, Главный международный центр SRF, 1976 год.

«Секрет привнесения гармонии во внешние жизненные обстоятельства состоит в том, чтобы сперва установить внутреннюю гармонию между душой и Богом. Ежедневно отводите определённое время на то, чтобы отстраняться от этого мира, углубляться в себя и чувствовать Божье присутствие».

свободы от предрассудков и предубеждений; больше свободы вероисповедания, — и это предоставляло прекрасные условия для распространения духа и идеалов, лежащих в основе учений Self-Realization Fellowship. Это совсем не означает, что Америка — идеальная страна. Но здесь у людей существуют возможности — вероятно, самые большие в мире — использовать и проявлять четыре вида свободы[3].

Для того чтобы быть настоящими патриотами, настоящими американцами, воплощающими в жизнь идеалы, на которых была построена эта великая страна, мы должны культивировать и проявлять любовь и дружбу ко всем. Мы начинаем с любви к тем, кого Бог послал быть нашей семьей, и расширяем эту любовь, охватывая ею наших соседей, нашу страну и, наконец, все нации. Применяя учения Self-Realization Fellowship в нашей жизни, мы можем так расширить свое сознание, что начнем чувствовать и воспринимать весь мир как свою семью. Так мы проявим вселенскую любовь Господа.

Что такое свобода?

Сегодня как никогда усердно Америка и все нации должны работать над культивированием этой вселенской любви. Мир раздирается на части, потому что людям прививают нормы поведения, которые не ведут к гармонии и настоящей свободе. Свобода заключается не в том, чтобы делать все, что хочется, игнорируя при этом права других. Чтобы быть свободным, нужно практиковать самодисциплину. Истинная свобода в высшем смысле — это свобода от власти вредных привычек, предубеждений, плохого настроения, своекорыстия, своенравия и так далее.

---

[3] Те виды свободы, которые, по мнению Франклина Рузвельта, являются основополагающими: свобода слова и высказываний, свобода вероисповедания, свобода от нужды и свобода от страха.

Если вы можете делать свободный выбор во всех своих действиях, будучи ведомы только мудростью, тогда вы свободны.

Когда я впервые посетила Индию, я словно попала в другой мир. Духовная атмосфера переполняла мою душу радостью, но материальные условия никак не могли сравниться с теми, что мы имеем в этой стране. Помню, как я была потрясена, когда увидела, сколько страданий приносит нищета и борьба за элементарное выживание. Мое сердце рыдало, и я дала себе слово, что, когда вернусь в Америку, я буду больше, чем когда-либо, пропагандировать необходимость делиться и помогать другим людям, а также важность поиска свободы и радости внутри себя. Нам не нужно много материального, чтобы быть счастливыми, — нам нужна свобода души. Внутренняя свобода духа не зависит от внешних условий нашей жизни, но мы получаем больше пользы, когда бытовые условия дают нам возможность более глубоко думать о Боге и культивировать любовь к Нему.

Мастер оставил предсказание, что придет день, когда после ужасных страданий, борьбы и душевных мук все нации объединятся. Это единение произойдет, когда индивидуумы всех наций начнут обретать внутреннюю свободу. Благодаря учениям Самореализации нам выпала благословенная возможность обрести духовное освобождение — свободу души — и своим примером вдохновить наши семьи, наших соотечественников и людей всего мира на поиски своей собственной свободы в Боге. Все это должно где-то начаться. Великие учителя приходят, чтобы пламенно говорить о важности единения всех людей. Толпы машут флагами, восторженно приветствуя идею о необходимости человеческого братства. Какое-то время этот идеал живет в умах и сердцах людей, а затем опять умирает. Почему? Потому что каждый из нас ждет, пока кто-то другой

В Ранчи, 1973 год

Матаджи в игривой манере бросает сладости участникам завершившейся сатсанги, Ранчи, 1968 год

«Тому, кто глубоко любит Бога, очень трудно все время быть серьезным. Внутри него постоянно бурлит божественная радость».

начнет практиковать требуемые для этого духовные принципы. Но эту практику надо начинать с себя.

Сегодня свобода души, как говорится, в почете. И эта свобода приходит к нам с ежедневным подчинением Божьей воле.

Правильная деятельность начинается с правильного подхода

Служить Богу — это идеал йога, практикующего Карма-йогу. Что такое Карма-йога? Прежде всего, это воспитание в себе правильного отношения, с помощью которого можно заниматься правильной деятельностью. Под правильной деятельностью я подразумеваю действия, исполняемые не для себя, а для Бога. Продвинутый карма-йог вручает Богу все свои действия и их плоды.

Начнем с того, что мир нам ничем не обязан. Я нахожу в этой мысли столько свободы! Очень часто люди думают, что мир им чем-то обязан; при этом они даже не прилагают усилий, чтобы заслужить чего-то подобного. На духовном пути человек должен занять такую позицию: «Мир мне ничем не обязан — это я многим обязан миру». Исходя из этой истины, продолжайте размышлять: «Я многим обязан Богу: я обязан Ему своей жизнью; я обязан Ему своей индивидуальностью. С каждым вдохом я вдыхаю Его жизнь; каждая моя мысль исходит из Его разума. Я всецело завишу от Него». Размышляя подобным образом, вы в итоге осознаете, что ваша жизнь и все, что вы имеете, исходит от Бога. И вы захотите отдать Ему всего себя.

После того как мы уясним это для себя, мы должны задаться вопросом: «А как я могу Ему служить?» Многие думают, что Бог послал нас на землю с какой-то особой миссией. Это ошибочное суждение, потому что единственное, к чему Он призывает, — найти Его. Поэтому верующий должен говорить Ему:

«Господи, направляй меня, как Тебе угодно. Если Ты хочешь, чтобы я служил Тебе здесь, — хорошо; если же Ты решишь, что мне лучше служить Тебе где-то еще, — тоже хорошо. Я буду счастлив в любом случае. Взор мой устремлен к Тебе. Ты есть моя единственная Цель».

Нельзя выполнять нашу работу механически или неохотно, скрывая свое нежелание внутри. Правильное поведение, правильная деятельность — это не только внешнее действие. Мы должны остерегаться внутреннего недовольства и говорить: «Это как дисциплина. Даже если мне это не нравится, я все равно должен это делать». Если мы не отдадимся Богу внутренне, перестав противиться и позволив Богу использовать нас так, как Ему угодно, то мы не обретем желаемой духовной свободы.

Бог хочет, чтобы в любое время и в любых обстоятельствах мы проявляли самое лучшее расположение духа, жизнерадостность. Святой Франциск Сальский сказал: «Святой, предающийся печали, — это печальный святой!» Тому, кто глубоко любит Бога, очень трудно все время быть серьезным. Внутри него постоянно бурлит божественная радость.

Быть способным смеяться, особенно над самим собой, — это здорово. Мы должны преодолеть чувствительность, которая порождает грустные эмоции. Если мы очень ранимы, это просто означает, что мы потакаем своему эго. Если мы не переносим чьей-то критики или недобрых слов в наш адрес, это означает, что мы не выработали в себе правильное отношение к жизни. Пусть другие говорят, что им угодно. Если наши умы обращены к Богу и в своей жизни мы прилагаем все возможные усилия, так ли важно, что думают о нас люди? Когда в мой адрес идет что-то негативное, я всегда молюсь: «Господи, а что Ты думаешь обо мне? Если я не права, исправь меня, дисциплинируй меня.

Измени меня». Мы всегда должны стараться понять, чему Он нас пытается научить в каждой отдельно взятой ситуации.

Любящее служение всем Божьим детям

Только когда мы начнем уделять внимание Богу и любить Его, служа Ему во всех людях, встречающихся нам на пути, мы станем осознавать всеобщность, в которой кроется настоящая свобода. Культивируйте такую мысль: «Господи, я нахожусь в этом мире, потому что Ты послал меня сюда. Я здесь лишь с одной целью: любить Тебя и любить Твоих детей, кем бы они ни были, откуда бы они ни пришли — будь они американцы, африканцы, азиаты, европейцы; буддисты, христиане, индуисты, иудеи или мусульмане». Какой бы ни была наша вера или национальность, мы все связаны родством; у всех нас один Отец.

Думайте о других таким образом: «Это родные мне люди. Они — частица моего Бога. В каждом из них пребывает Господь. Я буду служить им наилучшим образом».

Эти принципы мы должны практиковать в повседневной жизни. Будьте внимательны друг к другу, сострадайте друг другу, помогайте друг другу, уважая друг в друге образ Божий.

Для того чтобы Америка или любая другая страна стала землей истинной свободы — свободы от духовного неведения и иллюзии; той свободы, что является врожденным правом каждой души-гражданки, — ей необходимо начать выращивать божественные качества, присущие каждому индивидууму. Это и есть та эталонная свобода, которая должна воспеваться людьми и быть всем примером. Это самый надежный фундамент для построения любой нации, потому что он способствует раскрытию всего потенциала человеческого сердца и души.

Америка существует не так давно; в сравнении с другими странами она лишь младенец. Но когда вы посещаете другие страны, вы осознаете, сколького она достигла и какое это благословение — жить в этой великой стране. В этом смысле я убежденная патриотка: я благодарна этой стране за все, что она мне дала. И все же когда я бываю за границей, я воспринимаю другие страны как родные, потому что все человечество — моя семья. В Божьем сознании нет разграничений, и в сознании Его детей тоже не должно быть разграничений — ни этнических, ни расовых, ни религиозных.

С днем рождения, Америка! И да благословит тебя Господь!

Надежда обрести покой в изменчивом мире

Из выступления в филиале общества Yogoda Satsanga, Ранчи, штат Джаркханд, Индия

Какую бы страну я ни посетила, в глазах людей я всегда вижу один и тот же терзающий душу вопрос: «Как же мне обрести покой?» Гурудэва Парамаханса Йогананда учил нас, что внешние средства никогда не помогут обрести покой. Мы можем быть уверены, что любой покой, который мы надеемся получить от внешних условий, будет недолговечным.

Перефразируя слова Господа Кришны, обращенные к Арджуне в Бхагавад-Гите, Гурудэва говорил: «Если вы хотите обрести покой, укоренитесь в Том, Кто неизменен». В этом мире нет постоянства — неизменен лишь только Бог. Словами: «Укрепись в своем истинном „Я"»[1], сказанными тысячи лет назад, Кришна указал путь всему человечеству, ибо мы никогда не сможем познать истинный покой, если только не укоренимся в Боге.

Эта истина была одной из первых, которым Гуруджи научил меня, когда я пришла в ашрам: укорениться в Боге, единственном неизменном Принципе в этом постоянно изменяющемся мире. Как это сделать? С помощью медитации, а также постоянного фокусирования ума на *Кутастхе*, или центре

---

[1] Бхагавад-Гита II:45.

Христова Сознания, который находится между бровями. В этой точке, а также в сердце — вот где мы общаемся с Господом.

В уме обычного человека то и дело перекатываются волны беспокойных мыслей, сменяющие одна другую: мысли о работе, о семье, о своем положении в обществе, материальном успехе. В результате этого человек становится сгустком нервозности. Даже если кто-то отрекается от мира и поселяется в ашраме, это еще не значит, что все его проблемы вдруг исчезают. У него столько же тревог и забот, сколько и у любого другого человека, но в ашраме он познает одну важную вещь: что бы ни случилось в его жизни, всегда есть надежда, всегда есть решение, всегда есть Тот, к Кому можно обратиться в любой момент с уверенностью, что Он поможет, — и говорю я сейчас о Боге. Это то, что надлежит усвоить каждому.

Наша проблема в том, что мы с неохотой полагаемся на Бога, потому что мы не уверены в том, что Он даст нам желаемое. Мы думаем: «Вот, я посвящу Ему всю свою жизнь, а Он, может быть, и не будет меня опекать; не возьмет меня под Свое крыло; не исполнит мои желания». Это заблуждение. Если мы устремим свой ум к Богу и будем ежедневно отдаваться Его воле, мы осознаем, что Он действительно опекает нас.

Индия: духовный лидер человечества

Индия духовно благословлена как никто другой в этом мире. Гуруджи говорил: «Запад сосредотачивает свои усилия на развитии материальной и научной эффективности, а Индия на протяжении тысячелетий сосредотачивает свои усилия на духовной эффективности». Индия — земля великих духовных гигантов. Ни одна другая страна не дала миру столько святых. Они порождены священными традициями, являющимися вашим высоким наследием. Я езжу по многим странам мира, и когда последователи SRF узнают, что я побывала в Индии, они всегда меня спрашивают о ваших духовных лидерах. Столько людей мечтают приехать сюда, чтобы искать Бога! Вот каким вдохновением Индия одаривает весь остальной мир. Она не должна этого утратить.

В материальном плане Индия будет процветать. В этом нет никаких сомнений. Можно сказать, что Индии всего лишь двадцать лет — ведь именно столько времени прошло со дня обретения независимости[2]. Вы уже сделали большие успехи, и впереди у вас их еще больше. Но я вас очень прошу (и особенно это касается молодежи этой святой земли!): пытаясь улучшить материальные условия жизни, не забывайте о вашем величайшем сокровище, а именно о духовном наследии. Это то, в чем на вас равняется весь мир.

Вы являетесь единственной нацией, глубоко пропитанной идеалами *даршана* и *сатсанги*[3]. Вы, возможно, воспринимаете эти традиции как сами собой разумеющиеся, потому что для вас они так привычны, но они исходят из глубокой духовной природы, присущей индийскому народу. Распоряжайтесь ею правильно и подпитывайте свою врожденную склонность. Очень важно собираться вместе для медитации и сатсанги — установления братских отношений, союза с великим *Сат*, с Богом. Если вы будете помнить об этом, вы сделаете Индию величайшей страной нашей эпохи. Но если вы не будете подпитывать свои

---

[2] Выступление датируется 1968 годом.

[3] *Даршан* — благословение, которое человек получает, видя или находясь в присутствии святого человека или в святом месте. *Сатсанга* — духовное братство с другими искателями истины, богоискателями. В сознании индийского народа глубоко укоренилось понимание ценности святых мест, святых людей и духовного круга общения. Это является источником силы и вдохновения в преодолении трудностей повседневной жизни.

духовные качества и полностью предадитесь материализму, вы упустите уникальнейшую возможность, которую когда-либо имела ваша страна, пытаясь стать мировым духовным лидером. Я говорю это от всей души, потому что я очень люблю эту страну.

Об этом я ораторствовала во всех университетах, которые посещала в вашей стране. Молодежь так уверена, что она может завоевать мир! Ее интересы сосредотачиваются на осуществлении своей мечты и своих устремлений. Молодым свойственно подражание, и, поскольку молодость — это время пробуждения желаний и устремлений, они обычно подхватывают самые плохие привычки от своих ровесников в других странах, поскольку чувственный соблазн очень силен. Это большая трагедия. Поэтому, стремясь улучшить свою жизнь материально, не отставляйте в сторону мысль о Боге.

Это то, что делают охваченные материализмом люди на Западе. Они думают: «Пока я имею все, что мне хочется, мне не нужен Бог». В жизни стольких людей нет места Богу! Это неправильно. И сегодня Америка является примером всех тех проблем, которые стали результатом такого отношения. Я видела тысячи молодых людей в состоянии непонимания, беспокойства, печали и смятения по той простой причине, что в их жизни не нашлось места для Бога. И сейчас все больше и больше таких молодых людей обращаются к Индии. Вы наверняка читали в газетах, как много людей по всему миру являются последователями индийских учителей. Они вернулись к исходной точке круга, убедившись в том, что материализм не приносит удовлетворения. Они ищут покоя и смысла жизни — и находят их в духовных учениях Индии.

Мне выпало огромное счастье встретить Гурудэву в юном возрасте — в семнадцать лет. Он преобразил мою жизнь. Я буду вечно благодарна ему за это. Мои слова и дела не смогут в полной мере выразить ему благодарность и отплатить за эту прекрасную метаморфозу моей жизни. Он приехал в Америку из Индии, и он высоко ценил материальные достижения этой страны; но он не отставил в сторону свое божественное наследство. Он никогда не забывал о Боге и о духовных идеалах, на которых вырос. Он привез их с собой и привил их Западу. И именно поэтому сегодня во всех частях света мы находим тысячи последователей Гурудэвы Парамахансы Йогананды.

«Будь верен сам себе»

Как же нам найти тот внутренний покой, которого мы можем придерживаться, живя в этом беспокойном мире? Очень просто: постоянно стремясь улучшить свою жизнь, мы должны хранить в своем сердце Бога. Ухаживая за своим телом — питая его, одевая и обеспечивая жильем, — мы не должны забывать посвящать хотя бы немного времени — пусть даже десять-пятнадцать минут в день — мыслям о Боге, медитации на Него. Как мы глупы, если забываем о Нем!

Скажу вам честно: я не понимаю, как можно жить, не укоренившись в Боге. Неудивительно, что вокруг столько страданий, которых можно было бы избежать. Я видела, как страдают люди и как эти страдания становятся для многих невыносимым бременем. Без Бога я бы просто не смогла существовать. Жизнь становится совсем иной, когда она укореняется в Боге. Его так легко познать! И сделать это можно с помощью медитации. Человек все усложняет, потому что он не хочет прилагать усилия. Вместо этого он ищет оправдания своей умственной лени.

«Будь верен сам себе; тогда, как вслед за днем бывает ночь, ты не изменишь и другим»[4]. Вот как это просто. Что бы вы ни

---

[4] Уильям Шекспир. Гамлет. Акт 1, сцена 3.

делали, всегда спрашивайте себя: «Правдив ли я и искренен ли перед собой?» Никогда не оправдывайте своих слабостей. Этот основополагающий духовный принцип закреплен в первых двух ступенях Восьмиступенчатого Пути Йоги Патанджали[5], а именно в яме и нияме — запретах и предписаниях праведного поведения. Их суть можно передать одной фразой: «Будь верен сам себе». Это означает, что в жизни надо быть верным не эго, псевдодуше, а атману — своему истинному «Я», душе. Необходимо постоянно стремиться быть честным, искренним, добрым и любящим; избегать гнева, нечестности и всех остальных вещей, ввергающих душу в смятение; вызывающих нервозность и внутреннее беспокойство; нарушающих равновесие ума.

Быть верным самому себе и медитировать ежедневно — вот что нужно для обретения свободы и покоя ума. А иначе они всегда будут ускользать от вас.

Величайшие из влюбленных

Каждое без исключения человеческое сердце жаждет любить и быть любимым. Растения, животные и, более всего, человек, сотворенный по образу и подобию Божьему, отвечают на любовь. А чтобы получить любовь, нужно любить самому. Но лишь немногие в этом мире умеют любить глубоко и искренне. По мере того как мы учимся все сильнее любить Бога и

---

[5] Патанджали — древний толкователь йоги. Он упорядочил ее в восьми ступенях, которым необходимо следовать, чтобы обрести единение с Богом: 1) *яма*, нравственное поведение; 2) *нияма*, соблюдение духовных законов; 3) *асана*, правильная поза для достижения неподвижности тела; 4) *пранаяма*, контроль над *праной*, тонкими жизненными токами; 5) *пратьяхара*, обращение ума вовнутрь; 6) *дхарана*, концентрация; 7) *дхьяна*, медитация; 8) *самадхи*, экстатическое состояние единения с Богом.

чувствовать Его любовь в медитации, мы начинаем любить и людей, даже не ожидая получить те же чувства взамен.

Величайшие из влюбленных — это те, кто любит Бога. На протяжении веков они продолжают вдохновлять своей любовью все человечество. Порождать истинно влюбленных, истинно познавших Бога людей — такова цель учений Индии; это то, о чем ее священные писания говорят человечеству. Индия проложила путь к Богу задолго до появления христианства, буддизма и других религий. Вот почему я ее так люблю. И мир сегодня нуждается в ее учениях как никогда.

Как я уже отмечала ранее, Индия обладает этим духовным наследием. Бога очень легко познать, если только приложить усилия. Медитируйте каждый день; глубоко погружайтесь в Господа хотя бы на несколько минут. И тогда Он вам ответит.

Многие богоискатели говорят: «Но я и так молюсь». Христианин может сказать: «Я читаю молитвы каждый день уже в течение двадцати трех лет»; мусульманин может ответить: «Я совершаю намаз в течение двадцати трех лет»; а индуист может заверить: «Я практикую *джапу* и исполняю *пуджу*»[6]. И все же каждый из них жалуется: «Я не уверен, что продвигаюсь духовно. Мой ум все еще беспокоен. Я все еще нервозен. Почему?»

Это случается оттого, что практика стала механической. Вы не можете завоевать чью-либо любовь механическим повторением слов любви. Любовь должна исходить из сердца. Именно этого очень часто не хватает в духовной практике. Мы должны перестать быть попугаями, просто повторяющими имя Бога без чувства и понимания. Мастер учил нас, что сердце и ум должны

---

[6] Намаз — главная молитва мусульман, которая исполняется пять раз в день. *Джапа* — сконцентрированное повторение мысли о Боге. *Пуджа* — ритуал поклонения.

быть сфокусированы на Божественном Возлюбленном так, чтобы даже первые звуки Его имени вызывали глубокий трепет внутри. Это приходит с ежедневной практикой медитации. Как только вы будете произносить Его имя, все ваше сердце будет погружаться в Него: «О Господь, Ты есть моя Любовь».

Мне так хочется посеять в вашей душе семя тоски по Богу; пробудить в вас это страстное стремление — чтобы его хватило не на неделю или месяц, а до того момента, когда оно принесет вам духовные плоды. Не ждите, пока пройдет целая жизнь; пока вы не спохватитесь со словами: «Ой, я Его упустил!» Искать Бога надо прямо сейчас.

Гуруджи часто говорил: «Каждый из вас перед сном должен садиться медитировать и всей душой взывать к Богу». Говорите с Ним искренне, как ребенок. Если вы будете это делать, ваша жизнь укоренится в Боге. Вы уподобитесь могучему дереву, которое клонится под ветром, но никогда не ломается. Щуплое деревце трещит и падает от легкого порыва ветра. Жизненный опыт может склонить истинно верующего человека, но он никогда не собьет его с ног, ибо тот глубоко запустил свои корни в Божественное.

Общение с Богом: нить, связующая все религии

Из выступления в мужском ашраме имени Джанакананды,
Главный международный центр SRF

В сердцах тех, кто следует по стопам Парамахансы Йогананды, не должно быть религиозных предубеждений, но должна быть верность своему пути. Уважайте все религии, но будьте верны своей. Осознавая, что универсальная Истина выражается во всех религиях по-разному, найдите тот путь, который подходит лично вам, и не сходите с него. Отдавайте должное всем вероисповеданиям, но будьте верны своему пути. Таким был идеал Гурудэвы, и таким должен быть идеал тех, кто следует его учениям.

Понимая под верностью именно это, я всегда была уверена в том, что Божье присутствие можно ощутить в любой церкви или в храме, потому что все пути в конечном счете ведут к Богу. У меня есть одно «хобби»: когда я бываю в других странах, я люблю посещать храмы и церкви, построенные в честь моего Возлюбленного; там я люблю общаться с Ним и с почтением созерцать Его во всех богоискателях, посвящающих свою жизнь Господу в рамках избранного ими духовного пути. Я надеюсь, что здесь, в SRF, мы всегда будем придерживаться идеала широкомыслия. Узкое мышление идет вразрез с Божьими принципами. Человек, который узко мыслит, не способен пропускать через себя Божий свет. Все великие души, любившие Бога, глубоко уважали каждую религию и людей всех вероисповеданий. Но следовали они только избранному ими пути. Любите всех, но не будьте переменчивы — будьте непоколебимо верны одному пути. Такое отношение необходимо, если мы хотим познать Бога.

Опыт восприятия Бога разрушает барьеры между религиями

Дух Бога воистину вездесущ. Я имела счастье почувствовать Его присутствие в храме японского города Нара, где я медитировала перед огромной статуей Господа Будды. Я также помню уникальный и несколько забавный случай, который произошел со мной в храме Шведагон в Бирме. Во многих индуистских и буддийских храмах есть не только центральный алтарь для поклонения, но и маленькие реликварии — подобно тому как в католических храмах есть вместилища для хранения реликвий святых. Погрузившись в любовь Господню, я долго медитировала в углу у одного из таких реликвариев в храме Шведагон. Неподалеку от меня находился буддийский священник и другие люди. Когда я поднялась и собралась уходить, священник, излучая доброту и симпатию, вдруг предложил мне сигару! Возможно, в тот момент это было единственное, что он имел на руках. Я вежливо отказалась, но была глубоко тронута этим дружеским жестом и признанием во мне своего духовного собрата.

Когда я впервые приехала в Индию и посетила знаменитый храм Таракешвар, Божье присутствие исцелило меня от болезни. Причем это было не постепенное выздоровление в течение нескольких дней, а мгновенное исцеление. Тогда я забыла, что этот храм знаменит своей целительной силой — как церковь во французском Лурде. Но вечером того же дня я принялась перечитывать автобиографию Гуруджи, которая напомнила мне, что один из членов его семьи был исцелен в том самом храме[1].

В Пури мне выпала честь стать одним из первых западных людей, которым дозволили войти в священный храм Джаганнатхи. Обычно туда пускают только индуистов, аналогично тому как на Западе в священный храм мормонов, где совершаются религиозные обряды, могут попасть только практикующие мормоны. Эти ограничения вводятся для того, чтобы на церемонии присутствовали только истинно верующие люди, а не просто лишь любопытствующие. Мы иногда забываем, что, принимая в западных религиях определенные обычаи, мы не уважаем при этом право других религий иметь свои обычаи.

Всего за месяц до нашего визита в храм Джаганнатхи туда уже пытался войти один европеец, что вызвало у людей серьезное возмущение: они были глубоко оскорблены таким «вторжением». Я и мои спутники попали туда только благодаря содействию покойного Шанкарачарьи монастыря Говардхан в Пури[2]. И в этом храме я тоже пережила необыкновенный опыт Божьего присутствия.

Позже, когда мы посещали святые места, связанные с жизнью Христа на Святой земле; когда путешествовали по Европе и видели итальянские церкви, возведенные в честь Франциска Ассизского, мне снова выпало счастье обрести прекрасный и вдохновенный духовный опыт.

Я говорю все это только для того, чтобы показать вам всеобщность Бога и подтвердить, что своим личным духовным

---

[1] См. 13-ю главу «Автобиографии йога».

[2] Шри Джагадгуру Шанкарачарья Бхарати Кришна Тиртха, духовный глава большинства последователей индуизма. См. фотографию на стр. 218.

опытом мы разрушаем барьеры непонимания и предубеждений, которые установились в религии.

Йога: прямое восприятие Бога

Разные религии проповедуют разные доктрины, внушая своим последователям соответствующие идеи, и это нормально. Но я часто вспоминаю, что мне говорил Мастер: «Мы должны быть широкомыслящими, но при этом мы должны догматизировать — и это был единственный контекст, в котором он использовал данное слово в отношении своей работы — нашим последователям необходимость практики Крийя-йоги». Я подумала: «Как же это прекрасно!», ведь я поняла, что он хотел этим сказать. Он желал, чтобы на пути Самореализации людей удерживало только одно: их личное восприятие Бога, которое приходит с практикой Крийя-йоги. Мы не говорим, что Крийя-йога — единственный способ постижения Бога, но наш Гуру имел возможность убедиться в том, что Крийя-йога является лучшим методом, потому что благодаря ей последователь обретает прямой опыт восприятия Бога внутри себя.

Истинная цель каждой религии в том и состоит, чтобы помочь человеку вновь обрести знакомство со своим Творцом. Для этого недостаточно принимать на веру определенные религиозные идеи или принципы. Идеи и принципы — это хорошо, но мы должны идти глубже. Миссия церкви, какую бы религию она ни проповедовала, заключается в одном: помочь богоискателю установить прямой контакт с Богом. Я верю в слова Мастера о том, что придет время, когда все больше церквей будут подчеркивать важность медитации, потому что она дает подлинное, ощутимое переживание Бога. Только это спасет человечество и мир. И поскольку учения Самореализации демонстрируют, как именно можно установить прямую связь с Богом, я также верю, что, как неоднократно говорил Мастер, «это станет религией новой эпохи».

Непосредственное общение с Богом является доказательством Его присутствия, которое прослеживается во всех истинных религиях. Когда человек проходит через живое общение с Богом, поверхностные различия в догматах утрачивают свою значимость. Посредством медитации последователи любого вероучения находят одного и того же Бога. Поэтому общение с Богом — это ключ к терпимости и пониманию между последователями разных религий.

Более всего, общение с Богом — это жизненная необходимость каждого из нас, Его детей, ибо от этого общения в конечном счете зависит наше счастье и благополучие. В учениях Самореализации Гурудэва учит нас обретать этот опыт Божественного посредством медитации и преданного поклонения. Позвольте мне кратко рассмотреть некоторые пункты, которые помогают верующему достичь Цели медитации.

Ключ к глубокой медитации

Когда приходит время медитировать, прежде всего мысленно отстраняйтесь от мира. Забывайте обо всем. Какими бы ни были ваши проблемы, оставляйте их за порогом часовни или того места, где вы обычно медитируете. Делайте это сознательно. Мысленно стряхивайте их; чувствуйте, как вы буквально выбрасываете их из своего сознания. Учитесь мгновенно освобождать свой ум не только от груза мирских обязанностей, но и от любви к телесному комфорту; от всех привязанностей своего эго. Жизненно необходимо развить такую самодисциплину, чтобы быть в состоянии выбрасывать из сознания все мирские заботы одним лишь волевым усилием, говоря: «Сейчас для меня не существует ничего, кроме Бога».

Если бы в этот самый момент вы поняли, что вас вот-вот настигнет смерть, что бы вы сделали? Мне знакомо это чувство — я была в такой ситуации. У вас была бы только одна мысль: «Я расстаюсь со своей жизнью!..» И вы бы почувствовали такую потребность в Боге, что сразу бы осознали, что все в мире — ничто, а Бог — все. Возьмите с собой в медитацию эту мысль о необходимости найти Бога, а также мысль о том, что смерть может прийти в любой момент — как это, впрочем, и случится когда-нибудь с каждым из нас.

Когда вы медитируете, удерживайте мысль о том, что Бог — Единственная Реальность, Единственное Вечное Существо. Все остальное в этом мире нереально — это лишь эфемерная частица огромного магического покрова *майи*, закрывающего собой Реальность.

Кроме того, в медитации нужно развивать терпение. Довольствуйтесь сначала маленькими шагами; не напрягайтесь и не теряйте терпения, когда медитируете. Нужно настроиться на безоговорочное подчинение Богу: «Господи, я горю желанием познать Тебя. Я рвусь к Тебе. Поступай так, как угодно Тебе: приходи, когда пожелаешь. Я не перестану искать Тебя». Молитесь подобным образом, и вас изумит то, как это божественное сознание, этот божественный разум, эта неземная Божья любовь откликнется на зов вашей души. Но этого не случится, если вы будете нетерпеливы.

Как правило, богоискатель испытывает трудности с погружением в глубокую медитацию потому, что он нетерпелив и ожидает быстрого ответа. Не ждите результатов, когда медитируете, потому что такое отношение порождает нетерпеливость. И тогда вы становитесь беспокойными и напряженными, потому что не получаете ожидаемого ответа от Бога. Вместо этого забудьте о результатах, забудьте о времени и настойчиво изливайте Ему свою душу. Взывайте к Нему, зовите Его, плачьте о Нем. Если вы не испытываете такой сильной тоски, мысленно произносите Его Имя или молитесь: «Яви Себя, Яви Себя!» Устремляйте все свое внимание внутрь себя — все глубже и глубже. Он придет к вам, когда Он этого пожелает. Вы должны это понять. Вы не можете принудить Бога — вы можете только отдаться Ему. Это и побудит Его ответить.

Если вы медитируете в спешке или с чувством беспокойства, тот самый Объект, Которого вы ищете, ускользнет от вас. Предположим, вы в суете собираетесь на встречу. Вы на нервах и напряжены, и какая-то вещица выпадает из ваших рук и закатывается под диван. Вы судорожно ищете ее, тревожась и думая: «Надо скорее ее найти и выходить — меня ведь ждут». Вы всё ищете и ищете, но никак не можете найти пропавшую вещь — со всеми нами случалось такое. Однако стоит вам взять себя в руки, расслабиться и сосредоточиться, как вы тут же находите ее! Вы удивляетесь: «Я же десять раз там смотрел, но ничего не видел». Точно так же и с медитацией. Когда напряжение, нетерпение и беспокойство затуманивают ваше сознание, вы оказываетесь не в состоянии обнаружить Божье присутствие внутри себя. Бога нужно ждать со спокойствием и расслабленностью. Рабиндранат Тагор прекрасно описал это ожидание:

Разве ты не слышишь Его бесшумные шаги?
Он приходит; Он всегда приходит.

Чтобы услышать эти «бесшумные шаги», медитирующий должен пребывать во внутренней тишине, ожидая Его преданно и благоговейно. Тогда он начнет чувствовать, как в нем пробуждается эта Радость, эта Любовь, это Божественное Присутствие, и осознает, что «Он приходит; Он всегда приходит».

Цель жизненных испытаний

Все наши повседневные занятия есть не что иное, как действия в грандиозном спектакле Господа. Сами по себе эти действия несущественны, но благодаря им мы учимся развиваться духовно. Вот что такое жизнь. Испытания — неотъемлемая часть жизненного спектакля. Никогда, никогда не падайте духом. Бога очень легко любить, когда все у нас складывается так, как мы хотим. Испытание же — это проверка, сможем ли мы непоколебимо удерживать в себе радость божественного сознания, когда все вокруг пытается лишить нас ее. Именно поэтому Гуруджи говорил: «Учитесь стоять непоколебимо посреди крушения миров».

Трудные времена более всего располагают к тому, чтобы припасть к Божьим стопам и внутренне воззвать к Нему; чтобы на правах Его дитя истребовать у Него помощи и призвать Его войти в храм вашего сознания. Часто случается так, что именно самые тяжелые испытания дают человеку возможность в большей степени почувствовать любящее, понимающее и утешающее присутствие Бога. Если человек использует свои трудности как средство приближения к Богу, он развивается духовно гигантскими темпами. Никогда не забывайте об этом, и никогда не бойтесь никаких испытаний. Встречайте их с мужеством, верой и преданностью Богу. Вот так нужно справляться с трудными временами.

Так что если вы измождены испытаниями; если вы не понимаете определенных вещей из-за своего неведения; если перед вами стоит какая-то нечеловеческая задача; если вас мучают соблазны, — помните, что все это было послано вам не для того, чтобы вас уничтожить. Трудности приходят для того, чтобы пробудить вас от иллюзии. И поэтому человек должен молиться о правильном мысленном настрое, чтобы во все времена он мог удерживать свое внимание на Боге как цели своей жизни. Тогда жизненные испытания не смогут нас ни озлобить, ни повергнуть в отчаяние, ни пробудить желание отомстить. Сердце и ум всегда должны быть обращены к Единому: «О мой Возлюбленный, мой Возлюбленный, мой Возлюбленный… Только Ты понимаешь меня. Яви Себя!»

Проявление понимания и сочувствия к окружающим

Почему мы должны ждать понимания от этого мира? Это мы не понимаем мир. Почему мы должны ждать понимания от каждого из людей, в то время как сами не можем по совести сказать, что понимаем каждого? И мы никогда не будем понимать всех, пока не поймем самих себя — не это тело и не этот ум, а сознание внутри нас. Познав себя как душу, мы сумеем подчинить себе тело и взять под контроль его чувства и эмоции, а также плохое настроение и умственное беспокойство. Только в таком состоянии равновесия человек проявляет понимание и сочувствие ко всем.

Когда мы пробудимся духовно и начнем выражать божественность, пребывающую взаперти внутри нас, мы сможем узреть божественность и в других людях. Посмотрите на это с такой стороны: когда мы очень счастливы и в наших сердцах живет любовь, нас не волнуют насмешки или колкости окружающих. Они нас не затрагивают и не ранят. Когда мы счастливы внутри своего истинного «Я», мы понимаем, почему другие плохо обходятся с нами, и мы готовы продемонстрировать это понимание и сострадание. Но когда мы сердиты, излишне чувствительны или ранимы, мы так и ждем, чтобы человек сказал что-то не то и можно было начать с ним конфликт. Разобравшись с самим собой, мы начнем правильно относиться ко всем остальным. Для того чтобы это сделать, мы должны обратиться к Богу.

Практикуйте смиренность и самоподчинение — это абсолютно необходимо. Внутренняя борьба за подчинение своего эго, своего маленького «я», — это цель всех религиозных обетов. Простота — или же бедность — учит подчинять желание материальной собственности; воздержание учит подчинять себе телесные привязанности; послушание и преданность учат подчинять волю своего маленького «я».

Семейный человек, равно как и монах, может следовать принципам этих обетов, выполняя все действия без привязанности к их результатам. В конечном итоге практика этих принципов освобождает душу: мы освобождаемся от умственных и материальных привязанностей, которые сделали душу рабыней тела и отдалили нас от Бога.

Учения Гурудэвы ведут нас в самое сердце Истины — к Богу. Нам не нужно блуждать в лесах теории и догматов. Мастер дает нам суть Вечной Религии, путь непосредственного общения с Богом.

Достижение гармонии между духовностью и мирской деятельностью

Из выступления перед монахами и монахинями в Главном международном центре Self-Realization Fellowship

Гурудэва [Парамаханса Йогананда] говорил нам, что с каждым новым днем мы должны медитировать все глубже и глубже. Если вы будете искренне прилагать это усилие и взывать к Божественной Матери всей душой, вы почувствуете, что продвигаетесь на духовном пути.

Жизнь мимолетна: она словно пузырек, лопающийся в журчащем потоке воды. Впрочем, лопаясь, пузырек не исчезает совсем — он лишь меняет свою внешнюю форму. Аналогично этому, мы не теряем свою жизнь, когда покидаем «пузырек» телесной оболочки. Во время медитации бывает полезно поразмышлять о ненадежности этого бренного тела, чтобы в итоге прийти к осознанию иллюзорной природы всех земных переживаний. Единственная Реальность — это Бог; все остальное — лишь часть Его космического сна. Медитируйте на эту Реальность; осознайте, как необходимо отождествлять себя с этой Реальностью. Только так можно познать, что вы не бренное тело, а бессмертная частица Божественного Возлюбленного.

Достижение гармонии между духовностью и мирской деятельностью

[За этими словами следует период медитации; затем Дайя Матаджи продолжает:]

Я вошла в глубокое состояние покоя. Гуруджи говорил, что покой — это первое доказательство Божьего присутствия. Когда мы были с Мастером, он учил нас достигать это состояние внутреннего покоя посредством все более сконцентрированной практики медитативных техник SRF. Он часто приводил такую аналогию: допустим, человек подоил корову и доверху наполнил ведро молоком. Если он будет нести это ведро неосторожно, то не донесет молоко до дома: он его просто расплещет по дороге. Получается, все его старания будут напрасны. Так же и с медитацией. После того как мы исполнимся внутреннего покоя, очень важно бережно нести его в себе, испивая его в течение дня; тогда то, чего мы достигли в медитации, пойдет нам на пользу.

Мир, в который нас направил Господь, являет собой место бесконечных испытаний, страданий и трудностей; радости здесь совсем немного, а местные удовольствия кратковременны. Это мир сотворенных Им иллюзий. Но Он также дал нам и средство спасения, с помощью которого можно вспомнить, что мы являемся индивидуальными отражениями Его Существа. Я имею в виду покой, который кроется внутри каждого из нас, но о котором ведают лишь немногие.

Каждое священное писание учит важности общения с Богом в медитации или молитве, но лишь немногие богоискатели уделяют этому время и прилагают усилия, чтобы пережить реальный опыт такого общения. Мастер говорил, что божественный путь Самореализации может привести человека так далеко, как он сам того пожелает. Нужно и в самом деле желать, жаждать этого. Бог отвечает вам в той степени, в какой вы жаждете Его. Очень важно постоянно взращивать в себе это чувство жажды. Прежде чем ступить на духовный путь, каждый из вас испытывал жажду — жажду познать Бога; жажду познать радость и божественную любовь. И вы сами должны подпитывать это страстное желание, чтобы оно не испарилось, не исчезло.

От каждой культуры берите только самое лучшее

Гуруджи учил нас, что каждый человек и каждая нация в какой-то степени неуравновешенны. Бог является одновременно активной энергией и трансцендентным покоем; человек, будучи сотворенным по Его образу и подобию, также должен быть занят конструктивной деятельностью и одновременно с этим пребывать в состоянии спокойствия в Духе. Трудность состоит в том, чтобы достичь равновесия. У каждой нации мы должны перенять только самые лучшие качества и, сбалансировав их, создать всеобщее братство всех Его детей разных национальностей.

Видя в других нациях только самое лучшее, мы сможем освободиться от национальных ограничений и осознать, что все мы являемся вселенскими детьми одного Отца. Этого можно достичь только посредством работы над собой. Мы здесь для того, чтобы привести в гармонию свою собственную жизнь, и наша общая проблема в том, что мы не знаем, как это сделать.

Миссия Гуруджи охватывала все страны. Индия вскормила и воспитала его, но принадлежал он всему миру. Когда Мастер уезжал на Запад, его гуру, Свами Шри Юктешвар, сказал ему: «Бабаджи посылает тебя на Запад; для тебя сейчас открыты все двери. Возьми от Запада только самое лучшее, и при этом придерживайся всего самого лучшего, что есть в Индии». Шри Юктешвар говорил о том, что правильнее всего возвыситься над национальными ограничениями и быть верным тем добродетелям, которыми Бог наделил всех Своих детей во всем мире. Реально только то, что от Бога.

Когда мы умрем, мы не будем знать, кем мы были — американцами или индусами. Мы будем знать только то, что мы душа, вечное отражение Бога. Данную истину Бог пытается привнести и в этот мир. Он очень старательно работает над этим! И мы — те, кто живет в ашрамах нашего Гуру — следуем тому же принципу: мы не американцы и не индусы, мы — Божьи дети. Данное послание от Гуруджи стремится во все уголки земли, чтобы пробудить эту любовь, это осознание единой национальности в Боге.

Мастер приехал на Запад, чтобы помочь западным людям понять, как важно уравновесить внешнюю активность внутренней тишиной; а людям в Индии и на Востоке важно знать, как уравновесить свою духовность материальными достижениями. Все мы должны научиться сочетать в своей жизни активность (служение через конструктивную деятельность) с неактивностью (внутренней тишиной и общением с Богом). Это равновесие достигается благодаря ежедневной медитации, в которой мы наполняем свои сосуды молоком покоя в храме внутренней тишины; в которой мы наполняем свои сосуды восприятием Господа. И неразумен тот, кто при выполнении своих повседневных задач расплескивает содержимое своего сосуда.

Осознание Бога во время работы

Мастер учил нас все больше жить внутренней жизнью; чаще пребывать в мысли о Боге; постоянно практиковать ощущение Божьего присутствия. Мы можем внутренне общаться с Богом всегда, в любой момент, и нет оправданий не делать этого. Ничто не может разлучить нас с Богом: ни внешние обстоятельства, ни наши дела. Если мы не чувствуем, что Он с нами, мы не можем винить в этом никого, кроме себя. Если мы оправдываем отсутствие мысли о Боге своими делами, мы попросту обманываем себя. Ища оправданий, мы совершаем ошибку.

В течение дня мы имеем неисчислимые возможности для погружения вовнутрь и общения с Богом — пусть даже недолгого. После этого очень приятно вовлекать себя в Его активность.

В Индии есть наука, называемая *Карма-йогой*. Основой ее является духовный путь праведного действия — когда все в жизни делается из любви к Богу. Когда мать любит своего ребенка или ребенок любит своего родителя, или муж любит свою жену, — делать что-то для близкого человека становится огромной радостью. И как мы осмеливаемся не находить ту же радость, когда служим и делаем что-либо для нашего Божественного Возлюбленного, нашей Божественной Матери, нашего божественного Гуру? Такого отношения нам как раз-таки и не хватает, мои дорогие. Его нужно взращивать, чтобы даже посреди рабочего дня — как это происходит в моей жизни и в жизни тех из вас, кто преданно любит Бога — подобрать соломинку с кухонного пола было столь же радостно, сколь проживать счастливые мгновения медитации[1].

И это то, чего от нас хочет Бог. Он хочет, чтобы мы выполняли все наши дела с мыслью о Нем, чтобы для нас не было разницы между физическим трудом и трудом умственным, то есть медитацией. Все должно стать одним целым.

Помню, как-то Гуруджи стоял в коридоре на втором этаже и давал мне указания по работе. Он столько всего мне поручил! А в конце сказал: «И не забывай медитировать!» «Да как же я все успею? — спросила я. — И как при этом концентрироваться на Боге?» Я ожидала услышать из его уст глубокие, чудесные слова мудрости. Но он лишь сказал: «Я тебя понимаю. Я говорил то же самое моему Мастеру, и он мне ответил так, как

---

[1] Отсылка к жизни брата Лаврентия — христианского мистика XVII века, послушника кармелитского монастыря в Париже и автора духовной классики «Как практиковать Божье присутствие». См. также стр. 322.

сейчас я отвечаю тебе: ты должна продолжать пытаться; ты должна продолжать хотеть, жаждать».

Однажды Гуруджи сказал: «Когда я только приехал в Америку, я днями и ночами занимался делами. Как-то в медитации я стал молиться: „Господи, я так занят выполнением Твоей миссии, что у меня даже нет времени медитировать — а мне постоянно этого хочется". Господь ответил: „Когда ты не медитируешь, ты тоскуешь обо Мне и думаешь о медитации, не правда ли? Когда ты медитировал, ты думал обо Мне, а когда не медитировал — тосковал по Мне. Получается, мысль обо Мне всегда преобладала в твоем уме"».

Мастер сказал, что в тот момент на него снизошел великий покой. Вздохнув с облегчением, он ответил Богу: «Это правда. Хоть я и не могу много медитировать, эта тоска пребывает во мне, и поэтому умом я всегда с Тобой — прямо как в медитации».

Путь к внутреннему равновесию

«Однако вы не должны пропускать медитацию по причине своей занятости», — сказал нам Мастер. Понимаете, в чем изъян человеческой натуры? Она постоянно ищет оправдания, постоянно рационализирует наше поведение. Вот что такое заблуждение. Поэтому Мастер учил нас самоанализу и самокритике — не для того чтобы мы впадали в уныние, а чтобы начали истинно познавать себя. Если вы будете практиковать самоанализ, вы станете более честными перед собой. И вы больше не будете оправдываться перед Богом и Гуру и винить людей или обстоятельства в изъяне, который кроется в вас.

Фраза: «Познай себя» означает именно это. Учитесь видеть себя такими, какими видят вас окружающие; какими видят вас Бог и Гуру, — а не такими, какими бы вы хотели себя считать.

Если вы проанализируете свою жизнь, вы обнаружите, что

огромное множество моментов можно использовать для практики Его присутствия — даже во время работы и отдыха.

Чтобы взрастить в душе покой и радость и познать Бога, нужно заниматься самодисциплиной. Это то, чего не хватает в жизни обычного человека. Для духовного последователя самодисциплина абсолютно необходима. Благодаря ей можно превозмочь свое маленькое «я», чтобы его освободившийся от эго сосуд жизни мог до краев наполниться водами Божьей мудрости, любви, истины и блаженства.

Отводите один день в неделю на сосредоточенную практику Божьего присутствия, благодаря которой вы можете наполниться Его сознанием и пребывать во внутреннем покое, приходящем с продолжительной медитацией. Как Мастер говорил нам отводить один день в неделю на продолжительную медитацию, так и я прошу всех вас делать это. Вы обретете больше сил и станете более отчетливо ощущать это благодатное, радостное Присутствие внутри себя. Вы обнаружите в себе обновленную энергию и будете с энтузиазмом выполнять все дела и обязанности, возложенные на вас Богом.

Таков, мои дорогие, путь к равновесию. Я знаю это по своему многолетнему опыту. Ни у кого из вас нет больше обязанностей, чем у меня, но я их исполняю, практикуя Божье присутствие. И вы можете делать то же самое.

Миру не хватает общения с Богом

Мир пытается затянуть вас в чувственное рабство. Когда мы позволяем ему овладевать нашим сознанием, мы получаем какие-то временные удовольствия от чувственно-эмоционального опыта, но вместе с этим мы обретаем то, что является частью мирского сознания: сверхчувствительность, ревность, гнев, негативность. Если вы потянете кота за хвост, вы, естественно, получите всего кота. Так же и мир с его соблазнами: он притягивает наше внимание к тем вещам, которые порождают в нас чувство неудовлетворенности и недовольства. Медитация уводит наше внимание от чувств и фокусирует его на Боге, наполняя нас небесной радостью, любовью и покоем. Она уводит нас от восприятия плоти, расширяя наше сознание. И мы начинаем видеть, что на самом деле являемся не смертными эгоистичными существами, а детьми Божьими, детьми Божественной Матери, несущими в себе Ее непорочный образ. Так давайте же никогда не будем искажать этот образ мелочностью наших мыслей, злобой, ненавистью, ревностью и отвратительными сплетнями.

В наших ашрамах царит духовная гармония, и все, кто сюда приходит, ощущают ее. Это потому, что все вы искренне стремитесь к этой гармонии. Божественные вибрации нашего благословенного Гуру и его идеалов пронизывают его ашрамы, и вы вносите свой вклад своими усилиями в медитации. Вы стараетесь расширить свое сознание за пределы эгоистичности, чтобы включить других в свои мысли о служении, помощи, любви и доброй воле.

Мир нуждается в таких душах: их духовные вибрации оказывают на него благотворное воздействие. Гуруджи часто говорил нам: «Что бы ни делал мир и что бы в нем ни происходило, ваш ум должен быть сосредоточен на Боге». Если вы хотите познать Бога, ваше сознание должно быть с Ним в каждый конкретный момент. Продолжайте работать над этим, и вы увидите, что это приведет к результату. Вы должны подпитывать свою тоску по Богу медитацией. Подпитывайте ее практикой Божьего присутствия. Подпитывайте ее регулярным обращением к Богу: «Я люблю Тебя, я люблю Тебя, я люблю Тебя...» Даже если в вашем сердце «засуха», все равно стремитесь почувствовать любовь к Нему. Эта практика должна стать вашим образом жизни; она должна заполнять не минуты, часы или же годы, а каждый момент вашей жизни — до самой смерти. И тогда в конце своего пути вы обнаружите Божественного Возлюбленного, Который вас всегда ждал.

Каждый день вашей жизни может быть днем радости, бодрости, мужества, силы и любви, если вы непрестанно общаетесь с Богом на языке своего сердца. Всегда помните об этом, ибо это и есть путь, ведущий к Самореализации.

Карма-йога: равновесие между активностью и медитацией

Из выступления в Главном международном центре Self-Realization Fellowship

Жизнь становится уравновешенной, когда практикуются принципы Карма-йоги. Умственный покой при выполнении своих обязанностей можно сохранить лишь в том случае, если работать как карма-йог, то есть вручать результаты своих действий Богу.

Гурудэва Парамаханса Йогананда говорил: «Всегда держите в голове мысль о том, что все свои дела вы исполняете для Бога». Держать в голове мысль — значит действительно верить в то, что вы делаете все для Бога. Каждое действие должно быть посвящено Ему. Я счастлива, что благодаря обучению у моего Гуру я до сих пор живу в таком сознании. Это не означает, что это всегда легко, но всеми своими действиями я искренне стараюсь порадовать Бога. Вот таким должно быть наше отношение.

Бог присматривает за вами

Большая часть людей постоянно винит в своих проблемах окружающих. У недовольного рабочего возникает такое чувство: «Он на меня зуб точит, поэтому и дает мне такие трудные поручения». Или: «Он на меня сердится, поэтому и загрузил меня

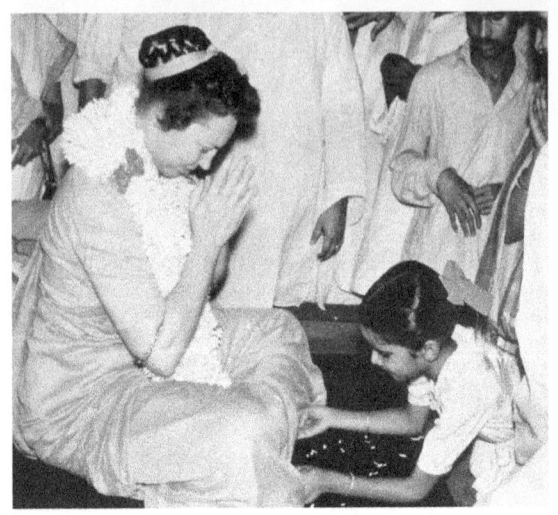

Калькутта, июль 1961 года. Матаджи приветствует маленькую девочку древним индийским жестом *пранам*, что означает «моя душа кланяется твоей душе».

Члены общества YSS встречают Матаджи. Дели, ноябрь 1972 года

«Какой бы ни была наша вера или национальность, мы все связаны родством; у всех нас один Отец. Думайте о других таким образом: „Это родные мне люди. Они — частица моего Бога. В каждом из них пребывает Господь. Я буду служить им наилучшим образом"».

Карма-йога: равновесие между активностью и медитацией

работой». Не надо так относиться к жизни. Воспринимайте проблемы как благо: они пришли для того, чтобы вас чему-то научить. Как мы должны себя вести в такой ситуации? Что нам полагается делать и каким должно быть наше отношение?

Если вы действительно верите, что в этом мире есть Божественная Сила, тогда поверьте, что эта Сила держит под контролем вашу жизнь. Что бы со мной ни происходило, я всегда буду твердо убеждена в том, что никто не сможет мне навредить и ни одна ситуация не возникнет в моей жизни без Божьего веленья, потому что это Он удерживает мою жизнь.

Нужно иметь веру в то, что всем управляет Бог. Я смотрю на это так: Бог привел меня в этот мир, и только Он заберет меня отсюда. В каждое мгновение моей жизни — с тех самых пор, как Он меня сотворил — Он присматривает за мной.

Когда эта мысль утвердится в вашем сознании, вам будет легче поверить, что в каждый момент жизни, «за трапезой и за работой, при пении гимнов и другим служа; мечтая, медитируя, любя божественно»[1], вы делаете все вместе с Богом и ни с кем другим. Именно эту мысль богоискатель должен заложить в своем сознании в первую очередь. Другими словами, начинайте развивать прямые и непосредственные отношения с Богом.

«Всегда держите в голове мысль о том, что все свои дела вы исполняете для Бога». Я практиковала это и уверена, что у меня будет еще много возможностей доказать это, потому что, пока жизнь не окончена, никто не может сказать, что он превозмог все испытания. Однако чтобы возвыситься над ними, нужно принять как факт то, что Бог участвует во всех событиях нашей жизни. Какими бы ни были испытания, даже если они кажутся

---

[1] Здесь Дайя Мата цитирует стихотворение Парамахансы Йогананды «Боже! Боже! Боже!» из сборника *Songs of the Soul* (рус. «Песни души»). — Прим. изд.

непреодолимыми, встречайте их мужественно. Очень важно не убегать от испытаний, потому что благодаря им Бог дает вам возможность продвинуться духовно.

Единение с Богом через бескорыстное служение

Незадолго до своей смерти Мастер сказал мне: «А теперь ты должна стать карма-йогом». Я ужасно расстроилась: меня никогда не привлекало это понятие. Из всех духовных путей Карма-йога была мне наименее интересна[2]. Но я послушалась, ведь это были слова Мастера, а ему я доверяла полностью. Я принялась изучать этот путь.

Гуруджи определил Карма-йогу как «путь единения души с Богом через бескорыстное служение». Разве это не говорит нам, каким образом мы можем обрести равновесие в своей жизни?

«Когда вы делаете что-либо для себя, — говорил Мастер, — ваше сознание находится в союзе с вашим ограниченным эго. Но когда вы действуете для Бога, вы отождествляете себя с Ним. Достичь совершенства посредством Карма-йоги можно лишь в том случае, если все плоды своих действий вручать Богу». Прилагайте все усилия и не беспокойтесь о результатах — вручайте их Ему. Если вы делаете все, что в ваших силах, ваши действия непременно произведут хорошие результаты.

Но каково это — выполнить все свои действия, не желая пожинать их плоды? Приведу вам такую иллюстрацию: допустим, целеустремленный человек сажает цветок и много месяцев заботливо ухаживает за ним. Когда цветку уже подходит время

---

[2] Те, кто читал книгу Дайя Матаджи «Только любовь», поймут, что она всегда жаждала познать Бога как любовь; это то, к чему стремится бхакти-йог. Обучаясь под водительством Гуру, она поняла, что Бога можно познать посредством практики любой из йогических дисциплин: любви, служения (праведная деятельность), распознание и медитация. — Прим. изд.

Парамаханса Йогананда (в центре) и его будущие духовные преемники, Раджарси Джанакананда и Шри Дайя Мата. Уединенная обитель SRF, Энсинитас, 1939 год

Матаджи выступает с речью в Озерной Святыне SRF. Июль 1965 года

распуститься, насекомые вдруг уничтожают его. Такой человек либо сердится, либо впадает в уныние; возможно, он даже оставляет садоводство. Божий человек, в отличие от человека-собственника, ухаживает за цветком с большой любовью и заботой. Но если насекомые уничтожают его цветок, он говорит: «Господи, я растил его для Тебя. Я посажу другой цветок». Он не расстраивается. Пытаться, пытаться и еще раз пытаться — таков его подход. Почему? Потому что он делает эту работу не для себя — он находит радость в том, чтобы делать ее для Бога. Поэтому неважно, сколько еще цветков у него будет уничтожено, — он будет сажать их и ухаживать за ними снова и снова.

Мастер говорил: «Очень важно задаваться вопросом: а почему человек думает, что он имеет право чем-то обладать? Ведь он даже не знает, почему он пришел на эту землю, каким образом здесь очутился и когда уйдет». Более того, мы даже не знаем, куда попадем, когда покинем эту землю. Мы полностью зависим от Бога. Так зачем же ждать конца жизни, чтобы осознать это? Начинайте думать о Нем сейчас и ищите Его сейчас.

Предположим, завтра я скажу вам: «Пойдите подметите полы». Половине из вас сама идея такой монотонной уборки покажется невыносимо скучной! Но когда Мастер поручал нам это задание, он учил нас думать о Силе, которая приводит нас в движение. Если бы не эта сила, мы просто не смогли бы шевелить руками и ногами; более того, мы не смогли бы даже думать. Поскольку мы полностью зависим от Бога, Мастер учил нас выполнять все задания с такой внутренней установкой: «Мои руки, мои ноги, мои мысли и уста были сотворены, чтобы работать лишь для Тебя». Этот настрой он поселил в наших умах. Старайтесь чувствовать то же самое, когда вы работаете. Не тратьте время на пустые разговоры — практикуйте Божье присутствие во время исполнения своих обязанностей. Это замечательное переживание.

Мастер говорил: «Вручите Богу всю свою жизнь. Вручите Ему даже ответственность за ваши действия». Но это не значит, что, совершив какую-то глупость, вы должны заявлять: «А при чем тут я? За это отвечает Бог». Это неправильная интерпретация наставления Мастера. Бог дал нам здравый смысл, и Он хочет, чтобы мы следовали ему. Поэтому, когда мы выполняем то или иное действие, мы должны руководствоваться здравым смыслом и проницательностью.

«Он хочет, чтобы вы сделали Его ответственным за все, ибо Он есть Вершитель всего. А вы пытаетесь выкрасть у Него и плоды ваших действий, и ответственность за их исполнение». Именно поэтому, когда я спросила у Мастера, как же я смогу исполнять все те бесчисленные обязанности, которые он на меня возложил, он сказал две вещи. Не проходит и дня, чтобы я не вспоминала их и не пыталась еще глубже вникнуть в их смысл.

Первая: «Господи, это Ты Вершитель всего — не я». Если вы живете с такой установкой в голове, вам становится легче нести свое бремя — например, справляться с делами организации. Вы осознаете, что в реальности вы лишь помогаете Господу выполнять Его работу.

И вторая: «Господи, да будет воля Твоя — не моя». Я всегда говорю Ему: «Неважно, чего желаю я. Скажи, чего желаешь Ты? И если я когда-нибудь захочу последовать своей воле, останови меня! Пусть я разочаруюсь. Я хочу делать все согласно Твоей воле». Не привязывайтесь к своим идеям и желаниям настолько, чтобы, образно говоря, выкручивать Богу руки и пытаться заставить Его делать то, чего хотите вы. В этом таится духовная опасность.

Гуруджи продолжил: «День и ночь вы то и дело говорите: „Я, я, я". А кто вы такие? Разве вы не знаете, что существует только Бог? Вы лишь Его проявление». Как прекрасна эта мысль! Существует только Бог, и каждый из нас является лишь Его проявлением. Так давайте же всегда будем честными, искренними, правдивыми и смиренными «проявлениями». Давайте будем милыми, благоухающими, понимающими, волевыми, преданными, разумными и обходительными проявлениями Бога. Это охватывает все сферы жизни, и это большая работа, не правда ли?

Освободите себя от чувства бремени

«Выработайте в себе нейтральное отношение к жизни, — говорил Мастер. — Вместо того чтобы создавать новые желания и запутываться в этом космическом сне, просто скажите: „Господи, это Ты поместил меня в это тело. Это Тебе снится мое существование. Все, что у меня есть, и все, что меня составляет, принадлежит Тебе"». Это еще одна прекрасная мысль. Когда вам приходится особенно тяжело, просто думайте: «Что же, Господи, это Ты поручил мне эту обязанность. Я сделаю все, что в моих силах, но Ты должен направлять меня. И пока я действую, не дай мне забыть о Тебе. Позволь мне держаться за Тебя». Чем больше у нас трудностей, тем крепче мы должны держаться за Бога. Не позвольте проблемам разлучить вас с Богом, как это случается со многими. Крепко держитесь за Него. Оставьте все и держитесь за Него.

Гуру продолжил: «Как прекрасно жить таким образом! Как прекрасно думать: „Господи, я живу только для Тебя! Я работаю только для Тебя!"» С таким осознанием легчает груз всех ваших забот; вы уже не чувствуете, что на ваших плечах лежит весь мир. Вы знаете, что он лежит на Его плечах, а вы лишь помогаете Ему по мере своих сил.

Пожелай Бог заменить всех нас людьми более способными,

Карма-йога: равновесие между активностью и медитацией

более квалифицированными, Ему бы ничего не стоило это сделать. Я часто задумываюсь над тем, что, если мы перестанем Его в чем-то устраивать, то у Него есть вся сила и власть заменить нас более эффективными, более талантливыми существами. Но Он дал нам чудесную возможность развиваться посредством возложенной на нас ответственности и выполнения всех наших обязанностей для Него. Мы должны быть благодарны Ему. Мы должны благодарить Его за то, что Он позволяет нам работать для Него.

Однажды, когда я почувствовала, как сильно давит на меня груз всей моей работы, Мастер сказал: «Никогда не думай, будто своей работой ты делаешь Божественной Матери услугу». Эти слова меня потрясли; они так глубоко проникли в мое сознание, что я никогда их не забываю. Иногда виною всему становится наше отношение: «Ах, я так много для Тебя работаю, Господи, что у меня не остается времени, чтобы общаться с Тобою!» Каждый день я говорю Ему: «Господи, спасибо Тебе! Какими бы ни были мои трудности и проблемы, я все равно Тебе благодарна».

Я не хочу оказаться в плену у иллюзии. Я желаю быть свободной. Ощутив однажды частичку божественной радости, божественной свободы, мы начинаем жаждать большего. Это не значит, что мы хотим оставить этот мир — напротив, мы хотим освободиться от иллюзии, которая ограничивает нас размерами этой крошечной телесной клетки и мелочными, незначительными мыслями. Я люблю мыслить масштабно, широко. Мастер говорил: «Если бы вы хоть раз испытали божественную свободу, ваш ум и сердце устремились бы к Бесконечности — в желании всегда пребывать в этой радости и в этом блаженстве». И это правда.

Чем больше вы будете медитировать и укрепляться в Боге, тем меньше значения вы будете придавать всему внешнему. Здесь, на земле, всегда будут проблемы. Как говорят в Индии, пытаться избавиться от проблем — все равно что пробовать

Шри Дайя Мата медитирует перед портретом Парамахансы Йогананды во время празднования 25-ой годовщины ее пребывания на посту президента SRF/YSS. Главный международный центр SRF, 7 марта 1980 года

«Трансцендентный покой находится внутри вас — он не изливается из заоблачных небесных сфер. Чтобы достичь внутреннего источника покоя, нужно раскрыть свой ум и сердце — а сделать это можно это посредством практики глубокой медитации».

(Слева) Прием в Главном международном центре SRF в честь возвращения Шри Дайя Маты из длительной поездки в Индию в 1964 году, где она вместе с Ананда Матой и Ума Матой работала над дальнейшим распространением наследия Парамахансы Йогананды.
(Справа) Песнопение во время сатсанги в Центре SRF в Мехико, февраль 1972 года

выпрямить хвост свиньи: он все равно скрутится в колечко. Стоит разрешить одну проблему, как другая уже тут как тут. Это часть жизни, и этого не избежать. Мы должны научиться поступать как Мастер. Он говорил: «Когда мне не нравится этот мир, я погружаюсь в другой». Я очень часто об этом думаю. Когда вы устаете от этого мира, мысленно отстраняйтесь от него. Вам не нужно забрасывать свои дела, но мысленно вы можете на какое-то время отодвинуть все дела в сторону, чтобы перезарядиться, — а потом опять вернуться к ним.

Какие бы трудности у нас ни были, мы можем их преодолеть, усвоив урок из каждого своего опыта. Поэтому никогда не падайте духом. Я понимаю, что бывают времена, когда хочется опустить руки. Но всегда подстегивайте себя и говорите: «Ничего. Когда Господь решит, что мне пора передохнуть, Он даст мне эту возможность».

«Все, что я делаю, — говорил Гуруджи, — я делаю только для Бога. Если вы будете следовать этому принципу, карма никогда не тронет вас. Так вы станете истинным карма-йогом».

Конечно, для обретения баланса в жизни все мы предпочли бы более простое средство наподобие такого: «Взять две чайные ложки того, одну столовую ложку другого — и все сразу улучшится». Но такие принципы в жизни не действуют. Каждый человек сам должен найти в своем сознании рецепт идеального равновесия между работой и медитацией.

Важность медитации

Богоискатели, пропускающие медитацию, со временем утратят жажду Бога. Поэтому я снова и снова повторяю вам: вы не сможете найти Бога без медитации. Без медитации духовный путь не принесет вам радости и счастья. Одного лишь служения недостаточно.

Карма-йога: равновесие между активностью и медитацией

Примите решение отводить определенное время для медитации. Тогда вы увидите, что вам будет намного легче поддерживать равновесие в своей жизни. Если вы медитируете и привносите во все свои дела покой, рожденный в медитации, то в конечном итоге вы достигнете состояния непрерывного общения с Богом. Как в медитации, так и в работе вы будете пребывать в нескончаемом потоке божественного осознания. Но такое состояние приходит, только если вы, помимо служения другим, глубоко и сосредоточенно медитируете, не поддаваясь сонливости. Если кто-то из вас засыпает во время медитации, боритесь с этой склонностью, иначе она укрепится и станет привычкой. А это уже будет равносильно прощанию с Господом. Эта привычка может так сильно въесться в ваше сознание, что от нее будет очень трудно избавиться. Не медля исправьте эту слабость; прикажите своему уму подчиниться. Тут необходимо проявить силу воли и решимость.

Перед медитацией полезно делать упражнения, чтобы наполнить легкие свежим воздухом: от кислорода у вас прибавится сил. А в медитации погружайтесь глубоко. Если это у вас не получается, значит, вы недостаточно сосредоточены на выполнении медитативной техники. Если вы начинаете клевать носом, выпрямитесь и снова сосредоточьте свое внимание на выполнении древней техники концентрации, которой обучал Гуру.

Когда я практикую эту технику, мой ум и дыхание успокаиваются почти сразу же. Словами не описать, как это ценно для меня. Когда у нас много дел и обязанностей, самоуглубление и короткий отдых в этом внутреннем покое помогают восстановить необходимое душевное равновесие. И техника концентрации подходит для этого как нельзя лучше: она действует очень успокаивающе. Она помогает удерживать физическое равновесие и избавляет от тревожности. Если вы регулярно практикуете эту технику, время, проведенное в полной неподвижности, постепенно увеличивается. Если бы все люди практиковали эту технику концентрации, в мире было бы меньше проблем.

Вначале человеку трудно выработать привычку регулярно медитировать. Но вы не сможете продвинуться духовно, если в своих усилиях и в практике медитативных техник вы непостоянны. Вот почему Гуруджи говорил, что групповая медитация очень важна. Многие из вас все еще не медитируют глубоко, потому что ваша сила воли недостаточно сильна: вы не можете сидеть достаточно долго, чтобы получить результаты. Требуется время, чтобы выработать правильные привычки медитации, потому что ранее в этой жизни вы, возможно, ничем подобным не занимались. Групповая медитация придает силы каждому присутствующему. Христос говорил: «Где двое или трое собраны во имя Мое, там Я посреди них»[3]. Свами Шри Юктешварджи, гуру Парамахансаджи, подчеркивая тот же принцип, как-то сказал ему: «Окружи себя духовными телохранителями». Вы не представляете, как вы помогаете друг другу, когда медитируете вместе. Создаваемая вибрация поддерживает и воодушевляет каждого из вас.

Работайте с радостью и творческим энтузиазмом

Практикуйте Божье присутствие. Помню, как я ходила к Мастеру всякий раз, когда была чем-то расстроена или взволнована, а он мне говорил: «Почему бы тебе не удерживать свое сознание здесь?» — и указывал на Кутастху, центр Христова Сознания. Сколько раз он мне это говорил! И именно это мы должны были практиковать все время, чтобы выработать в сознании привычку «отдыхать» там, когда наше внимание

---

[3] Мф. 18:20.

свободно. Благодаря такому тренингу мой ум теперь всегда сосредоточен в этой точке. Это центр мысленной концентрации, воли и творческой мысли.

Гуруджи говорил: «Приступая к работе, думайте о Боге». Но это не значит думать о Нем лишь мимоходом. Присядьте на несколько минут, сосредоточьтесь и помолитесь: «Господи, позволь мне быть с Тобой сегодня. Я хочу проверить, как долго я смогу удерживать мысль о Тебе; как долго я смогу работать, думая о Тебе». А затем возьмитесь за свои дела с радостью и энтузиазмом, потому что вы будете делать все это для Бога. В полдень опять присядьте, глубоко подумайте о Боге и возвратитесь к своей работе.

Иногда наши мысли о Боге очень поверхностны; вы равнодушно говорите Ему: «Господи, я думаю о Тебе. Благослови меня. А сейчас мне нужно идти». Молиться нужно с глубоким чувством: «Я люблю Тебя, Господи. И хочу я только Тебя. У меня столько работы, но Ты Сам знаешь, что для меня она важна только потому, что, делая ее, я исполняю Твою волю. Мне нужен только лишь Ты. И я хочу радовать Тебя. Если Ты попросишь меня вымыть пол, я сделаю это с удовольствием. Я здесь для того, чтобы исполнять все, что Ты мне повелишь делать. И мне это в радость». Такое сознание можно развить, и в нем можно находить радость. Это не сделает вас закостенелыми. Наоборот, вы станете работать творчески, потому что такое сознание наполняет ваши мысли энергией и мудростью Бога. Это самое творческое состояние сознания. Проверьте это на себе.

«Учитесь больше жить внутренней жизнью»

Мастер часто говорил нам: «Учитесь больше жить внутренней жизнью». Приучайте свой ум погружаться вовнутрь, чтобы вы могли больше жить мыслью о Боге и ваши мысли автоматически устремлялись к Нему, когда вы заканчиваете свои повседневные дела. Чем чаще вы будете погружаться вглубь своего сознания, тем скорее перед вами откроется совершенно иной мир — и он намного интереснее того мира, в котором вы живете. Как говорил Гуруджи: «Это мир, где обитают Господь и ангелы».

Но вы не познаете этот мир, если не будете глубоко медитировать. Мы так и будем жить на поверхности жизни, пока не приблизимся к Богу. Только тогда мы познаем, что такое жизнь и кто мы есть на самом деле. Мастер говорил: «Пусть каждый новый день ваша медитация будет глубже, чем вчера». Спросите себя, так ли это в вашем случае. Слово «глубже» подразумевает, что во время медитации ваш ум концентрируется все сильнее, горя желанием познать неземное состояние единения с Господом. Это естественное состояние вашей души, вашей истинной сущности.

Как работать с правильным духовным настроем

Из выступления в ашраме SRF в Энсинитасе, Калифорния

Оглядываясь на свою жизнь в ашрамах нашего Гуру Парамахансы Йогананды, я могу сказать, что, начиная с самого первого дня, когда я поступила в ашрам «Маунт-Вашингтон» много лет назад, моя жизнь была не чем иным, как напряжённой трудовой деятельностью. И я могу уверенно возгласить, что тяжёлый труд оказал на меня невероятно благотворное воздействие: он помог мне стать сильной и возвысить своё сознание. Медитация, конечно же, сыграла в этом огромную роль, но моё отношение всегда было таким, каким его заложил в нас Мастер: медитация заключается не только в том, чтобы спокойно сидеть и устремляться мыслью к Богу. Мы должны научиться вести себя правильно; мы должны натренировать свой ум и посвящать все свои дела Богу, чтобы каждый новый день был прожит в осознании Его присутствия. В таком сознании исполнение любых обязанностей становится формой медитации.

Многие люди мне говорят: «Каждый день я медитирую по несколько часов», или: «Я делаю сотни крий»[1], но когда я смотрю

---

[1] Здесь говорится о практике Крийя-йоги — древней техники постижения Бога, которую распространили в современном мире Гуру общества Self-Realization Fellowship.

в их глаза, я не вижу там никакого проблеска духовного роста. Быть духовным в их понимании — значит просто лишь проводить время в святилище уединения и тишины. Сделав свои крийи, они не следят за своим поведением после медитации. Но это не то, чему нас учил Мастер. Сперва, правильно практикуя Крийя-йогу, мы достигаем необходимой физической и умственной неподвижности, чтобы общаться с Богом в медитации. А после мы прилагаем усилия, чтобы удерживать в себе эту внутреннюю связь с Богом во время исполнения своих обязанностей, черпая из нее вдохновение и водительство для всех своих действий. Поиски Бога — это не просто выполнение медитативных техник. Это образ жизни.

Тяжелый труд: ценная духовная дисциплина

Труд — это ценная духовная дисциплина. Он очищает наше сознание, потому что для надлежащего исполнения любого дела мы должны развить правильное отношение. Новички на духовном пути иногда думают, что они не обязаны выполнять работу хорошо, потому что богоискателю не полагается привязываться к материальным вещам. Откровенно говоря, это просто оправдание своей физической и умственной лени. Сколько раз за все годы Мастер говорил нам, ученикам (до сих пор слышу его голос!): «Что бы вы ни делали, делайте это хорошо!» В этом плане он был настолько строг, что часто требовал выполнять работу заново, если считал, что она была сделана спустя рукава.

Но это не означает, что Мастер был привязан к результатам работы. За что бы мы ни брались, он учил нас делать все наилучшим образом, потому что только так мы можем проявить врожденное совершенство нашей души. Посмотрите на тот порядок и те законы, которые установил в Своей гигантской Вселенной Бог. Все работает с безукоризненной точностью. Он образец эффективности, и мы, как существа, созданные по Его образу и подобию, должны стремиться быть такими же, работая на своем крошечном трудовом поле.

Никогда не бойтесь тяжелого труда. Люди, не любящие работать, всегда от него уклоняются, и я могу с уверенностью сказать, что они не продвигаются на духовном пути. На протяжении многих лет я снова и снова наблюдала в жизни духовных последователей отрицательный эффект такого отношения: «Я сделаю ровно столько, но не больше», или: «Я сделаю только это, потому что я не люблю делать то». Бога познать нелегко — одного лишь желания недостаточно. Чтобы получить величайшее Сокровище, нужно посвятить Ему всю свою жизнь — и неважно, в ашраме вы живете или со своей семьей. Как сказал Христос: «Кто душу (жизнь) свою хочет сберечь, тот ее потеряет, а кто потеряет душу (жизнь) свою ради Меня и Евангелия, тот сбережет ее»[2]. Бога не найти тому, кто думает только о своем комфорте и боится, что, если вдруг он перетрудится, то сразу же развалится. А тот, кто не жалеет себя; кто всем сердцем служит Богу и своему ближнему, обретает истинную жизнь, божественную жизнь.

Как относиться к «непосильному» объему работы

Поведаю о личном опыте. За годы, прожитые в ашраме, я, как и все ученики Гуруджи, прошла через то, что в то время нам казалось огромными трудностями. Мастер был воплощением любви и доброты, но когда дело касалось нашей духовной дисциплины, он был твёрд как сталь. Иногда мы падали духом: он ставил нам высокую духовную планку, и мы чувствовали, что никогда не сможем оправдать его ожиданий. Моя дисциплина в основном была связана с выполнением заданий, которые он

---

[2] Мк. 8:35.

мне давал. Он так много всего поручал, что порой я чувствовала, что скорее умру, чем успею все сделать. Пребывая в таком напряжении, так и хочется сказать себе: «Что же, придется умереть, если он так этого хочет!» (Надо сказать, человеческая природа любит потакать чувству жалости к себе и привлекать к себе внимание, разыгрывая из себя «мученика».) Но, приняв как должное то, чего он от меня хотел, я выучила замечательный урок: когда стресс на работе становится невыносимым и не знаешь, как все успеть, самое лучшее, что можно сделать, это искренне сказать: «Господи, мне неважно, какие трудности Ты ставишь на моем пути. Я принимаю как должное все, что Ты просишь меня сделать. Я очищу свое сознание от всех мыслей, которые не дают мне пожертвовать своим маленьким „я". Если я не справлюсь, все останется в Твоих руках; однако я сделаю все, что в моих силах». Если вы внутренне вручаете себя Богу и действительно делаете все, что в ваших силах, Бог отвечает. Сколько раз я видела, как Он делал невозможное возможным!

Обучение у Гуру

На духовном пути каждый из нас сталкивается с опытом, который может научить нас всецело отдаваться Богу. В качестве примера я расскажу вам историю из моей жизни с Гуруджи. В последние годы жизни он начал готовить нас к своему уходу из тела. С тех пор как он вернулся из Индии в 1936 году, он вместе со многими своими учениками жил в основном в ашраме в Энсинитасе. А в 1948 году он сказал мне: «Я хочу, чтобы ты вернулась в „Маунт-Вашингтон" и взяла на себя руководство административным аппаратом SRF».

Я восприняла это очень болезненно. Во-первых, я хотела находиться рядом с Мастером, где бы он ни был; и во-вторых, я всегда противилась идее быть лидером. В жизни я жаждала только одного: быть бхакти-йогом. Для меня имело значение только поклонение, только любовь к моему Господу; я хотела вечно пребывать у стоп моего Возлюбленного и преданно поклоняться Ему. Для меня жить идеальной жизнью — значит оставаться на заднем плане, любить Бога и смиренно служить своему Гуру. Та жизнь, которой я так дорожила, вдруг была отметена. Я не сказала Мастеру о своих чувствах. В глубине души я знала, что должна была выучить урок, через который должны пройти все на духовном пути: нельзя переживать о внешних изменениях, ибо они есть неотъемлемая часть жизни в этом двойственном мире. Нужно сохранять невозмутимость, внутренне укоренившись в Том, Кто единственно неизменен в этом мире, — в Боге.

Я упаковала свои вещи и поехала в «Маунт-Вашингтон» исполнять свои новые обязанности. Мастер был полон блестящих идей о том, как именно организовать работу, чтобы наиболее эффективно распространять послание Великих Гуру о Крийя-йоге. Я тоже была полна энтузиазма. Но меня ожидал «сюрприз». Вскоре после того, как я начала эту работу, Мастер уехал жить в маленький ашрам в пустыне и взял с собой большинство учеников, на которых я рассчитывала. Он оставил мне мизерное количество людей, большинство из которых были совершенно ничему не обучены.

Моя первая реакция была такой: «Это невозможно!» Но затем я смирилась с тем, что Мастеру виднее. С того момента почти всю оставшуюся жизнь он должен был провести в пустыне. И там ему нужна была помощь с письменными трудами, над которыми он работал; кроме того, он хотел иметь при себе некоторых учеников, чтобы они могли обучаться под его водительством. Это я могла понять. Я провела многие годы в его благодатном присутствии — теперь наступила их очередь. Вот так я адаптировалась к новым условиям.

Но потом последовал еще один «удар». Мастер приехал из пустыни на короткое время и позвал меня к себе. «Я думаю, что в следующем году нам нужно организовать Ассамблею[3], — сказал он. — И я хочу, чтобы ее организовала ты». Я была в шоке. Мне показалось, что все зашло слишком далеко.

«Мастер, я не смогу этого сделать, — сказала я. — Это физически невозможно». Я видела множество причин, по которым он не должен был возлагать на меня эту обязанность. Во-первых, я ничего не знала об Ассамблее; во-вторых, для этой задачи у меня не было подходящих работников: всех их он забрал с собой в пустыню. Помимо этого, я была полностью занята координацией работы офисов, отвечающих за корреспонденцию, центры, финансы и дела в ашрамах.

В ту ночь Мастер возвратился в пустыню, и я видела, что он был крайне недоволен моим отношением. В свою комнату я вошла в слезах: мне было больно, что я вызвала в нем недовольство, чего я раньше никогда не допускала. Но на этот раз я решила не уступать, так как чувствовала, что причины моего отказа были полностью оправданны. Я пыталась погрузиться в медитацию; я пыталась уснуть, но у меня ничего не получалось: я была слишком расстроена. Тогда я стала анализировать свой настрой.

Большинство людей не хотят знать правду о себе. Весь день они занимаются лишь внешними делами, потому что отказываются оставаться наедине с собой — даже в течение нескольких минут. Иногда такое нежелание посмотреть себе в глаза приводит к психическим отклонениям. Мастер учил нас искусству здоровой интроспекции, и я надеюсь, что все вы ею занимаетесь. Учитесь анализировать свои мысли и свое поведение, когда у вас

---

[3] Встреча членов и друзей общества Self-Realization Fellowship со всего мира. Программа Ассамблеи SRF включает в себя серии занятий, медитаций и других духовных мероприятий.

Как работать с правильным духовным настроем

возникают проблемы. Вы быстро обнаружите, что их причина кроется в вас самих, а не во внешних обстоятельствах.

Итак, в ту ночь в своей комнате я занялась интроспекцией. Я решила беспристрастно проанализировать, почему я была так расстроена, и мне пришлось признать правду: я была способна выполнить задание, порученное мне Мастером, но не хотела этого делать. Поэтому я и расстроилась. Я думала, что причины, по которым, как мне казалось, я не могла организовать Ассамблею, были правомерны; а теперь я поняла, что я всего лишь оправдывала свое нежелание взять на себя такую большую ответственность.

Как только я уяснила, почему именно сопротивлялась этому поручению, мое сознание переменилось. «Ты полностью посвятила свою жизнь Богу, — сказала я себе. — Ты не можешь сказать своему Гуру: „Вот это задание я принимаю, а это — нет". И если у тебя такое отношение, тогда как ты можешь думать, что твое поклонение абсолютно?»

Приняв твердое решение, что сделаю то, о чем он меня попросил, я ощутила, как на мою душу снизошел великий покой. Прежде чем уснуть, я решила, что утром первым делом позвоню Мастеру в пустыню и пообещаю ему сделать все, что в моих силах, чтобы организовать Ассамблею.

Мастер всегда улавливал состояние нашего сознания. И хотя он был за сто пятьдесят миль от «Маунт-Вашингтона», он знал о моих внутренних борениях. Утро следующего дня началось с его звонка из пустыни. Я тут же сказала ему: «Мастер, пожалуйста, простите меня за мое нежелание браться за дело. Мое отношение было неправильным. Я не знаю, как организовать Ассамблею, и признаюсь, что чувствую себя перегруженной, но я вам обещаю: я сделаю все, что в моих силах».

Никогда не забуду, с какой нежностью он ответил: «Это все, чего я просил».

Готовность браться за дело — ключ к духовному росту

Что же, в итоге мы успешно провели Ассамблею SRF; более того, мой мир от этого не рухнул! Из этого опыта я узнала, сколько сил и благословений приносит готовность браться за дело. А вот нежелание браться за дело — это огромный камень преткновения на духовном пути; очень часто причиной духовного застоя является лишь это препятствие. Проанализируйте свое поведение, и вы поймете, что так оно и есть. Только когда духовный последователь перестает оправдывать свои собственные желания и обращается к Богу с чистым сердцем и неподдельной решимостью следовать Его воле, он начинает расти духовно. Его жизнь становится такой простой, такой ясной! Я не знаю ни одного святого, чья жизнь не отражала бы готовности полностью отдаться Богу.

Я думала об этом, когда смотрела фильм «Десять заповедей» — особенно сцену, в которой показывается, через какие огромные трудности должен был пройти Моисей в пустыне. Рассказчик объяснял, что, когда Моисей оказался в пустыне, Бог устроил ему суровые испытания и этим выковал личность, которая стала инструментом, необходимым для исполнения Его миссии. Только после этих испытаний Моисей полностью созрел для исполнения Божьей воли. Этот эпизод меня очень вдохновил, потому что я по своему собственному опыту знала, что именно через это должна пройти душа, чтобы научиться вручать себя Богу. Как я благодарна за годы дисциплины и тяжелого труда, которыми меня одарил Гуруджи! Эта дисциплина и этот труд, идя рука об руку с медитацией, оказали на формирование моей личности ни с чем не сравнимое воздействие.

Что такое правильная деятельность?

Поэтому мы ни в коем случае не должны думать, будто духовное развитие приходит лишь с медитацией. Да, мы должны медитировать. Но, как учит Бхагавад-Гита, необходимы как медитация, так и правильная деятельность. А что есть правильная деятельность, как не работа? Это, конечно же, не означает, что мы должны весь день занимать себя игрой в классики. Правильная деятельность как главный принцип всех религий означает конструктивное служение с энтузиазмом. Где бы вы ни исполняли свои обязанности — в миру или в ашраме, — вы воплощаете в жизнь принцип правильной деятельности, если делаете все максимально безукоризненно и в качестве приношения Господу; если вы используете любую возможность служить людям и дарить им свою любовь и доброту; если вы воодушевляете их и, когда это необходимо, оказываете им материальную поддержку.

Недостаточно просто иметь благородные мысли. Бог поместил нас в физическую форму, потому что служение — это неотъемлемая часть нашей духовной эволюции. Когда мы не будем более нуждаться в таком виде деятельности, нам уже не нужно будет снова рождаться в этом материальном мире.

Культивируйте в себе энтузиазм и вручайте плоды своего труда Богу. Много раз обеспокоенные последователи учений SRF говорили мне: «Вы не должны столько работать — подумайте о своем здоровье! Вы несете слишком большое бремя». Но я знаю, что все эти годы об этом теле заботился Бог. Я жила с верой в это. Пока Он желает, чтобы это тело было здорово, Он будет о нем заботиться. Я делаю все, что могу, но в конечном счете за это тело отвечает Он. А моя радость и моя привилегия — служить Ему согласно Его воле.

Такое отношение приносит неописуемую умственную и духовную свободу. Конечно, однажды у тела возникнут проблемы. Мы должны удовлетворять его нужды и продолжать свою работу без жалоб, делая все, что в наших силах. Возможно, в будущем мы уже не сможем делать столько, сколько могли бы делать в здоровом теле, но Бог хочет от нас одного: чтобы в каждый конкретный момент мы делали все, что можем.

Бог никогда не посылает нам испытаний, которые мы не смогли бы осилить

Поэтому никогда не бойтесь трудностей. Твердо знайте, что Бог никому не посылает испытаний, которые невозможно осилить. Крест, который мы несем, был дан нам не в качестве наказания, а чтобы сделать нас сильнее. Сдаваясь и отказываясь пытаться вновь, мы на самом деле отвергаем Божью милость.

Чтобы преодолеть слабости нашей смертной природы, мы должны брать штурмом все препятствия, иначе мы навсегда останемся робкими и будем постоянно беспокоиться и плакать обо всех трудностях, которые нам преподносит жизнь. Мышцы наших рук становятся сильнее, когда мы их упражняем. Точно так же мы должны преодолевать все проблемы в жизни своими «духовными мышцами» правильного подхода, мужества, веры в Бога и готовности исполнять Его волю. Тогда каждая приходящая трудность будет делать нас все сильнее и сильнее. Регулярной глубокой медитацией и радостным служением мы сможем вновь обрести и проявить всемогущую природу нашей души.

Избавьтесь от внутренней напряженности

Из выступления в Главном международном центре Self-Realization Fellowship

В современном мире многие испытывают внутреннюю напряженность и чувство незащищенности. Это оттого, что человек не выучил наставление Христа: «Все, взявшие меч, мечом погибнут»[1]. Когда для достижения своих целей эгоцентризм прибегает к агрессивному поведению, конфликт неизбежно ведет к разрушению. Другими словами, нам не познать покоя ума до тех пор, пока мы будем думать — как мы это делали на протяжении многих веков, — что путь к успеху, счастью и свободе лежит через потакание нашей низшей природе и борьбу с теми, кто встает на нашем пути. Негативные чувства и установки, такие как эгоизм, ненависть, алчность, предубеждения и материализм, создают у индивидуума внутреннюю напряженность, а на глобальном уровне порождают войны. Вот несколько практических советов, как избежать внутренней напряженности. Они будут полезны всем нам.

Практические методы снижения напряженности

«Поддерживайте покой ума с помощью медитации». Когда мы испытываем внутреннюю напряженность, мы легко

---
[1] Мф. 26:52.

возбудимы. Мы начинаем мыслить слишком скоро. Мы теряем естественное состояние гармонии тела и ума. Известно, что все наши физические реакции берут свое начало в уме, поэтому для преодоления внутренней напряженности мы сначала должны взять под контроль свой ум. Когда мы научимся успокаивать ум, мы сможем успокоить и тело. Именно поэтому интерес к медитации возрастает сегодня во всем мире. Ценность техники Хон-Со[2], которой обучал наш Гурудэва Парамаханса Йогананда, состоит в ее замечательной способности успокаивать ум. Я призываю всех вас практиковать ее регулярно. Я никогда ее не пропускаю. Всякий раз, когда у меня выдается свободная минутка или я кого-то жду, я практикую эту технику. Благодаря ей мы обретаем прекрасное состояние внутреннего покоя.

«Концентрируйтесь на одной мысли за раз». Когда у нас в голове столпотворение мыслей, внутри начинает расти напряженность. Выработайте привычку думать спокойно — о чем-то одном.

«Не прерывайте людей, когда они говорят. Дайте им возможность закончить предложение». Мы имеем склонность прерывать человека, когда чувствуем, что на нас давят. Дайте собеседнику возможность изложить то, что он хочет, а потом уже отвечайте. При этом мы должны позаботиться и о том, чтобы человек не говорил бесконечно. Если он много говорит, значит, что он не уверен в себе; он чувствует, что должен постоянно объяснять другим свои идеи и действия. В этом нет необходимости. Учитесь быть больше слушателем, чем говорящим.

«Читайте книги, которые требуют глубокой сосредоточенности». Не читайте бессмысленную литературу. Выберите два или три абзаца из хорошей книги, например, из какой-нибудь

---

[2] Древняя йогическая техника концентрации, которую Парамаханса Йогананда включил в Уроки SRF *(Self-Realization Fellowship Lessons)*.

книги Гуруджи, и неторопливо прочитайте их. А когда закончите, спросите себя, что вы усвоили. Если вы ничего не поняли, перечитывайте абзац, пока не почувствуете, что полностью усвоили смысл прочитанного. Затем переходите к следующему абзацу.

Важность правильного питания и физических упражнений

«Учитесь есть не торопясь». Если человек ест пищу быстро, толком не разжевывая ее, это признак нервного напряжения. Медики говорят, что мы должны дольше жевать нашу еду, даже мягкую. К тому же Гуруджи советовал нам не разговаривать за столом, потому что разговоры отвлекают и не дают нам сосредоточиться на том, что мы едим, что в свою очередь препятствует правильному функционированию жизненной энергии, которая ответственна за переваривание и усвоение пищи. Поэтому учитесь есть не торопясь и молча. Это правильно еще и потому, что, чем медленнее и внимательнее мы едим, тем меньше пищи нам требуется. Когда человек ест быстро и рассеянно, он просто заглатывает еду и, не насыщаясь, спешит поскорее набить себе рот следующим куском. Если довести все это до крайности, человек может выработать пристрастие к еде. Вот к чему приводит внутренняя напряженность.

«Регулярно занимайтесь физическими упражнениями». Мастер был страстным поборником этого принципа. Каждый вечер в Энсинитасе, даже если это был поздний час, Гуруджи выводил нас на веранду, и мы делали с ним Энергизирующие упражнения[3]. Иногда было очень холодно, но его это вообще не останавливало. Так он выработал в нас эту привычку. Теперь, даже если я освобождаюсь лишь в одиннадцать часов вечера, я делаю эти

---

[3] Серия особых упражнений, заряжающих организм всепроникающей космической энергией, *праной*. Эти упражнения, разработанные Парамахансой Йоганандой, представлены в Уроках SRF.

упражнения и никогда их не пропускаю. Кроме того, Мастер побуждал нас заниматься бегом или ходьбой. Не забывайте сочетать все это с глубоким дыханием, которому учил Гуруджи. Это особенно важно для тех, кто ведет сидячий образ жизни: их легкие не получают достаточное количество кислорода.

Обычно после полудня Гуруджи выводил нас на теннисный корт. Но, поскольку мы всегда были заняты, мы не хотели играть в теннис: мы двигались в одном направлении и не хотели, чтобы нас тянули в другую сторону. Но его воспитание было таково, что, когда приходило время активного отдыха, мы должны были идти, даже если это означало, что мы должны были вернуться в офис позже, чтобы закончить свою работу.

Активный отдых с Парамахансаджи

Однажды мне задали такой вопрос: «А как отдыхал Мастер и какие виды спорта ему нравились?» Гуруджи всячески поощрял активный отдых. Он считал, что время можно найти для всего — для медитации, для работы, для развлечений, — и часто говорил: «Работа без отдыха вредна для здоровья».

Мастер рекомендовал простые и полезные виды активного отдыха и упражнений. Люди, особенно на Западе, разучились наслаждаться простыми вещами в жизни — они теперь ищут острых ощущений. И тот, кто их ищет, никогда не найдет удовлетворения, ибо в итоге он всегда будет чувствовать пресыщение или скуку.

Живите простой жизнью. Учитесь ценить маленькие радости жизни. Я рада, что так много людей сегодня возвращаются к этому идеалу. Некоторые люди настолько напряжены и беспокойны, что не могут насладиться даже красотой деревьев или заката.

Гуруджи иногда выводил нас на короткие прогулки. Помню, когда мы были с ним в пустыне, он вдруг сказал:

«Собирайтесь, мы отправляемся на пикник!» И никаких особых приготовлений: мы взяли с собой лишь буханку хлеба, немного масла и сыр — ни печенья, ни газированных напитков у нас не было. Гуруджи взял с собой пластиковую коробочку для еды, которая всегда была упакована его для поездок на машине. Там был изюм, орехи, яблоки, нарезанная морковь и другая еда. И он всегда с нами делился — это было так мило с его стороны! И это все, что нам нужно было для пикника. Иногда мы где-нибудь останавливались и лакомились мороженым.

Однажды он повез нас в сторону гор. Я предвосхищала прогулку на природе, но везде были скопления людей, и мы не могли найти место для пикника. Мы все ехали и ехали, и уже ближе к закату опять оказались у подножья горы в городке Баннинг. Тогда мы остановились напротив муниципального управления водо- и энергоснабжения — там был зеленый газон. И вот так, сидя в машине рядом с этим газоном, мы устроили наш пикник! Другие, возможно, посчитали бы такой пикник очень скучным, а нам было так весело! Простота была частью натуры Гуруджи, и он учил нас наслаждаться простыми радостями. Он показывал нам, что в искусстве быть счастливым важно не дело, которое мы делаем, а наше отношение к нему.

Когда я поступила в ашрам «Маунт-Вашингтон» в 1931 году, я была там самой молодой. Каждый день по окончанию нашей работы в офисе Гуруджи звал меня: «Пошли играть!» И я думаю, он делал это больше для меня, чем для себя. У нас были старые бадминтонные ракетки, а сетки не было. Мы протягивали веревку поперек зала на третьем этаже и перекидывали через нее волан. Мастер делал это очень умело, и никто не мог его обыграть. Он делал вид, будто играет вполсилы, а потом вдруг с игривой улыбкой резким ударом посылал волан так, что у нас даже не было шанса его отбить — он пулей пролетал мимо нас!

Позже в ашрам пришли еще несколько молодых духовных последователей. Наш брат Дик[4] был хорошим теннисистом, и он часто играл с Мастером на теннисном корте. Иногда мы, юные ученицы, присоединялись к ним. Мастер очень хорошо играл в теннис — он быстро двигался на корте.

Потом кто-то смастерил небольшой стол для настольного тенниса, и, хотя он был нестандартного размера, мы стали играть также и в настольный теннис.

И, конечно, Мастер любил плавание. Когда мы жили в Энсинитасе, он частенько ходил с монахами на пляж. Мастер плавал даже зимой, как бы холодно ни было. Мы всегда поражались этому, потому что все мерзли, а Гуруджи никогда не обращал внимания, холодная вода или нет. Он нырял в океан и оставался в нем столько, сколько хотел; иногда его спутникам приходилось ждать его весьма продолжительное время!

Был и один вид спорта, который напоминал ему его детство в Индии, — запускание воздушного змея. Он забавлялся этим в пустыне, а также в Энсинитасе. На озере Ходжес, недалеко от Энсинитаса, у него была маленькая лодка с веслами — в нее помещалось только три человека. Он любил просто сидеть в тишине, пока кто-нибудь из нас катал его по озеру. Я обожала грести: мы часто проводили так время в Юте, на озере в Солт-Лейк-Сити, до того как я поступила в ашрам. Я думаю, что Гуруджи стал брать меня на прогулки по озеру, потому что я ему об этом рассказала.

Однажды мы медитировали в лодке несколько часов подряд. На закате поднялся сильный ветер, и волны стали вздыматься все выше и выше. Я забеспокоилась, и Гуруджи сказал: «Давайте вернемся к берегу». Я прошла через ожесточенную битву: нас уносило течением, и я должна была собрать все свои

---

[4] Ричард Райт, старший брат Дайя Маты, известный по «Автобиографии йога» как один из духовных учеников Парамахансы Йогананды, сопровождавших Мастера в его поездке в Индию в 1935 году.

силы, чтобы пригрести к берегу. Наконец нам это удалось — но с тех пор в гребцы он меня уже не брал!

Гуруджи не одобрял игры в карты и подобные развлечения. Однако он словно маленький ребенок восхищался механическими игрушками и человеческой изобретательностью, породившей их. И поэтому на Рождество ему часто дарили новую игрушку, которая либо смешно двигалась, либо говорила что-то забавное. И как он ими наслаждался!

Он любил животных, и одно время он держал здесь козу. Помню, однажды в 1931 или 1932 году Гуруджи проводил тут богослужение. Дверь на лестницу, ведущую наружу, была открыта, чтобы в помещение мог заходить свежий воздух. И вдруг сюда забрела коза! Она как ни в чем не бывало поднялась по ступенькам и пошла по проходу. Мастер, увидев ее, обронил: «Гляньте на нее! Она пришла нас послушать».

Мастер любил созерцать звезды — для него это было одним из основных способов расслабиться. В ясные ночи он любил выходить на улицу и сидеть в тишине, глядя на сияющие звезды. У него также был телескоп, и иногда он им пользовался. Все свои занятия он любил ассоциировать с Богом. Я вам рассказываю все это потому, что полезно выбирать те виды отдыха, которые связаны с природой, поскольку она есть проявление Господа. У Него есть физическая форма — этот мир. И все, что мы создаем на земле, должно выражать нашу признательность этой форме, Его природе, и должно украшать ее всем, что прекрасно, цельно и благотворно.

Удерживайте свой ум на Боге — как в работе, так и в уединении

Следующая установка, призванная уменьшить стресс в нашей жизни, — моя любимая: *«Расслабьтесь. Не страдайте из-за мелочей»*. Сделайте это своим девизом. Когда мы напряжены, даже малейшие неприятности кажутся нам серьезными. Скажите себе: «Почему я расстраиваюсь из-за этого? Почему бы мне не расслабиться?» И отпустите все. Вы должны это делать ради своего же блага.

«Отводите время для уединения, чтобы у вас была возможность оставаться наедине с Богом и погружаться в размышления». У всех нас есть такая возможность, если мы мудро распоряжаемся своим временем. Вам может показаться, что для уединения нужно два или три полных дня, но в этом нет необходимости. Каждый вечер или выходные, либо один раз в неделю, либо полдня в неделю — у кого как получится — выделяйте время на то, чтобы побыть в уединении. В эти часы соблюдайте обет молчания и не произносите ни слова — просто внутренне будьте с Богом. Внесите необходимые изменения в свое расписание. Соблюдайте молчание и удерживайте свой ум на Боге хотя бы один короткий период времени каждый день и один долгий — раз в неделю, если это возможно. И вас удивит, какой силой это наполнит вас изнутри.

«Постоянно удерживайте свой ум на путеводной звезде Божьего присутствия». Когда мы приходили к Гуруджи со своими проблемами, он просто показывал на центр Христова Сознания и говорил: «Удерживайте свой ум здесь». Некоторые последователи, возможно, думали: «Разве это помощь?» Да — это была помощь. Но поскольку это было так просто, не все понимали, в чем суть. Удерживайте ум на Боге, ибо Он есть наилучшее средство от всех проблем.

Будьте восприимчивы к водительству Гуру

И последняя установка: *«Всегда старайтесь следовать наставлениям своего Гуру».* Это легко, если у вас хорошо развита совесть. Всякий раз, когда в вас закипают эмоции и вы готовы выйти из себя, вспоминайте: «Гуруджи наблюдает за мной». Он нам говорил: «Не думайте, что, когда этого тела уже не будет, я окажусь далеко от вас. Я буду безмолвно наблюдать за вами». И я знаю, что так оно и есть. Мы имеем возможность утаить секреты от любого человека, но только не от нашего Гуру. Поэтому всегда будьте честны с ним. Если случилось так, что мы совершили ошибку, мы должны обратиться к нему и сказать: «Мастер, я знаю, что поступил неправильно; помоги мне». Он не ожидает от нас стопроцентного совершенства, однако он хочет, чтобы мы были честными, искренними и правдивыми. И у него есть такое право, если мы принимаем его как своего гуру. Он требовал этого от всех, кто был в его окружении. Он говорил: «Неважно, что вы сделали — главное, не пытайтесь утаить это от меня». В отношениях с гуру нужно быть открытым сердцем и душой, иначе его помощь будет ограниченной. Мы любили такие взаимоотношения с Гуруджи. И, признаюсь, именно поэтому мы получали много «взбучек» — больше, чем если бы мы были менее откровенны с ним. Но мы пришли к нему для того, чтобы исправиться, чтобы изменить себя, и его водительство было для нас самым лучшим на свете.

Всякий раз, когда вы чувствуете, что в вас растет напряженность, говорите себе: «Расслабься, расслабься. Я пришел за Богом». Помните, что придет день, когда нашу работу будут делать уже другие люди. Среди нас нет незаменимых. Это не причина для того, чтобы пренебрегать своими обязанностями, а лишь напоминание о том, что мы должны расслабиться, отпустить проблему и дать своему уму возможность отдохнуть в Боге, а затем, в более отстраненном состоянии сознания, снова взяться за дело.

Одни из самых прекрасных переживаний во время контакта с Божественной Матерью у меня случались тогда, когда в особо тяжелых ситуациях я напоминала себе, что на земле я буду жить не вечно, и внутренне от всего отстранялась, говоря: «Это не моя ответственность. Пока я здесь, я буду делать все, что в моих силах, но Ты есть моя Любовь». Всякий раз, когда я обращаю свой ум вовнутрь, я чувствую такой сладостный ответ от Бога! Если вы говорите: «Я люблю Тебя, Господи» и сразу же чувствуете, как в душе начинает бурлить божественная радость, знайте, что к такому состоянию вы пришли только благодаря ежедневной практике Божьего присутствия. Поиски Бога довольно просты, но иногда мы сами их усложняем, потому что ставим Бога на последнее место, придавая первостепенное значение всему остальному.

Напоследок давайте обобщим, как можно избавить себя от внутренней напряженности:

- Поддерживайте покой ума медитацией;
- Всегда думайте об одном предмете за раз;
- Не прерывайте других во время разговора. Дайте им возможность закончить предложение;
- Читайте книги, которые требуют глубокой сосредоточенности;
- Научитесь есть медленно и, если возможно, молча;
- Регулярно занимайтесь физическими упражнениями;
- Расслабляйтесь. Не придавайте большого значения мелочам;
- Отводите время для уединения, чтобы оставаться наедине с Богом и погружаться в размышления;

- Все время удерживайте свой ум на путеводной звезде Божьего присутствия;
- Всегда старайтесь следовать наставлениям своего Гуру.

Пылающее сердце

*Из выступления в Главном международном центре
Self-Realization Fellowship*

В *Уроках SRF* Парамаханса Йогананда говорит: «Техника концентрации SRF предназначена для достижения сознательной пассивности». Сегодня мне бы хотелось объяснить, в чем заключается сознательная пассивность и почему нет противоречия между этим состоянием и пламенным желанием, которое необходимо для постижения Бога. В одном из своих песнопений Гуруджи описал это желание такими словами: «Сердце пылает и душа горит — только по Тебе, только по Тебе».

Пассивность — это состояние покоя. Сознательная пассивность — более глубокое состояние: это сладостный покой в медитации, который вы, душа, полностью осознаете. Пассивное состояние не следует понимать как бессознательное. Ни одно религиозное верование, и тем более наука йоги, в своих священных писаниях не учит последователл стремиться к достижению пассивного состояния, которое он бы не осознавал. В медитации человек никогда не теряет осознания происходящего. Такой цели не несет и к этому не приводит ни одна из йогических медитативных техник. В глубокой медитации сознание человека расширяется и становится особенно восприимчивым.

Это можно понять умом, но истинно познать это состояние можно только через личное переживание. Но как достичь этого состояния сознательной пассивности в медитации? Начнем с того, что, когда вы медитируете, ваш ум должен быть расслаблен. У вас не должно быть мысли: «Когда же все это закончится?» Не устанавливайте временные рамки для медитации, то есть не планируйте, что вы будете медитировать, например, пять или десять минут. Когда вы приходите на групповую медитацию в храм, не проявляйте нетерпения, думая: «Когда же, наконец, произнесут молитву?» или «Когда уже объявят об окончании медитации?» Когда вы медитируете в своей комнате, выбросьте из головы такие беспокойные мысли, как: «Мне не хочется медитировать, но я должен». Все это признаки умственной напряженности.

Но когда вы вкладываете в медитацию весь свой энтузиазм и внимание; когда вы чувствуете божественный огонь в груди, как в той песне: «Мое сердце пылает и душа горит», — вы входите в состояние сознательной пассивности. Движения мысли нет, но вы в полном сознании; вы окутаны дивным покоем и чувством огромной любви и радости. Это переживание не пришло в ваше сознание из какого-то внешнего источника — хотя покой, любовь и радость всегда окружают нас. Эти качества находятся также и внутри нас, в нашей душе. Медитация постепенно раскрывает различные уровни сознания, мыслей и ощущений, которые до этого момента скрывали ваше восприятие сокровищ души.

Нельзя сказать, что на вас ни с того ни с сего нисходит покой — скорее, вы внезапно созерцаете свою истинную природу. Это самое необыкновенное переживание! Трансцендентный покой находится внутри вас — он не изливается из каких-то небесных сфер. Когда мы медитируем глубоко, сердце и ум раскрываются, и в конечном итоге мы достигаем нашего внутреннего источника покоя. Чтобы прийти к этому, возьмите на вооружение все то, чему нас учит Гуруджи, а именно техники концентрации и медитации и практику Божьего присутствия (мы еще называем ее «мысленным пением»).

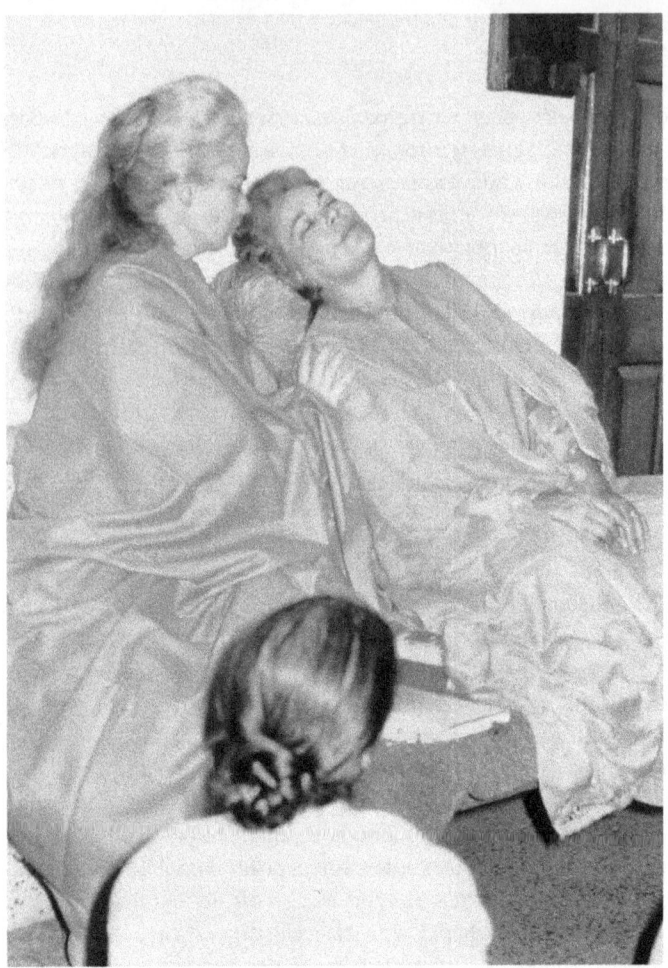

Шри Дайя Мата в глубоком *самадхи* — экстатическом состоянии, во время которого сознание выходит за пределы восприятия тела, сливаясь с Богом. Ранчи, 1967 год

«Ни одно земное переживание не может сравниться с совершенной любовью и блаженством, затопляющими наше сознание, когда мы всецело вручаем себя Богу. Это самое возвышенное чувство удовлетворенности, которое только может познать душа».

Критерий глубины медитации

Во время или в конце медитации богоискатель приходит к такому состоянию, когда его мысли обретают простую форму выражения: «Господи, я знаю лишь одно: я люблю Тебя». Когда он мысленно разговаривает с Божественным Возлюбленным и чувствует в своем сердце любовь к Нему, он воистину знает, что крепко держится за руку Господа. По этому критерию я всегда проверяла, насколько глубока моя медитация. В ней есть лишь искреннее выражение сердца, ума и души: «Господи, мне нечего у Тебя попросить, мне нечего от Тебя требовать, и сказать я могу лишь одно: я Тебя люблю. Все, чего я хочу, — наслаждаться этой любовью, лелеять ее, льнуть к ней всей душой и испивать ее. Ничто в этом мире — ни могучая сила ума, ни соблазн чувственных ощущений — не сможет увести мою мысль от Тебя и от любви, в которой я Тебе призналась».

Самое большое искушение, самое глубокое неведение — это когда позволяешь чему-либо встать на пути достижения этой цели. Мы не придем к ней, если будем пренебрегать нашими обязанностями, которые фактически даны нам Богом и нашей кармой. Цель будет достигнута, если каждый день мы будем с мужеством и верой принимать все, что преподносит нам жизнь, мысленно фокусируясь на путеводной звезде Божьего Присутствия. Такова суть жизни. Ее единственное предназначение — побудить нас преодолеть ужасное заблуждение, что мы отделены от Бога, нашего Творца, и простым актом любви, поклонения и безмолвного общения вновь обрести свое утраченное наследие — наследие детей Божиих.

Бог дал нам свободу мысли и уединения в святилище нашего ума. Никто не может лишить нас этой свободы и уединения. И поэтому Он дал каждому из нас нескончаемые возможности выражения любви к Нему и общения с Ним. Никто не должен знать

После рождественской *сатсанги*. Пасадена Сивик Аудиториум, 1978 год

«Самый лучший способ изменить других — подавать пример своим собственным поведением: не считать себя лучше других, не хвастаться своими духовными устремлениями и проявлять доброту, заботу, любовь и понимание, которые развиваются в нас как часть нашей Самореализации. Именно это трогает людей».

о нашем безмолвном внутреннем поклонении — сладостном и священном взаимообмене любовью и радостью между душой и Господом, Который поддерживал ее на протяжении миллионов инкарнаций и Который будет поддерживать ее вечно.

Простое признание в любви Богу

Я расцениваю как большое несчастье и трагедию тот факт, что мы, человеческие существа, отвернулись от Того Единственного, Кто поддерживает нас. Следуя мирскими путями жизни, мы будем испытывать кратковременные наслаждения, но мы никогда не познаем вечного счастья и покоя ума — этого дивного ощущения благополучия, радости, понимания и божественной любви; ощущения, которого все мы ищем в своих занятиях и человеческих отношениях. Мы не познаем вечного счастья до тех пор, пока не начнем постигать Бога и понимать, что мы есть Его частичка.

Искать Бога, любя Его, — это же так просто! Это тот самый ингредиент, которого не хватает миллионам религиозных людей. В своем поиске Бога они заменяют этот ингредиент чем-то другим. Они скорее предпочитают наслаждаться глубокими философскими дискуссиями о Нем или Его проявлениях либо интересоваться Его чудодейственными силами. Но кто думает о простом признании Богу в любви?

Бога легко познать тем путем, которому нас учил Мастер и который он демонстрировал своим личным примером каждый день. Мы так заняты, отдавая свою любовь всему, что сотворил Бог, — миру и мирскому образу жизни, бренному телу, которое однажды износится, своему эго. Мы то и дело думаем: «Меня ранили; я ненавижу; я, я, я». Но кто из нас дарит свою любовь Богу? Любить Его — это то, чему нас учил Мастер. Сделайте своей привычкой говорить Ему, что вы Его любите. Сколько людей делают это хотя бы раз в день? А по многу раз в день? Это и есть практика Божьего присутствия. Если бы святые всех религий не занимались этим, ни один из них не нашел бы Бога.

Мы всегда говорим: «Я люблю это; я люблю то». Как легко мы разбрасываемся словом «люблю», тем самым обесценивая его! А сколько раз его путают с чувственностью! Любовь, в высшем ее смысле, и чувственность не имеют ничего общего. Любовь — это самая могучая сила на свете. Без этого божественного блаженства, вливающегося из Единого Источника в каждое сердце, мы не смогли бы любить никого и ничего. Мы получаем эту любовь от Бога безвозмездно и даже не признаем, что она исходит от Него. И когда приходит время дарить любовь, мы делаем это неразумно: мы отдаем ее миру, захлопывая дверь перед самим Господом. И именно поэтому, мои дорогие, человечество так страдает. И мы будем продолжать страдать до тех пор, пока не начнем открывать свои сердца, чтобы принять Бога в свою жизнь.

Соотносите весь свой опыт с Богом

Жизнь становится настолько сладостнее, насколько прекраснее, когда я соотношу с Богом все свои переживания! Я могу посмотреть на души и сказать: «Друзья мои, я их люблю». Я могу посмотреть на птиц и деревья и сказать: «Я люблю их». Но в уме я всегда осознаю: «Это Тебя я люблю, Господи. Ты дал мне глаза, чтобы я могла видеть красоту во всех и во всем, что Ты сотворил. Ты дал мне слух, чтобы я могла слышать все хорошее. Ты дал мне голос не для того, чтобы говорить вульгарности, а для того чтобы изливать свет на этот мир — говорить другим воодушевляющие вещи, пока я здесь и иду по этому узкому коридору жизни.

Ты также мне дал разум, Господи, чтобы я могла

размышлять и использовать свою проницательность; и поэтому я не боюсь задавать Тебе вопросы. Я никогда не робею перед Тобой и не чувствую себя в неловком положении, ибо Ты мой Возлюбленный. Тебе ведома простота моей души. Ты понимаешь мое стремление к пониманию и мудрости. Я иду к Тебе с обнаженной душой, мой Возлюбленный. Ты видишь во мне все мои хорошие качества и ту тьму, которую я пока не сумела развеять. Ты не наказываешь меня за недостатки, скопившиеся за пределами чистоты моей души, — Ты мне помогаешь. Я не пытаюсь скрыть мои несовершенства от Тебя, Господи. Я иду к Тебе смиренно и с любовью, просто и доверчиво — как ребенок, — и прошу Тебя помочь мне. Я буду просить Тебя об этом до тех пор, пока Ты мне не ответишь. И я никогда не опущу свои руки».

Подумайте обо всем, чем нас наделил Бог. Подумайте о том, что делает нас непохожими на деревья или животных. Разве мы не оскорбляем Бога своей неблагодарностью, когда неблагоразумно распоряжаемся своим высшим «Я», сотворенным по Его образу и подобию? Когда я поглощена делами этой организации (Self-Realization Fellowship/Yogoda Satsanga Society); когда я нахожусь в саду и делаю упражнения; когда я гуляю посреди цветов и деревьев — что бы я ни делала, — мне проще всего на свете бывает сосредоточиться на мгновение и внутренне сказать: «Я люблю Тебя, Господи. Я люблю Тебя — и это все, что я знаю. И я прошу Тебя постоянно давать мне силы, понимание, мужество и сострадание, чтобы я могла служить моим собратьям и любить их так, как мне хотелось бы, чтобы любили меня; любить их Твоей любовью, вливающейся в мое сознание».

Привычка внутренне говорить с Богом и любить Его должна культивироваться не только теми, кто живет в монастырях, но и мирскими людьми. Это вполне выполнимая задача, требующая лишь небольших усилий. Все привычки, которые вы в себе выработали — это действия, которые вы делали регулярно либо физически, либо умственно, и они стали вашей второй сущностью. И вы сами положили им начало в прошлом. А теперь пришло время запустить тот же механизм мысли и действия, чтобы развить привычку мысленно говорить с Богом. Для этого требуются не длинные молитвы, а лишь безмолвный зов сердца и простая мысль: «Господи, любовь моя, кто же еще подарит мне такую любовь, какую я чувствую в своем сердце всякий раз, когда обращаюсь к Тебе? Никто, кроме Тебя, не в состоянии меня ублажить. Ты воистину исполняешь Свое обещание всем тем, кто прислушается к Твоему призыву оставить все и следовать за Тобою».

Говорите Богу, что любите Его

Просто говорите Богу своими словами — безмолвно, неслышно для других, — что любите Его. Говорите Ему это в тишине медитации. Говорите Ему это, когда вы находитесь посреди шумной толпы или в офисе. Говорите Ему: «Я люблю Тебя, Боже. Я люблю Тебя, Господи». Пусть это будет последним, о чем вы думаете перед тем, как уснуть. Попробуйте начать прямо сегодня. Это так прекрасно, так радостно! Когда вы засыпаете, а душа начинает погружаться в состояние покоя, пусть ваш ум нежно и безмолвно поет: «Господи, Господи, Любовь моя, Любовь моя, Боже мой». Наполняйте свои слова чувством.

Когда вы просыпаетесь, пусть ваша первая мысль будет такой: «Доброе утро, Господи! Ну вот и настал новый день. Позволь мне сегодня приложить еще больше усилий на пути к достижению совершенства — моей истинной природы. Позволь мне одарить людей пониманием. Позволь мне стать более спокойным. И если мне скажут недобрые слова, пусть в ответ я скажу что-нибудь доброе. Пусть сегодня я попытаюсь проявить Тебя в своей жизни». Печальны вы или радостны, здоровы или не очень, хорошо у вас идут дела или плохо, — пребывайте в нескончаемом, безмолвном потоке одной мысли: «Господи, я люблю Тебя». И говорите это от всего сердца.

Никогда не произносите имя Господа всуе. Хотя люди и думают, что клясться — умно и духовно, делать так все же неправильно. Тот факт, что этим занимается весь мир, не делает это правильным. Всякий раз, когда вы произносите имя Господа, делайте это осмысленно, с глубоким чувством и почтением. Я уже рассказывала вам о духовном экстазе Гурудэвы, который имел место в 1948 году. Тогда он повторял только одно слово. Он не говорил: «Боже, Боже», потому что даже это вызвало бы ощущение отделенности от Бога. По тому слову, которое он употребил — о, как это тронуло мою душу! — я поняла, что он был в присутствии Бога. Он повторял лишь одно: «Ты, Ты, Ты». Какой благоговейный трепет вызвало в нас одно это слово! Он стоял перед Самим Господом и говорил с Ним — с Божественным Возлюбленным всего человечества.

Поступайте точно так же: удерживайте свой ум на этом высоком уровне поклонения. Гуруджи учил нас жить одновременно в двух сферах. Иногда в присутствии Гурудэвы мы были полностью погружены в Божественную Радость, а потом он вдруг опускал нас на уровень земных забот. Он учил, что, в то время как наш ум сфокусирован на Боге и наши души пребывают с Ним, мы должны быть в состоянии эффективно исполнять наши мирские обязанности. Это и есть высочайшее состояние сознания: умом витать в облаках, а ногами твердо стоять на земле. Вот такими нас хочет видеть Бог, потому что такова Его природа. Он наш Отец, Творец мироздания. И Он очень практичен. Если бы это было не так, тогда Он сотворил бы нас, но не сотворил бы воду для утоления нашей жажды и пищу для утоления нашего голода. Тогда Он не просчитал бы действие космических законов, управляющих движением планет и галактик. Все они давно бы уже столкнулись друг с другом. Земля прекратила бы свое существование. Поэтому мы можем сказать, что ногами Бог «твердо стоит на земле». И при этом Он постоянно опьянен Своим небесным блаженством, Своей небесной любовью. Мы сотворены по Его образу и подобию, и Он хочет, чтобы мы сознательно уподобились Ему.

Как углубить свою любовь к Богу

Фрагменты из выступлений в Главном международном центре Self-Realization Fellowship

Поиски Бога начинаются с жажды. Мы должны жаждать истины, жаждать каких-то отношений с Господом. Поэтому глубокая, искренняя жажда Бога, жажда Его любви — это то, что нужно взрастить в себе в первую очередь.

Вначале вы, возможно, не будете чувствовать к Нему любви, но вы сможете развить в себе желание познать Его, если будете размышлять о том, как сильно вы в Нем нуждаетесь. Говорят, страдание — лучший учитель. В какой-то степени это правда, что люди обращаются к Богу, когда они разочаровываются в людях или в том, что может предложить им этот мир. Думаю, я родилась с этим чувством — и я имею в виду не разочарование в людях — ведь я люблю людей, — а внутреннее знание того, что ни мир, ни люди не смогут дать мне то, чего я хочу.

Каждый из нас ищет совершенства: совершенной любви, совершенных человеческих отношений. Еще будучи маленькой, я считала, что такого совершенства не найти в этом мире. И я поняла, что не имею права ожидать совершенства от других людей, поскольку сама несовершенна. Как я могла требовать от других то, чего сама не могла дать? Из размышлений такого рода у меня и возникло желание искать Бога. Только Он может полностью удовлетворить нашу жажду, нашу потребность в совершенной любви и в понимании. Обычный человек не в состоянии это сделать. Когда мы понимаем, что только Бог может дать нам все, в чем мы нуждаемся, в нас начинает расти желание познать Его.

Одна из первых мыслей священных писаний, которая меня воодушевила, звучала так: «Ищите же прежде Царства Божия и правды Его, и это все приложится вам»[1]. Я прокручивала эту истину в своей голове много раз. Мы находим в священных писаниях много прекрасных мыслей и вдохновляемся ими, но вскоре о них забываем, так и не применив их в своей жизни. Но священные писания — это учебники законов и принципов, и если им следовать в жизни, то они, как и законы математики, будут производить ожидаемые результаты.

Я решила применить мудрость этой цитаты в своей жизни. Я хотела знать, истина это или просто лишь красивое утверждение некоего возвышенного существа, которому не приходилось сталкиваться с трудностями повседневной жизни. Итак, я стала придерживаться этого принципа и поставила поиски Бога на первое место. А все остальное, как говорило мне Писание, должно было устроиться наилучшим образом — «приложиться» мне. Когда я сталкивалась с каким-либо искушением или отвлечением, я фокусировалась на мысли: «ищи Его». К своему удовлетворению, я убедилась в том, что истины, которым учили и по которым жили Великие Души, могут преобразить и нашу жизнь, ибо они переживали те же трудности, борения и разочарования, что и все остальные люди.

Когда человек это поймет, он начнет искать способы приблизиться к Богу. И я, как и многие другие ученики Гуруджи, стала следовать этому принципу: прежде всего возжелай Бога, а уже затем взращивай отношения с Ним посредством поклонения.

---

[1] Мф. 6:33.

Чтобы установить близкие отношения с Богом, вы должны сначала познакомиться с Ним. Если вас попросят полюбить человека, которого вы не знаете, вам будет очень трудно это сделать, даже если вам расскажут о прекрасных качествах этого индивидуума. Но если вы встретите этого человека лично и проведёте с ним какое-то время, вы его узнаете поближе; он вам понравится, и вы его полюбите. Вот каким путём нужно следовать, чтобы взрастить любовь к Богу.

Тогда возникает вопрос: а как можно узнать Его поближе? Для этого существует инструмент медитации. Все священные писания призывают того, кто ищет Бога и хочет познать Его, садиться в тишине и общаться с Ним. В Self-Realization Fellowship мы используем для этой цели медитативные техники, молитву и духовные песнопения. Конкретные методы здесь необходимы. Вы не сможете познать Бога, просто прочитав книгу о божественной радости или любви. Духовная литература, конечно, вдохновляет, вселяет веру и энтузиазм, но она не приводит человека к конечному результату. То же касается и прослушивания лекций о Боге. Что действительно нужно делать, так это сидеть в тишине и, мысленно отстранившись от всего мира и сосредоточившись только на Боге, глубоко медитировать каждый день — пусть даже по несколько минут. Вот так со временем вы и придёте к знакомству с Ним, а после этого вы уже не сможете не полюбить Его.

Значение и ценность групповой медитации

Вера укрепляется, когда вы общаетесь с теми, кто, так же как и вы, ищет Бога. Согласно этому идеалу Гуруджи начал организовывать группы и центры медитации по всему миру. Он говорил: «Я не заинтересован в строительстве огромных каменных сооружений, в которых нет места Богу. У нас должно быть много маленьких храмов, наполненных истинным духом поклонения и совместного поиска Бога». Духовным последователям нужно собираться вместе и общаться с Богом, становиться духовными друзьями и быть полезными группе в целом.

Помню, как однажды Гуруджи поехал на восточное побережье Соединенных Штатов, чтобы провести там занятия по йоге и посвящение в Крийю. В то время службы у нас проводил человек, который представлялся мне сухим и неинтересным. Меня эти службы не вдохновляли, и я решила, что больше не буду приходить в часовню. Мне казалось, что я получала больше пользы от медитации в своей комнате.

Когда Гуруджи вернулся, он вызвал меня к себе и сказал:

— Я так понимаю, ты не ходишь на медитации?

— Но Мастер, я же и так медитирую! — возразила я.

Мы любим находить себе оправдания, не так ли? Мы всегда находим логичные объяснения нашим поступкам.

— Но ты не ходишь в часовню.

— Нет, у меня лучше получается медитировать в своей комнате — там я гораздо глубже погружаюсь в себя. А в часовне учитель очень скучный.

— Продолжай ходить туда — и не для того, чтобы получать вдохновение от учителя, а чтобы искать Бога глубоко внутри себя. Не завись от других, ведь ты идешь туда по одной причине: общаться с Богом.

Я навсегда запомнила этот прекрасный урок.

Медитируя в группе, забывайте обо всех и вся. Приходите туда только для того, чтобы общаться с Богом. Вне всякого сомнения, если наша собственная воля слаба, пребывание в группе людей с такими же интересами может укрепить ее. Если у вас есть неразрешенные проблемы или у вас был тяжелый день, дома вы запросто можете сказать: «Сегодня я медитировать не буду, а то день был какой-то сумасшедший. Лучше просто отдохну». Вы пропускаете одну медитацию, затем другую, потому что каждый день находится какая-нибудь, как вам кажется, правомерная причина. Смотрю, кто-то кивает головой. Вы понимаете, о чем я говорю!

Когда что-то пытается удержать вас от медитации, говорите себе: «Нет, я должен пойти на групповую медитацию». И идите туда с правильной мотивацией; идите потому, что вы хотите предпринять духовное усилие и изменить себя. Вы идете туда не для того, чтобы кого-то впечатлить или изменить. В атмосфере медитации происходит духовный взаимообмен: вы придаете силы другим, а другие придают силы вам.

Как развить личные взаимоотношения с Богом

Не думайте, будто вам нужно оставить мир и поступить в ашрам, чтобы найти Бога. Какими бы занятыми вы ни были, вы можете найти время, чтобы развить личные взаимоотношения с Ним и наполнить их любовью. Со всеми своими обязанностями по SRF в Америке, Индии и других странах я занята не меньше, чем даже самый занятой из вас. Но Бог — прежде всего. И я не позволяю чему бы то ни было нарушать этот принцип. Все, что вам нужно — это жажда по Богу и сила воли, необходимая для того, чтобы ежедневно отводить время для медитации на Него.

Медитация никогда не должна становиться для вас скучным, обыденным занятием. В своих путешествиях по миру я заходила в храмы, мечети, церкви и повсюду видела верующих, которые молились с рассеянным вниманием. Помню, когда я посещала святые места в Иерусалиме, где ходил и общался с Богом Иисус, я видела, как механически молился священник, проводивший богослужение; он был больше заинтересован в аудитории, чем в Том, Кому он молился. Мое внутреннее чувство шептало: «Нет, нет, нет! Вы же здесь, чтобы общаться с Христом!» То же самое касается и храмов Индии. Я видела, как священники совершали пуджу и говорили с Богом, а глаза их в это время бегали по толпе. Тот, к Кому были обращены их молитвы, их не слышал, потому что эти поклоняющиеся не думали о Нем! Большой недостаток современной религии состоит в том, что Тот, Кого она возвеличивает, полностью забыт в суете внешних приготовлений. Гуруджи нас учил, что, когда мы садимся медитировать, мы должны быть с Богом. Говорите с Ним, не отвлекаясь, хотя бы пять минут, и вы увидите, что ваши взаимоотношения будут становиться все более реальными.

Один из способов развить сфокусированное поклонение — снова и снова напевать в уме Его имя или повторять краткую мысль о Нем. А можно мысленно произносить небольшую молитву, обращенную к Нему. В Индии эта практика называется Джапа-йогой, а на Западе она известна как одна из форм практики Божьего присутствия.

Свою жажду по Богу можно выразить и пением, обращенным к Нему, — например, исполнением одного из Космических песнопений Гуруджи. К тому же есть множество прекрасных песен о любви, с которыми можно обращаться к Богу — даже если они не были написаны для Него. Гуруджи очень нравилась одна из таких песен — «Индийский зов любви». Как прекрасно предложить такие чувства и жажду любви не человеку, а Богу!

Помимо всего прочего, читайте о жизни великих душ, таких как Гуруджи, которые были постоянно погружены в Божью любовь.

Для пробуждения любви к Богу хорошо думать о том, кого вы очень любите; о том, кто служит вам вдохновением. Гуруджи думал о любви, которую он испытывал к своей матери; он глубоко почитал ее. Его любовь к ней была благородной, прекрасной и чистой. Когда вы думаете о любви, которую вы испытываете, например, к своей матери, обращайте свои мысли и чувства к Божественной Матери: «О Божественная Мать, я знаю, что это Ты пришла ко мне в облике моей матери». Это может быть кто угодно: ваш родитель, муж, жена, ребенок, друг. Думайте о приятных качествах этого человека, а когда ваше сердце захлестнет волна любви, сразу же переводите свое внимание на Бога. В эти моменты думайте: «Этот человек не мог бы меня любить, если бы Ты не внушил ему эту любовь». Вся любовь исходит от Бога. Если вы будете размышлять об этом, вы начнете взращивать в себе любовь к той Любви, которая скрывается за дорогими вам людьми.

Когда кто-то вам помогает, всегда зрите в этом Божью руку — это она одаривает вас. Когда кто-то говорит о вас что-то хорошее, слышьте в этом голос Бога. Когда в вашу жизнь приходит что-то прекрасное, чувствуйте, что это — от Бога. Абсолютно все в своей жизни соотносите с Богом. Мыслите именно таким образом, и однажды вы вдруг осознаете: «О, да ведь это все это — Он!» Бог — общий знаменатель во всех жизнях. Он есть главная движущая сила всех наших действий; Он есть наш главный благодетель и покровитель. Существует ли на свете более высокий стимул любить Его и в ответ получать Его любовь?

Духовное пение как форма медитации

Из выступления в Главном международном центре Self-Realization Fellowship

Позвольте мне рассказать вам о предназначении духовного пения, которому учил Парамаханса Йогананда. В книге «Космические песнопения»[1] он говорит:

> «Звук, то есть вибрация, является самой мощной силой во Вселенной. Музыка — это божественное искусство, которое должно использоваться не только как предмет наслаждения, но и как инструмент богопознания. Вибрации, производимые духовным пением, сонастраивают человека с Космической Вибрацией, Словом. „В начале было Слово, и Слово было у Бога, и Слово было Бог"[2]. Слова, наполненные искренностью, убеждённостью, верой и интуицией, подобны мощным вибрационным бомбам, которые при разрыве сносят стены трудностей и производят желаемые изменения... Те, кто поёт одухотворённые Космические песнопения с неподдельным чувством любви и веры, обретут прямой контакт с Богом и экстатическую радость и с их помощью исцелят тело, ум и душу».

---

[1] Англ. *Cosmic Chants*; сборник духовных песен Парамахансы Йогананды, издаваемый обществом Self-Realization Fellowship.

[2] Ин. 1:1.

Духовное пение как форма медитации

Песнопения разучивайте по одному за раз. На первых порах, вы, естественно, должны сосредоточиться на нотах и правильном их воспроизведении на фисгармонии[3]. Уже после того как вы хорошо выучите песнопение, ваше внимание должно сосредотачиваться на словах, которые вы поете. Постепенно углубляя концентрацию своего внимания, повторяйте песнопение снова и снова, пока ваше сознание полностью не погрузится в смысл его слов. Со временем вы придете к состоянию, в котором буквально сольетесь с песнопением. Ни одна отвлекающая мысль не сможет проникнуть в ваше сознание; все исчезнет, кроме того Божьего образа, к которому вы взываете.

Возьмем, к примеру, песнопение, которое мы только что исполняли — «Голубые лотосные стопы»[4]:

«Пчела сознанья моего пьет нектар с Твоих голубых лотосных стоп, моя Божественная Мать. Божественная Мать, моя Божественная Мать! Божественная Мать, моя Божественная Мать!»

Повторение имени Божественной Матери притягивает Ее любящее присутствие. Самое главное — продолжать петь до тех пор, пока вы не начнете ощущать Ее блаженное присутствие. Тогда вы осознаете, что пили нектар из цветка этого песнопения. Такое пение фактически становится формой медитации.

Нам часто выпадало счастье оказаться рядом с Гурудэвой, когда он сочинял новое песнопение или переводил традиционное индийское песнопение на английский язык. После того как он заканчивал работу над очередным произведением, мы вместе

---

[3] Переносной орган с ручными мехами; широко используется в Индии в том числе для аккомпанирования в *бхаджанах*.

[4] Песнопение, посвященное Богу в аспекте Божественной Матери; входит в сборник «Космические песнопения».

с ним исполняли его снова и снова (иногда уже было далеко за полночь!) — до тех пор, пока в своем пении не выходили за пределы слов и мелодий и все наше внутреннее существо не восславляло Бога и дивное ощущение Его присутствия. Именно такое переживание является целью духовного пения.

Невозможно переоценить важность чувства преданности при пении. Когда мы пели с Мастером, он часто напоминал нам: «Пойте всей душой. Забудьте, что я играю на фисгармонии; забудьте, что я здесь. Погружайтесь в смысл слов. Думайте о Том, Кому вы поете». Порой, когда он пел Божественной Матери, мое сознание опьянялось любовью к Ней. Одна лишь мысль о Ней порождала ощущение, что внутри меня океан, вздымающийся волнами Ее бесконечного любящего присутствия.

Когда мы погружаемся в определенную духовную мысль или осознание все глубже и глубже, все вокруг исчезает. Помню, как-то в Энсинитасе мы медитировали вместе с Гурудэвой и Раджарси[5]. Благословенный Мастер пел Божественной Матери, изливая Ей всю любовь своего сердца. Его радость и любовь к Ней подняли нас на седьмое небо. Чувство тоски по Божественной Матери и Ее любви захлестнуло мое сознание, и я погрузилась в глубочайшее экстатическое состояние. Мастер прервал свое пение; он коснулся моего лба и, обратившись к Раджарси, ласково сказал: «Смотри! Она похитила мой экстаз»[6].

---

[5] Раджарси Джанакананда был возлюбленным учеником Парамахансы Йогананды; он обладал высокой степенью духовного развития. Раджарси стал первым духовным преемником Йоганандаджи на посту президента Self-Realization Fellowship. После кончины Раджарси в 1955 году президентом стала Шри Дайя Мата.

[6] В моменты сонастроенности со святым верующий может привлечь к себе его духовные вибрации. Именно поэтому, когда одна из женщин в толпе коснулась полы одеяния Иисуса, он сказал: «Прикоснулся ко Мне некто, ибо я чувствовал силу, исшедшую от Меня» (Лк. 8:46).

Какое благословенное переживание! Чтобы достичь этой внутренней божественной радости, мы должны забыть обо всем во время пения или медитации. Божье присутствие ощущается, только когда мы полностью отстраняемся от всех других мыслей. Поэтому имя Божественной Матери не должно быть просто лишь словом для вас. Полностью растворяйтесь в мысли о Ней. Своей любовью и концентрацией сделайте так, чтобы Она стала живой реальностью в вашем сознании. Она реальна для тех, кто думает, что Она реальна; а от тех, кто взывает к Ней механически, Она далеко. Для них Ее имя лишь слово или смутный мысленный образ.

В одном из песнопений[7] есть такая мысль: «Наступит ли тот день, о Мать, когда я скажу имя Твое и из глаз моих польются слезы?» Никогда не забуду тот трепет, который я испытала, когда впервые услышала это песнопение из уст Мастера. Всякий раз, когда я вспоминаю его слова, во мне пробуждается тот трепет. И то же самое должно происходить с вами. Каждый день вы должны повторять эту мысль и чувствовать, как тоска по Богу, выраженная в этих словах, вздымается из глубин вашей души.

В индуистских писаниях говорится, что даже мысленное произношение имени Бога может принести человеку спасение. Когда я впервые прочитала об этом, я не поняла, как такое возможно. Но потом я узнала, что это действительно возможно, если в мысленной молитве заключена вся жажда, весь пыл души: «Господи, только Тебя я люблю; только Тебя я хочу; я жажду лишь Тебя! Направляй меня согласно Своей воле». Если вы ставите себя в полную зависимость от Бога — под этим я имею в виду глубокую преданность, веру и вручение себя Господу, — тогда Он обязательно откликнется.

---

[7] «Наступит ли тот день, о Мать?» из «Космических песнопений».

Поэтому, дорогие мои, медитируйте глубоко и регулярно. Пойте Господу песнопения, одухотворенные Гурудэвой; пойте их со всей любовью вашей души. И молитесь о любви к Богу; молитесь о том, чтобы ваше сердце, ум и душа пылали такой божественной жаждой, горели таким божественным огнем, чтобы вся ваша жизнь стала бы сплошной жаждой по Богу. И тогда вы по-настоящему твердо будете стоять на духовном пути.

Как научиться любить себя

*Из выступления в Главном международном центре
Self-Realization Fellowship*

В саморазвитии существенно важна интроспекция, то есть самоанализ. На это указывает самое первое двустишие Бхагавад-Гиты: «Собрались на поле, сражения жаждая, дети мои (мои благие и порочные склонности) — что же сделали они?»[1] Здесь имеется в виду, что по окончании дня нужно спрашивать себя: «Ведут ли мои мысли и действия к поставленной цели? Как я вел себя сегодня? Обошелся ли с кем-нибудь плохо? Сказал ли неправду? Был ли эгоистичен, возжелал ли чужого? Проявил ли недоброжелательность?» Вот каким образом мы должны анализировать себя.

Самоанализ — это очень полезное занятие, в котором важно не зацикливаться на своих недостатках, ведь это может привести к депрессии или к такому чувству вины, что можно себя возненавидеть. Использовать самоанализ в таком ключе неправильно. Он не оправдывает своей цели, если вы сосредотачиваетесь на своих недостатках, потому что чем больше вы отождествляете себя с ними, тем сильнее они становятся. Ваши недостатки не есть ваша сущность, ведь вы — вечная,

---

[1] Здесь Дайя Мата приводит интерпретацию Парамахансы Йогананды. Воины в Бхагавад-Гите олицетворяют противостоящие друг другу благие и порочные наклонности в каждом человеке. — Прим. изд.

совершенная душа. Самоанализ имеет своей целью помочь вам беспристрастно распознать в себе черты, затемняющие вашу врождённую божественность, и исправить их. Вы не должны рассказывать всем о своих недостатках или ошибочных поступках. Но и сидеть сложа руки вы тоже не должны. Действуйте! Посмотрите на себя со стороны и попытайтесь устранить все непривлекательные качества, которые вы в себе обнаружите. Именно таким образом нужно подвергать себя анализу.

Не тревожьтесь о прошлых прегрешениях — сегодня они уже не принадлежат вам. Гурудэва Парамаханса Йогананда часто подчёркивал важность этой истины. Исправьте себя, и тогда все дурные поступки прошлого уже не будут иметь к вам никакого отношения. Забудьте о нём. Многим людям Христос говорил, что Бог их прощает, но при этом наказывал больше не грешить. Утвердитесь в той мысли, что вы прощены за былые поступки, и научитесь любить себя в большей степени. Я имею в виду не любовь к своему эго, а принятие себя таким, каким вас принимает Бог.

Бог может простить нам абсолютно всё, если мы искренне отказываемся от неправильного поведения. И неважно, в чём оно заключается. Какой бы дурной поступок вы ни совершили в прошлом, знайте, что каждый из нас уже делал подобное в одной из своих прошлых жизней. Более того, все ваши поступки уже присутствовали в Божьих мыслях, иначе вы бы просто не смогли их совершить. Мы не должны бояться показывать Богу, какие мы есть на самом деле. Ему ведомы все наши недостатки и все ошибки, которые мы совершили во многих наших жизнях. И при этом Он нас не покинул. Он любит нас безусловно, и так будет всегда.

Некоторые люди думают, будто ни на что не годны, и зацикливаются на этой мысли. Их умы не погружаются в глубокую медитацию и в чувство любви к Богу. Они думают только об одном — о собственной непригодности. Это ужасная западня. Каждый из нас уникален, потому что все мы Божьи дети. Мы имеем право, привилегию и возможность искать Бога. Так ищите же Его! Не занимайте себя мыслью: «Я не гожусь для этого». Думать так — значит вредить самому себе, потому что большую часть своего времени вы будете тратить на жалость к себе. Кроме того, у вас появится подсознательное оправдание не делать усилий для добросовестного поиска Бога. Вы будете думать: «Я ни на что не гожусь» или: «Он во мне особо и не нуждается, ведь я такой нехороший». Это слабые аргументы. Человек бессознательно говорит: «И кроме того, я не жажду искать Бога, поэтому я считаю нормальным ругать себя за свои недостатки и оправдывать ими отсутствие усилий с моей стороны».

Каким бы ни было мое несовершенство, я знаю, что в этой жизни я пытаюсь усовершенствовать свою любовь к Богу. И я ежедневно сосредотачиваюсь на своем усилии мыслить и действовать позитивно в меру своих сил. У меня нет времени думать о своих недостатках или размышлять о том, гожусь я для поиска Бога или нет. Я просто Его ищу!

Учитесь принимать и любить себя за то, что вы хотите измениться к лучшему. Воспринимайте каждый день таким, какой он есть. Как однажды было сказано: «Каждый новый день подобен чистому листу бумаги». Каждый день у вас появляется прекрасная возможность начать свою жизнь с чистого листа. И пусть ваши прекрасные, конструктивные, творческие мысли способствуют вашему духовному благополучию и благополучию окружающих вас людей.

Чем больше внимания вы будете уделять Богу и меньше — себе и своим недостаткам, тем глубже вы будете сонастроены с Господом и Гуру. Негативные мысли о себе взращивают духовную слабость, поэтому не занимайте ими свой ум — отбросьте их. Ваше прошлое вам не принадлежит. Вам принадлежит только настоящее и будущее. Записывайте в книгу своей жизни только стоящие мысли и действия. Об этом очень важно помнить.

Учитесь полагаться на безграничную силу Бога

Из выступления в Главном международном центре Self-Realization Fellowship

В жизни каждого из нас рано или поздно наступает момент, когда мы чувствуем, что не можем справиться со всеми нашими проблемами. Мы говорим себе: «Ну все. Я больше не могу, я на пределе — физически и морально. Я испробовал все. Что же мне теперь делать?» Многие люди в таком случае обращаются либо к врачу, либо к психотерапевту, — и это кажется разумным. Но приходит время, когда даже врачи оказываются бессильны. Как поступать в таком случае?

Я твердо верю, что мы можем всецело доверить свои жизни Богу. Он способен провести нас через любые трудности, даже несмотря на все устрашающие прогнозы, которые может дать человек. Я пережила множество болезней и всегда крепко держалась за эту Божественную Силу, потому что знала, что она поддерживает во мне жизнь. И каждый раз Бог подтверждал это.

Для того чтобы притянуть к себе безграничную силу Бога, мы должны начать больше верить и полагаться на Него. Однажды Гурудэва сказал мне: «Внутренне всегда придерживайся мысли: „Не моя воля, но Твоя да будет"». Очень часто люди боятся вручить себя Богу, потому что на самом деле они Ему не доверяют. Они сомневаются в том, что Бог даст именно то, что им нужно. Поэтому, даже если они и говорят: «Да будет воля Твоя», то неискренне. И в этом их ошибка.

Пока мы будем считать, что сами способны распоряжаться своей жизнью, мы не сможем обрести контакт с Богом. Чтобы получить от Него помощь, мы должны сначала отказаться от заблуждения, что наше маленькое эго самодостаточно. Многие теряют себя в этой жизни из-за убеждения: «Я сам могу это сделать». Нет, мы не можем! Сами мы не можем ни вдохнуть, ни даже мизинец поднять. В каждый конкретный момент мы полностью зависим от Бога; это Он непрестанно поддерживает нашу жизнь.

Чем больше мы будем полагаться на Него и чем меньше — на материальные средства, тем лучше нам будет. На протяжении многих лет я наблюдала эффективность такой веры в Бога на примере жизней большого количества учеников Гурудэвы Парамахансы Йогананды. Это не значит, что мы должны игнорировать наставления врачей или недооценивать предлагаемые ими методы лечения. Но в то время как мы прибегаем к профессиональной помощи врачей, мы должны осознавать, что настоящий источник исцеления — это сила Бога в нашем разуме, и что все внешние методы лечения лишь помогают разуму высвободить какую-то часть Божественной энергии.

Разум как инструмент Божественной Силы безграничен, и я хочу это особо подчеркнуть — так же, как это делал Гурудэва для всех тех, кто был рядом с ним. Физическое тело, то замечательное «одеяние», которое носит человек, есть продукт его собственного сознания. Каждый из нас уникален, потому что все мы по-разному применяем свой разум. Все болезни человечества исходят от неправильного применения разума; сегодня ученые начинают понимать это все больше и больше. Взращивая в себе правильные мысли и настрой и практикуя техники Самореализации, которым нас учит Мастер, мы повышаем свою способность выразить это совершенное Божественное Сознание, отражение которого сокрыто в нашем истинном «Я», в нашей душе.

Как устранить препятствия, отделяющие нас от Бога

Много лет назад Гуруджи сказал нам — и современные психологи с этим определенно согласятся, — что хроническое беспокойство, страх, нервное напряжение и другие отрицательные эмоции — чувство вины, обида, ненависть, ревность — перекрывают каналы, по которым из более глубоких уровней сознания текут мудрость и исцеление. В своей борьбе с проблемами жизни люди становятся такими напряженными и беспокойными, что оказываются в эмоциональном тупике. Поэтому если все ваши усилия по разрешению проблемы тщетны, мудрее всего будет просто расслабиться. Перестаньте бороться с трудностями с помощью ограниченных человеческих ресурсов рационального ума, который и привел вас к сегодняшнему состоянию безвыходности и нервного напряжения. Вручите свои проблемы Богу со стопроцентной верой и доверием. Другими словами, «все отпустите, а Бога впустите».

Разве не об этом говорят священные писания всех религий? Постарайтесь всецело вручить свое сердце и ум — всю свою жизнь — Богу. Так вы начнете устранять умственные заграждения, которые заставляют вас думать, что вы отделены от Него. В результате вы почувствуете в себе большой прилив Его сил. Творческие мыслители, изобретатели, люди, проявляющие необыкновенную силу и стойкость в экстремальных ситуациях, святые, общающиеся с Богом, — вообще все успешные индивидуумы в той или иной мере получают доступ к внутреннему божественному резервуару, единому источнику силы и творческого вдохновения.

Психотерапевты говорят, что мы проявляем свои качества «бессознательно»[1]. Они не рассуждают о Боге, потому что наука смотрит на все с точки зрения законов природы. Но Бога нельзя отделить от Его законов. Какая бы терминология здесь ни использовалась, любой, кто зрит в корень, обнаружит сходство между научными принципами, управляющими Вселенной (включая человека и его разум) и теми истинами, о которых на протяжении многих веков говорят пророки, познавшие Бога. Любая наука, которая отрицает существование духовных законов, еще не поняла до конца предмет своего изучения. По сути нет противоречия между словами духовного учителя: «Уверуй в Бога» и словами психотерапевта: «Полагайся на внутренние резервы своего бессознательного ума». Мы начинаем воспринимать Бога, только когда касаемся более глубоких уровней сознания[2].

Сегодня нам пытаются внушить, что мир и его существа отделены от Бога. Эта тенденция особенно сильна на Западе. Однако мы видим, что многие люди пытаются выбраться из колеи материалистического мышления; они снова стремятся обрести глубокие переживания мистиков древности. К сожалению, зачастую они ошибочно полагают, что, однажды выбравшись из колеи заблуждения, они не попадут в новую. Но они попадают. Например, одни пытаются исследовать внутренние сферы с помощью наркотиков, которые только одурманивают ум и искажают понимание реального и нереального. Другие увлекаются гипнозом, передачей информации в состоянии транса и другими

---

[1] Вместо понятия «бессознательный ум» Парамаханса Йогананда использует термины «подсознание» и «сверхсознание». Он говорил: «Бессознательного состояния на самом деле не существует — сознание может спать или отдыхать, но оно не может отсутствовать. Во сне сознание отдыхает, то есть оно неактивно. Душа никогда не лишается сознания».

[2] «Царствие Божие внутрь вас есть» (Лк. 17:21).

методами пассивного обретения измененного состояния сознания. Все они опасны, ибо ведут практикующего в новую умственную колею. Есть только один способ не потерять себя в этом мире — укорениться в Боге. Тогда вы уже не будете пребывать в подвешенном состоянии — вы будете твердо стоять на ногах!

Ум — это прекрасный мир, возможности которого нужно исследовать надлежащими методами. Настоящий духовный искатель следует правильному пути: он занимается медитацией, которой обучает тот, кто познал Бога. Такой искатель никогда не теряет связи с реальностью, здравым смыслом и вечными законами истины.

Расслабление и медитация: ключ к внутреннему резервуару сил

К медитации можно относиться как к раскрытию сил «бессознательного» ума или же как к установлению прямого контакта с Богом; так или иначе, она есть наивысший путь обретения силы для преодоления жизненных препятствий. Каждому человеку следует распоряжаться своим временем так, чтобы иметь возможность ежедневно освобождать свой ум от тревог, забот и внешних отвлечений, погружаясь в медитацию, в мысль о Боге.

Самое главное в медитации — научиться расслаблять свое тело и свой ум. Конечно, я не буду вам советовать принимать горизонтальное положение для расслабления перед медитацией, потому что вы сразу же начнете засыпать, думая: «Что же, Дайя Мата сказала прилечь и немного поспать!» Наша человеческая натура любит приспосабливать истины под себя — так, чтобы они потакали нашим склонностям. Мастер рассказывал, что, когда он только начинал преподавать в Америке, он призывал своих студентов не есть бекон. Но некоторые из них рассуждали так: «Он сказал нам не есть бекон, но он не говорил не есть ветчину». Когда же Мастер сказал им не есть ни бекон, ни ветчину, они вновь рассудили по-своему: «Но он не говорил не есть окорок!» Вот так работает наше эго. Нам постоянно нужно задаваться вопросом: «Искренен ли я?» Мы можем так сильно привязаться к объекту желания, что будем искать для себя «лазейки» даже в инструкциях Гуру. Следуя духу учений, а не только лишь их букве, вы развиваете в себе мудрость и здравый смысл.

Так что помните: расслабиться — не значит отправиться спать! Медитировать нужно не лежа, а сидя, с прямой спиной, на стуле или на подушке в позе со скрещенными ногами. Закройте глаза, чтобы суметь сосредоточиться. Непринужденно возведите взгляд в центр Христа[3]; напрягите и расслабьте свое тело несколько раз, сопровождая эти движения глубоким дыханием; затем полностью расслабьтесь — умственно и физически. Сохраняя прямую осанку, сознательно снимите излишнее напряжение во всех мышцах. Вы должны стать мягкими словно вареная вермишель, свисающая с вилки.

Не думайте о своих проблемах, иначе вы все время будете пребывать в активном состоянии сознания. Практикуйте Крийю и другие техники и вручите Богу свое сердце, ум и душу. Когда мы расслабляемся и успокаиваем ум медитацией, мы получаем доступ к высшим состояниям сознания — к той нерушимой кладовой, в которой хранится все, чему мы научились в этой и во всех предыдущих инкарнациях, которым нет числа. Когда мы достигаем сферы сверхсознания — интуитивного

---

[3] Парамаханса Йогананда объяснял, что направление взгляда человека имеет прямую связь с состоянием сознания. Опущенные глаза соответствуют подсознанию и склонны вызывать это состояние; глаза, смотрящие прямо, указывают на сознательное, активное состояние ума; наконец, глаза, возведенные вверх, способствуют возвышению обычного сознания до уровня сверхсознания.

всеведущего знания души⁴, — свет мудрости озаряет наш сознательный ум, и мы находим решение нашей проблемы или начинаем двигаться в правильном направлении.

Некоторые люди думают, что Бог спустится с небес и скажет: «Дитя Мое, сначала сделай это, а затем то — и ты решишь свою дилемму». Это смешно; так Он точно к нам не придет, и ждать этого не стоит. Вера в Бога не подразумевает, что мы должны перестать рассуждать, придерживаться здравого смысла и проявлять силу воли. Верить — значит использовать все данные нам Богом способности в согласии с Его волей. Мастер выразил эту концепцию в такой молитве: «Господи, я буду размышлять, я буду прикладывать волю, я буду действовать, но Ты направляй мой разум, мою волю и мои действия, чтобы я все сделал правильно».

Бог хочет, чтобы мы использовали неземные силы, которые сокрыты в каждом из нас. Так мы сможем расти и развиваться. Когда я оглядываюсь на свою жизнь и вспоминаю свои первые годы на духовном пути, я испытываю благодарность за каждое суровое испытание, через которое мне пришлось пройти. Все они развили во мне силу, решительность и желание всецело вручить себя Богу и Его воле. Я бы не смогла прийти к этому никаким иным образом.

Очень часто во времена болезни или жизненного кризиса мы чувствуем себя беспомощными и хотим сдаться. Но разве

---

⁴ Согласно сорбонскому профессору Жюль-Буа, сверхсознание — это «точная противоположность подсознанию, каким его понимает Фрейд. Оно включает в себя способности, которые делают человека человеком, а не просто лишь животным высшего порядка». Французский ученый объяснил, что пробуждение высшего сознания «не следует путать с гипнозом Куэ. Существование сверхсознательного ума, который на самом деле есть Сверхдуша, описанная Эмерсоном, уже давно признано философскими кругами, но наукой оно было признано совсем недавно».

вы не знаете, что преодоление трудностей и есть суть жизни? Именно поэтому мы здесь — не для того, чтобы стонать, жаловаться и впадать в отчаяние, но для того, чтобы принимать все, что приходит к нам, и использовать это как средство для установления доверительных отношений с Богом. Не думайте, что беда пришла потому, что Бог покинул вас. Это неправда! Если во времена испытаний вы будете обращаться к Нему с детской доверчивостью, вы осознаете, что Он с вами и, возможно, ощутите Его присутствие более отчетливо, чем в спокойные времена вашей жизни.

Сила аффирмаций и позитивного настроя

Что бы ни происходило, всегда надейтесь на лучшее, внушая себе: «Ничего, скоро все наладится». Надежда — это то, что, слава Богу, всегда было при мне. Я никогда не позволяю себе падать духом. Но я должна была много работать, чтобы достичь этого; и вы все тоже должны проделать аналогичную работу. Некоторые люди имеют склонность видеть в ситуации только плохое. Их реакция на советы и на саму ситуацию всегда неизменна: это либо отрицание, либо страх, либо пессимизм. Ежедневно анализируйте свое поведение и, если вы поймаете себя на подобной мысли или подобной реакции, напоминайте себе, что это ложный путь: он разрушает покой, счастье и созидательную силу воли. Да, в мире существует зло, ибо в сфере двойственности нет света без тьмы, радости без печали, здоровья без болезни и жизни без смерти. Но постоянно думать о негативных аспектах бытия — значит оскорблять Бога и свою душу. Никогда не поддавайтесь отчаянию!

Создайте вокруг себя атмосферу позитивного мышления. Правильно было сказано, что для ума настрой важнее фактов. Если в каждой ситуации мы будем сознательно надеяться на лучшее, тогда позитивный дух и энтузиазм будут освежать наши чувства и ободрять наш ум и тело. Позитивный настрой ума — серьезное подспорье в устранении умственных и эмоциональных препятствий, которые отгораживают нас от внутреннего божественного резервуара сил.

Гуруджи служил нам идеальным примером позитивного мышления. Он прошел через неописуемые трудности, когда создавал общества Self-Realization Fellowship и Yogoda Satsanga Society of India. Но он никогда не жаловался и не падал духом. И нам он тоже не позволял впадать в отчаяние. Он учил нас молиться: «Божественная Мать, научи меня стоять непоколебимо посреди крушащихся миров». Перефразировать можно так: «Что бы ни случилось в моей жизни, я никогда не приму поражения, ибо Ты со мной. Это Ты дала мне жизнь, и это Ты придаешь мне силы».

Развивайте в себе такую же непоколебимую волю. Посреди любых жизненных испытаний уверенно утверждайте в своем уме: «Господи, я смогу с этим справиться, ибо Ты — во мне». Затем направляйте силу своей воли на решение проблемы. И вы увидите, что Божественная Сила будет помогать вам самым загадочным образом. Делая все, что в ваших силах, удерживайте свой ум на внутреннем Источнике силы и водительства с помощью такой аффирмации: «Господи, не моя воля, но Твоя да будет». В этом весь секрет.

Мастер нас учил, что аффирмация — замечательное средство для пробуждения силы ума[5]. Когда вы тревожитесь или испытываете страх, с каждым вдохом утверждайте: «Ты пребываешь во мне; я пребываю в Тебе». И Его присутствие даст о себе

---

[5] См. книгу Парамахансы Йогананды «Научные целительные аффирмации» издательства Self-Realization Fellowship.

знать. В Индии эта наука постоянного повторения духовной мысли называется Джапа-йогой; на Западе — практикой Божьего присутствия. Аффирмации, повторяемые снова и снова сосредоточенно и настойчиво, проникают в подсознание и сверхсознание, которые откликаются и создают для нас то, что мы себе внушаем. Вот так мы можем изменить себя. Мы не должны оставаться такими, какие мы есть; мы не должны превращаться в «психологическую мебель», как говорил Гуруджи. Мебель никогда не меняется. Если дерево живое, оно растет и плодоносит; но когда оно становится столом или стулом, оно уже не растет. Оно просто стареет, рассыхается и превращается в труху.

Чтобы расти духовно, мы должны постоянно работать над собой. Духовность не приходит к нам извне; это не «нимб», который мы можем просто взять и надеть себе на голову. Духовность выковывается упорными каждодневными усилиями и спокойным чувством доверительного вручения себя Господу. Не думайте, что Божий свет вдруг снизойдет на нас и во мгновение ока сделает нас святыми. Нет, для этого нужно ежедневно пытаться изменить себя. Кроме того, необходимо вручить свое сердце, ум и душу Богу — как в медитации, так и в повседневной деятельности.

Вручив себя Богу, вы достигнете наивысшего удовлетворения

Нам также надо перестать убегать от Бога и признать, что мы фактически принадлежим Ему. От Него невозможно спрятаться. Мастер часто цитировал поэму «Гончая небес»[6]: «Я исчезал в ночи и свете дня, // Скрывался от Него в аркадах лет. // Бежал по лабиринтам без огня // Путями памяти, где слез остался след». Но в конце концов Гончая небес нагнала

---

[6] Написана Фрэнсисом Томпсоном.

убегающую душу и, крепко прижав ее к себе, сказала: «Любовь, что неустанно вдаль вела тебя, исходит от Меня». Мы не познаем настоящей любви, чувства защищенности и удовлетворения до тех пор, пока не позволим Ему «поймать» нас.

Я обнаружила, что глубочайшие духовные озарения посещают меня, когда я полностью вручаю себя Богу; и вы тоже это обнаружите. До тех пор пока мы будем ожидать от медитации какого-то волнующего опыта, невероятных «чудес» или феноменальных явлений, Бог будет молчать. Внутренне обратитесь к Нему и скажите: «Господи, я вручаю Тебе свое сердце. Мне неважно, что Ты сделаешь с моей жизнью. Придешь Ты ко мне или нет, я знаю только одно: я люблю Тебя». Такова божественная любовь. Никакие человеческие переживания не могут сравниться с совершенной любовью и блаженством, захлестывающими наше сознание, когда мы всецело вручаем себя Богу. Это наиболее возвышенный опыт, который может познать душа. У Бога нет любимчиков в этом мире — Он любит каждого из нас в той же мере, в какой Он любит великих святых. Они получают больше только потому, что больше отдают; это их делает более восприимчивыми.

Какие бы ошибки вы ни совершали в прошлом, вам не следует бояться Бога. Многие зацикливаются на чувстве вины, страхе и сомнениях и ищут помощи психотерапевта, чтобы выговориться о своих комплексах. Имея веру, мы можем с такой же легкостью развить взаимоотношения с Богом и выговариваться Ему. Он самый настоящий Отец-Исповедник, к которому мы и должны идти со всеми нашими проблемами. Он знает, какие мы есть — от Него невозможно что-либо утаить. И при этом Он любит нас безусловно, как Своих детей. Если вы чувствуете, что зациклились на негативных эмоциях, преисполнитесь глубокой веры и отдайте их Богу с молитвой: «Отец Небесный, послушный я или нет, я все же Твое дитя.

Помоги мне лучше узнать свое истинное „Я" и дай мне сил, чтобы я смог выразить врожденное совершенство моей души». Это чувство полного доверия рождает такие сладостные взаимоотношения с Богом! Их не описать словами. Я могу лишь сказать, что это придает смысл всему остальному в жизни. Это такая радость, когда каждое утро после пробуждения, заглянув внутрь себя, вы можете сказать: «Божественная Мать, сегодня я хочу лишь одного: исполнять Твою волю. Направляй меня, о Мать!» Начиная свой день с таким умонастроением, вы чувствуете, что сила и любовь вливаются в ваше сознание из этого внутреннего Источника. И вы выражаете только одно желание: «Господи, пусть мое сердце станет каналом, через который будет течь Твоя любовь. Этим я хочу привлекать людей не к себе, а к Тебе — к Тому, Кого я обожаю. Ибо я вижу, сколько людей вокруг нуждаются в Твоей любви».

Вот так нам предназначено жить в этом мире. Куда бы Бог вас ни послал, старайтесь в меру своих сил проявлять позитивный настрой, внутреннюю силу, веру и доверие; и припадите к Его стопам. Бога так просто познать — надо лишь отпустить все и впустить в свою жизнь Его. В этом и заключается весь смысл духовного пути. Принимайте каждое испытание как посланное Богом и извлекайте из него уроки. Иначе вы будете совершать одни и те же ошибки день за днем, год за годом и до конца своей жизни, так никогда и не осознав, какое великое богатство божественной удовлетворенности скрывается внутри вас.

Не оставайтесь «психологическим антиквариатом» — используйте Божью силу внутри вас, чтобы изменить свою жизнь. Так вы обретете полную свободу от ограничений тела, ума и этого мира иллюзий. Так вы одержите наивысшую победу.

Смерть: таинственные врата в лучший мир

Из выступления в Главном международном центре Self-Realization Fellowship

Однажды мне задали такой вопрос: «Как Self-Realization Fellowship относится к „праву на смерть"»? Гурудэва Парамаханса Йогананда подчеркивал, что Self-Realization Fellowship не участвует в обсуждении таких сложных социальных вопросов, потому что на них нельзя дать категорический ответ — все зависит от конкретной ситуации. В конце концов, только Бог имеет право забирать у нас нашу жизнь. Он привел нас в этот мир, и только Он имеет право забрать нас отсюда. С другой стороны, я уверена, что Мастер считал неправильным продлевать жизнь искусственным образом, если нет надежды на выздоровление и жизнь тела поддерживается только с помощью медицинских аппаратов. Однако в каждом конкретном случае этот вопрос должен решаться теми, кто имеет законное право принимать такие решения. Наша же задача заключается в том, чтобы разъяснять людям нравственные и духовные принципы жизни и учить их погружаться вглубь себя, где в общении с Богом они смогут находить ответы на все вопросы. Только таким образом можно узнать, что правильно и что неправильно в каждой конкретной ситуации.

Страдания людей — это всегда ужасно; именно они порождают вопросы о «праве на смерть», такие как: «Зачем человеку долго и ужасно страдать, если шансы на выздоровление невелики или их вовсе нет? Ведь смерть может избавить его от мучений». Но мы не знаем, какие важные уроки выучивает душа во время долгой болезни; как раз этого многие не понимают. Наша вера в Божье сострадание и справедливость должна быть непоколебимой, особенно в те времена, когда жизнь кажется такой несправедливой. Мы должны молиться за страдающего и помочь ему обрести силу и мужество.

Конечно, я вовсе не сторонник страданий. Однако я принимаю пути Господни — другого нам и не остается! И я тверда убеждена, что то, что Он делает, правильно. Его любовь и сострадание безграничны, но из-за своего ограниченного человеческого понимания мы иногда не признаем пути Господни — особенно когда стоим перед лицом страданий и смерти[1].

Не нужно бояться смерти

Гуруджи часто говорил нам: «Зачем бояться смерти? Пока вы живы — вы не мертвы; а когда мертвы — все уже кончено. Так зачем же ее бояться?» Такое рассуждение всегда меня впечатляло.

«Смерть, — говорил Мастер, — это таинственные врата, через которые душа входит в лучший мир». Каждый человек проходил через этот опыт несчетное количество раз — инкарнацию за инкарнацией — на протяжении многих веков. Это вовсе не то, чего следует бояться. В этой жизни мы носим на себе комок плоти, который быстро утомляется и изнашивается. Но однажды придет ангел смерти и повелит нам сбросить эту тяжелую ношу,

---

[1] «Мои мысли — не ваши мысли, ни ваши пути — пути Мои, говорит Господь. Но как небо выше земли, так пути Мои выше путей ваших, и мысли Мои выше мыслей ваших» (Ис. 55:8-9).

чтобы мы смогли вернуться в наш бесконечный дом, где мы будем свободны от бремени страданий, болезней и проблем.

Я сознательно проходила через это, и могу вам сказать, что это прекрасный опыт. Человеку не пристало говорить о подобных сокровенных духовных переживаниях, ибо это очень личное. Но об одном из них я вам расскажу, потому что это имеет отношение к Мастеру.

В своей жизни Гуруджи очень часто входил в *самадхи* (сознательное единение с Богом в медитации), но начиная с 1948 года он стал проводить в этом состоянии долгие периоды времени. Он постепенно отошел от административных дел в своей организации и пытался уговорить нерешительную Дайя Мату принять на себя многие его обязанности. Однажды вечером в энсинитской обители, где он тогда жил вместе с учениками, он вызвал меня к себе и сказал: «Я хочу, чтобы ты вернулась в „Маунт-Вашингтон" и взяла на себя руководство ашрамом и всей организацией».

После стольких лет, проведенных рядом с Гуруджи, мысль о том, что я уже не буду его видеть так часто, отозвалась болью. Но я знала, что Гуруджи воспитывал и обучал меня столько лет не только для моего личного блага, но и для того, чтобы я смогла взять на себя такую ответственность. Я собралась с духом и ответила: «Хорошо, Мастер, я сделаю все, что в моих силах». Насколько я помню, мне даже дня не дали, чтобы подготовиться к переезду!

С возвращением в «Маунт-Вашингтон» я получила больше времени для медитации в конце рабочего дня. Когда мы занимались выполнением всевозможных поручений Гуруджи, мы, как правило, были заняты практически безостановочно с раннего утра до позднего вечера; часто он начитывал нам свои рукописи и корреспонденцию до глубокой ночи. Теперь же мои вечера были посвящены глубокому и продолжительному общению с Богом.

Как раз в то время Гуруджи, взяв с собой несколько учеников, уехал в маленький ашрам в пустыне. Я находилась в «Маунт-Вашингтоне». Была пятница, и накануне вечером я провела шесть часов в прекрасной медитации. Мое сознание было охвачено любовью к Божественной Матери, и блаженство Ее ответа опьяняло меня. Всю пятницу мой ум был поглощен мыслью о Ней; сердце пело и ликовало. Я молюсь всей душой, чтобы каждый из вас прилагал усилия для обретения такого состояния. Его легко заполучить, если выработать привычку мысленно практиковать Божье присутствие.

Так вот, около девяти или десяти часов вечера, после того как я закончила свою работу в ашраме, я пошла в свою комнату и всецело предалась внутренней радости. Вдруг меня пронзила ужасная боль в боку. «Боже! — подумала я. — Что это?» Никогда раньше я не чувствовала такой жгучей пульсирующей боли. Думая, что это скоро пройдет, я решила ненадолго прилечь. Как только я легла на кровать, я погрузилась в полусознательное состояние: я чувствовала боль и все еще ощущала блаженное присутствие Божественной Матери. В таком состоянии я провела всю ночь.

На следующее утро я не вышла к завтраку, и одна из монахинь зашла ко мне узнать, все ли в порядке. Увидев, что мне плохо, она тут же вызвала врача. Когда врач наконец приехал и обследовал меня, он сказал, что мне нужна срочная операция. Я отказалась ехать в больницу: «Не поеду, пока Мастер не даст на это свое согласие». Я верила в то, что все обойдется, только если Мастер благословит мои действия. У меня не было в этом никаких сомнений, потому что на протяжении стольких лет я не раз убеждалась в его защите.

Но Гуруджи был далеко — в ста пятидесяти милях от Центра «Маунт-Вашингтон», и в его уединенном ашраме в пустыне не было телефона. Весть о моем состоянии дошла до него только в воскресенье, после того как было вызвано такси и водитель отвез записку к нему в пустыню. Мастер прогуливался вокруг ашрама, когда до него дошла весть, что Фэй (так меня звали) заболела и врач считает, что ей срочно нужно в больницу. Услышав это, он остановился и на несколько минут погрузился в себя. Затем, обратившись к сопровождавшему его монаху, он спокойно и задумчиво сказал: «Вот и настал час ее смерти». Затем он послал следующую записку в «Маунт-Вашингтон»: «Скажите Фэй, чтобы она ехала в больницу. Я ее благословляю».

Восприятие мира за гранью смерти

Меня срочно отвезли в больницу и сразу же доставили в операционную. Внутренне я все еще пребывала в экстатическом состоянии — состоянии радости, наполнившей меня во время длительной медитации в четверг. Хотя я и была под общим наркозом, я осознавала все, что происходило в операционной. Кроме того, у меня появилось интуитивное чувство, что мне неправильно поставили диагноз. Когда хирург сделал надрез, я что-то почувствовала в противоположном, правом боку; но боли не было. Я знала, что врач ошибся, но не имела возможности сказать ему об этом. Затем я услышала, как, обратившись к другому врачу, он отчаянно воскликнул: «О-о-о!» Он обнаружил, что сделал надрез не там и оперировал не то, что нужно.

Вдруг мне явилось чудное видение. Вся комната наполнилась мягким золотистым светом, и прекрасное духовное око[2], которое я видела столько раз в своей жизни, четко обрисовалось во лбу и стало разрастаться, пока не заняло все

---

[2] Единый глаз интуиции и вездесущего восприятия в центре Христа *(аджна-чакра)* в межбровье; вход в наивысшие состояния божественного сознания. В глубокой медитации практикующий видит духовный глаз как обрамленную золотистым светом темно-синюю сферу, в центре которой сияет белая пятиконечная звезда.

пространство. Я услышала величественный звук *Аум*, который стал наводнять все мое существо. Моя душа растворилась в любви Божественной Матери. О, какая это была радость!

Кстати, это правда, что, когда мы входим в иной мир, перед нами проносится вся наша жизнь. Исчезает осознание времени. На самом деле времени как такового не существует. Как объяснял Мастер, в сознании Бога нет ни прошлого, ни настоящего, ни будущего: все происходит одновременно. Если бы, например, в этом зале были перегородки, наши глаза могли бы видеть только часть зала; но если бы мы посмотрели на зал сверху, перегородки уже не ограничивали бы наше зрительное восприятие; весь зал представлялся бы единым пространством. Точно так же в Божественном сознании все воспринимается как часть Вечного Настоящего.

В этом состоянии я созерцала всю свою жизнь — с самого детства и до настоящего момента. Из звука *Аум* возник Голос; Он ласково сказал: «Это смерть. Ты готова к ней?»

В великом свете духовного ока я узрела мир, в котором царила такая радость! Все там было едино с Божественным. По сравнению с ним физический мир кажется очень грубым, обремененным тьмой и тяжестью материи. Обычно мы не думаем о нем так, потому что привыкли к этой сфере бытия; но если бы вам предложили выбрать, к примеру, между алмазом и простым камнем, ваш выбор был бы очевиден. Таким было мое осознание, когда я ответила Голосу: «О Божественная Мать, ну конечно! Достигнув этого мира, уже не хочешь обратно. Зачем же мне цепляться за грубую сферу, когда передо мной мир божественного блаженства?»

Голос нежно спросил меня: «А если Я попрошу тебя остаться ради Меня, ты останешься?» Словами не описать, как возликовала моя душа, услышав это. «Ты просишь меня остаться ради Тебя? Разумеется, я останусь, Божественная Мать. Позволь мне служить Тебе!»

Неописуемый покой снизошел на мою душу, когда Голос утешающе ответил: «Хорошо, дитя Мое. А теперь поспи». Я погрузилась в небытие, и операция продолжилась.

Через день или два врач сказал мне: «Да уж, девушка, вы нас немного напугали. Мы и не ожидали, что вы справитесь». Затем он добавил: «Когда вы окрепнете, мне бы хотелось поговорить с вами». И через два дня он мне рассказал: «Мы думали, что у Вас аппендицит, и поэтому сделали надрез. Но потом мы обнаружили, что проблема совсем в другом». Я не буду вдаваться в подробности, но это было во много раз серьезнее, чем аппендицит.

Врач попросил меня поведать о себе и спросил, какую религию я исповедую. Выслушав меня, он сказал: «Хочу отметить, что вы произвели на всех нас глубокое впечатление. Во время операции вы не переставали истово повторять одни и те же слова: „Боже! Боже! Мой любимый Господь! Мой любимый Господь!" Это нас глубоко взволновало и тронуло».[3] Я не стала ему рассказывать о том, что происходило в моем сознании; я просто внутренне улыбнулась. Когда вы обретаете сокровенный духовный опыт, лучше о нем не рассказывать, иначе его можно частично утратить. Я вам рассказываю об этом только потому, что чувствую: того хочет Мастер.

С тех пор, с 1948 года, я много раз мысленно переживала этот опыт. Так хорошо все помню, словно это случилось вчера. Воспоминание о тех событиях вновь и вновь наполняет мою душу радостью; мне дарит покой мысль о том, что я здесь лишь ради Божественной Матери и что у меня только одна цель: исполнять Ее волю.

---

[3] В 1983 году Шри Дайя Мата рассказала: «Позже этот хирург познакомился с Гуруджи; он проникся к нему большим уважением. Около года назад мы случайно встретились в дверях одного учреждения в Пасадене. И тогда он мне сказал: „Я никогда не забывал о вас и вашем учителе. Я до сих пор нахожусь под впечатлением от того опыта в операционной"».

Прошло немало времени, прежде чем я решилась кому-либо рассказать об этом опыте. Однажды вечером, за три или четыре дня до своего *махасамадхи*, Гуруджи попросил меня прокатиться с ним. (Иногда, чтобы передохнуть от нескончаемых дел, он ездил на машине.) Во время той автомобильной прогулки он дал мне инструкции по руководству организацией и выразил свои пожелания в отношении ее будущего. А я рассказала ему о том, что произошло в больнице. Он выслушал меня, а затем попросил рассказать еще раз. И через некоторое время произнес: «Тебе суждено было уйти. Сатана много раз пытался лишить тебя жизни. Но ты знай: Бог дал тебе высокое положение и духовную свободу. Никто не сможет преградить тебе путь. Придерживайся этого настроя до конца своей жизни, и ты будешь спасена».

Слова Гуруджи обнадежили и воодушевили меня, ибо он знал о моем внутреннем конфликте, а именно о нежелании занимать руководящую должность в его организации. Я пришла сюда не ради этого. Я пришла сюда, чтобы найти Бога; высокое положение ничего не значит для меня. Авторитет и титулы не дают человеку богопознание — а я шла лишь к этой цели.

Следуйте Божьей воле с радостью

Я рассказала вам об этом случае только для того, чтобы вы знали, что смерти не нужно бояться. И я хочу донести до вас следующее (и это был самый ценный урок, который я извлекла из того опыта): вы должны находить радость в том, чтобы следовать Божьей воле. Мир сегодня пребывает в хаосе потому, что люди не пытаются сонастроиться с Божьей волей. Мы должны прикладывать больше усилий, чтобы практиковать идеал доверительного вручения себя Богу. Мысленно молитесь: «Господи, не моя воля, но Твоя да будет» и старайтесь прочувствовать то, что вы Ему говорите. С вашей стороны требуется глубокая искренность.

Те, кто жаждет личной власти, совершают глубокую ошибку, потому что человек достигает намного больше, когда стремится сонастроиться с Богом посредством любви и поклонения, посредством медитации и неуклонной мысли: «Не я вершу свои дела, Господи, а Ты». Вот так мы должны жить. Говорите Ему: «Господи, Ты есть Всё. И поскольку я часть Тебя, я также часть Всего — но только в осознании Тебя. Сам по себе я ничто». Эта мысль таит в себе великую радость. Смирение для меня — первооснова духовной жизни. Без смирения чаша человеческого сознания наполняется всеми этими «я, я, я»; там не остается места для Бога.

Чтобы найти Бога, требуется самодисциплина; необходимо прикладывать усилия. Каждый человек имеет силу достичь успеха в своих начинаниях. Причина неудачи кроется только в уме. Гуруджи неустанно говорил нам о том, что каждый из нас может познать Бога в этой жизни, если только мы будем прикладывать усилия. И мы познаем Его в той степени, в какой будем стремиться войти в унисон с Его волей в отношении нас.

В этой сфере жизнь каждого из нас когда-нибудь да закончится, и каждый из нас должен будет спросить себя: «Чего же я добился в этой жизни? Что я получил от нее? Не истратил ли я свое время на пустые вещи?»

«Проснись, святой, проснись! Ты не медитировал, умом ты заплутал, расточил ты время на праздные слова»[4]. Мы должны прожить свою жизнь так, чтобы в час смерти у нас не было ни страха, ни сожаления; чтобы мы радостно вошли в высшие сферы Духа.

---

[4] Из песнопения *Wake, Yet Wake, O My Saint* (рус. «Проснись, святой, проснись»), опубликованного в сборнике Парамахансы Йогананды *Cosmic Chants* (рус. «Космические песнопения»).

Разрешайте проблемы с помощью внутреннего руководства

Фрагменты выступлений в Главном международном центре Self-Realization Fellowship

Гурудэва Парамаханса Йогананда часто повторял крылатую фразу: «Бог помогает тем, кто помогает самому себе». Как бы нам хотелось, чтобы в момент принятия решений некая божественная сила просто говорила нам, что делать... Как легко бы нам жилось! Нам не нужно было бы делать никаких усилий — мы бы знали, что в любой момент можем получить руководство непосредственно от Бога. Но на самом деле все не так легко, и тому есть одна простая причина. Мы — частица Господа; но мы этого не знаем и никогда не узнаем, если будем то и дело сбрасывать все свое бремя на Бога и выдавать Ему: «Говори, что я должен делать», — как будто мы марионетки, а Он — Кукольник. Нет, Бог хочет, чтобы, испрашивая у Него водительства, мы в то же время использовали разум, которым Он нас наделил.

Иисус знал наивысшую молитву: «Господи, да будет воля Твоя». Многие расценивают такую молитву как повод перестать размышлять и проявлять волю и вместо этого просто сидеть в медитации и ждать, пока Бог что-нибудь сотворит их руками. Это неверно. Мы созданы по Его образу и подобию. Он дал человеку то, чего не дал другим живым существам, — высший разум; и Он ожидает, что мы будем использовать этот разум. Поэтому Гуруджи учил нас такой молитве: «Господи, я буду размышлять, я буду прилагать волю, я буду действовать, но Ты направляй мой разум, мою волю и мои действия, чтобы я все сделал правильно».

Мы добросовестно практикуем этот принцип в ашраме. Перед каждым рабочим собранием мы медитируем несколько минут, а затем воздаем Богу эту молитву. И только потом мы начинаем обсуждать все вопросы и принимать решения.

Поэтому не сидите и не ждите. Не думайте, что Бог станет за вас что-то делать. Применяйте принципы мышления, воли и действия и выбирайте наилучший путь разрешения проблемы. Задействуйте свою волю и разум, работайте добросовестно и в то же время молитесь: «Господи, веди меня; да буду я следовать Твоей воле. Да исполнится воля Твоя, не моя». Делая это, вы станете восприимчивым к Его водительству. И может случиться так, что вы вдруг обретете ясное видение: «Нет, сейчас я должен двигаться в другом направлении». Это Бог указывает вам путь. Но помните: когда вы просите Бога о помощи, ваше мышление всегда должно быть открытым и восприимчивым. Вот так Бог помогает тем, кто помогает самому себе. Этот принцип работает; но вся инициатива и усилия должны исходить от нас.

Вам не нужно жить в ашраме, чтобы служить Богу и следовать Его воле. Каждый из нас в данный момент находится там, куда нас поместил Бог в соответствии с нашими прошлыми деяниями. Если вам не нравится ваше текущее положение, медитируйте и испрашивайте у Бога водительства. Но, делая это, используйте данный вам Богом разум. Анализируйте все свои возможности относительно настоящего и будущего.

Прислушивайтесь к Божественному Голосу внутри себя

Внутренний Божественный Голос способен помочь нам разрешить все наши проблемы. Голос совести — это инструмент божественного руководства, данный Богом каждому человеку. Но многие не слышат его, потому что на протяжении одной или многочисленных прошлых жизней они отказывались обращать на него внимание. В результате этот голос стал беззвучным или едва слышимым. Но как только человек начинает вести себя правильно, внутренний шепот становится все более различимым.

За полуинтуитивным сознанием находится чистая интуиция, прямое восприятие истины душой, безошибочный Божественный Голос. Все мы наделены интуицией. У нас есть пять физических чувств, а всеведущая интуиция — это шестое чувство. Мы воспринимаем мир посредством этих пяти физических чувств: мы слышим, видим, осязаем и чувствуем вкус и запах. У большинства людей шестое чувство остается неразвитым из-за того, что его просто не используют. Если человеку в детстве завязать глаза и снять повязку спустя несколько лет, он увидит мир бесцветным. А если, например, обездвижить его руку, она не разовьется правильно, ввиду того что ее не используют. Точно так же дела обстоят и с интуицией. Во многих людях она не задействована, потому что они ею не пользуются.

Но интуицию можно развить. Шестое чувство не начнет работать, пока мы не успокоим тело и ум. Поэтому первый шаг в развитии интуиции — это медитация, обретение состояния внутреннего покоя. Чем глубже вы медитируете перед обдумыванием какой-либо проблемы, тем сильнее будет проявляться ваша интуитивная способность при ее разрешении. Эта способность развивается постепенно, подобно тому как мышцы последовательно укрепляются с помощью упражнений. За один день этого не сделать.

Чтобы стать интуитивным, человек должен научиться, как говорил Гуруджи, «быть спокойно активным и активно спокойным; быть принцем покоя, восседающим на троне внутреннего равновесия и управляющим своим царством активности». Когда человек не находит себе места; когда он возбуждён и его эмоции накалены до предела, он не может слышать свою интуицию; мысли его путаются, и он принимает неверные решения. Вот почему нужно учиться быть спокойным с помощью медитации; это важно не только для тех, кто ищет Бога, а вообще для каждого человека. И для этого Гуруджи оставил нам бесценные техники концентрации и медитации.

Чем больше вы живёте в состоянии спокойствия, тем меньше вы воспринимаете себя как физическое существо. Вы начинаете осознавать внутренний покой, исходящий от души — вашего истинного «Я». Этот покой — основа интуитивного восприятия.

Интуицию могут развить в себе глубоко созерцательные люди — те, кто с помощью медитации достигает состояния полного покоя сердца и ума. Ни эмоциональность, ни рассудок не должны брать верх над человеком. Интуиция — это сочетание мысли (мыслительного процесса) и чувства (чувственного восприятия). Многие люди обретают интуитивный опыт в мыслительном процессе. Лично у меня интуиция часто проявляется посредством чувственного восприятия. Когда я испытываю интуитивное чувство относительно людей или определённых вещей, оно подобно тонким вибрациям вокруг моего сердца; это признак того, что «подсказка» верна. Я знаю это по своему многолетнему опыту.

Когда вы разовьёте свою интуицию, вы обнаружите, что внутренний голос будет подсказывать вам правильное решение проблемы. Это будет означать, что вами руководит интуиция. Не ожидайте, что это произойдёт в одночасье. Вначале вы можете ошибаться, потому что другие внутренние факторы могут препятствовать потоку интуиции. Но по мере того как вы будете продолжать практиковать медитацию и больше жить в состоянии внутреннего покоя, вы будете замечать, что ваша интуитивная способность неуклонно возрастает.

Часто бывает и так, что, когда я думаю о каком-то деле, я вижу его не только таким, какое оно есть сейчас, но и каким будет потом: я вижу конечный результат. Это — интуиция. И если после такой «подсказки» вы предпримете действия, вы увидите, что все идет гладко, пусть и не всегда. Хотя вы и принимаете правильное решение, трудные моменты все равно могут возникнуть. Они — часть процесса роста: так мы учимся справляться с ситуациями, которые присущи жизни. Но ваша интуиция говорит вам, что, несмотря на трудности, вы выбрали правильный путь.

Вы должны научиться различать, когда ваше внутреннее руководство является настоящим голосом интуиции, а когда — продуктом воображения и эмоциональности (в некоторых людях это проявляется довольно сильно и иногда интерпретируется как интуиция). Если руководство, которое вы получили, производит положительные результаты, значит, это был голос интуиции. Если же эффект был обратный, то это было не что иное, как продукт вашего воображения. Интуиция всегда приносит точный, положительный результат, который способствует вашему благополучию или благополучию другого человека. Только время и опыт научит вас всегда верно понимать, является ли сильное побуждение к действию продуктом воображения или же естественным интуитивным чувством.

Теперь давайте обобщим, чему вам нужно научиться. Во-первых, вам необходимо обрести состояние глубокого покоя во время выполнения техник концентрации и медитации. Во-вторых, вам нужно оставаться спокойным в течение всего дня. Наконец, в-третьих, чтобы принимать правильные решения, вы должны использовать данный вам Богом разум и при этом испрашивать и прислушиваться к божественному руководству.

Как развить в своем сердце понимание

Из выступления в Главном международном центре Self-Realization Fellowship

Человек, искренне желающий расти духовно, стремится к тому, чтобы его ум всегда был спокойным и ясным; тогда в любых обстоятельствах он сможет проявлять божественное качество души — понимание. Гурудэва Парамаханса Йогананда дал прекрасное определение этому качеству: «Понимание — это ваше внутреннее видение, интуитивная способность ясно видеть правду в отношении себя и окружающих, а также в отношении всех возникающих ситуаций; способность, которая позволяет соответствующим образом перестроить свой мысленный настрой и действия».

Гуру говорил нам: «Старайтесь понять, что я имею в виду, когда говорю с вами. Пытаясь понять все слишком буквально, вы не улавливаете смысла моих слов. Вам мешает ваш рационализм. Чтобы сонастроиться с тем, что я вам говорю, пребывайте в покое — тогда вы все поймете». Он учил нас слушать ушами интуитивного понимания.

«Приобретай мудрость, и всем имением твоим приобретай разум»[1], — говорит нам Библия. Многие ли воспринимают эту мысль со всей серьезностью и пытаются воплотить ее в жизнь?

---

[1] Притч. 4:7.

Как развить в своем сердце понимание

Как правило, когда мы сталкиваемся с кем-то или с чем-то непривычным, в нас сразу же просыпаются наши предубеждения, которые создают психологическую блокировку. Мы не делаем усилий, чтобы что-то понять, — мы слепо придерживаемся своего мнения, каким бы близоруким оно ни было. У каждой нации есть этот недостаток, и именно поэтому в нашем мире столько непонимания и конфликтов. В школе нас учат академическим предметам, но кто учит искусству понимания? Каждая нация считает, что она самая правильная, самая лучшая, и мы не учимся смотреть за горизонт собственных национальных особенностей и традиционного образа жизни.

Мастер выразил это в такой своеобразной манере: «В этом мире все немножко сумасшедшие, но никто этого не знает. Люди не видят своего „сумасшествия", потому что общаются с себе подобными. И только когда по-разному сумасшедшие люди собираются вместе и пытаются понять друг друга, у них появляется возможность обнаружить собственное сумасшествие».

Понимаете, что он имеет в виду? Всегда будьте непредвзятыми. Когда кто-то говорит что-то чуждое вам и вашему образу мыслей, не «закрывайте» свое мышление и не позволяйте своим предубеждениям влиять на ваше понимание. Слушайте внимательно, с интересом и уважением. Таким образом вы сможете научиться чему-то ценному у тех, чьи точки зрения и опыт отличаются от ваших.

Эмоции и перепады настроения — враги понимания

Эмоции и перепады настроения — коварные враги понимания. Они туманят наше восприятие, из-за чего мы не можем правильно оценивать обстоятельства. Многие люди всю свою жизнь порабощены неконтролируемыми психологическими реакциями: если что-то не совпадает с их мыслями и чувствами, они тут же сердятся или расстраиваются, что отрезает все пути к пониманию.

Мастер не терпел перепадов настроения — он настаивал, чтобы мы всеми силами стремились избавиться от них. Он объяснял, что перепады настроения — это признак того, что из своих прошлых инкарнаций мы принесли с собой плохие привычки. Именно поэтому они срабатывают автоматически; именно поэтому мы «взрываемся» или у нас портится настроение без всякой видимой причины — из-за пустякового инцидента или из-за чьих-то слов, сказанных невзначай. Эти привычки неправильного мышления и поведения настолько глубоко укоренились в нас в прошлых жизнях, что, как только они встречают сопротивление, нашим умом завладевают иррациональные эмоции.

Пока мы позволяем себе оставаться жертвой этих негативных состояний сознания, мы не сможем развить понимание, а также познать Бога. Не потакайте перепадам своего настроения. Не будьте их рабом. Боритесь с ними! Избавьтесь от них раз и навсегда, потому что они препятствуют вашему росту — не только духовному, но и материальному.

Это вовсе не означает, что мы должны подавлять свои чувства. Подавление чувств вредно как в физическом, так и в умственном и духовном плане. Человек, подавляющий свои чувства, подобен плотно закрытому котлу с кипящей водой. Вода начинает закипать, давление растет, и в конце концов крышка срывается с котла. Точно так же, стараясь усмирить свои чувства, мы можем сохранять временное иллюзорное состояние покоя; но рано или поздно наши чувства «взорвутся». К тому же бурление чувств внутри не только нарушает наш покой и благополучие, но и искажает наше понимание. Мастер учил контролировать чувства, но не подавлять их[2]. Прежде чем среагировать, выдержите паузу и серьезно задумайтесь. В следующий раз, когда вам захочется ударить в ответ или сказать грубость тому, кто враждует с вами, остановитесь на минуту и спросите себя: «А стоит ли? Кому я сделаю плохо? Прежде всего самому себе. Лучше я внимательно его выслушаю и объективно проанализирую его слова, а потом закрою врата своего непонимания. Почему бы мне не проявить уважение к мнению этого человека? Моя точка зрения не всегда безошибочна. Может быть, я смогу чему-нибудь научиться у него».

Извлекайте божественный урок из всего, что с вами происходит

По мере того как уровень нашего понимания растет, мы начинаем осознавать: на все, что с нами происходит, есть высшая причина. Ничто в нашей жизни не происходит случайно. Все события управляются универсальным законом, и этот закон в высшей степени справедлив. Какие бы испытания ни выпадали на вашу долю, всегда старайтесь извлечь из них духовный урок. Никогда не думайте, что внешние обстоятельства являются причиной ваших трудностей или что другие пытаются вам навредить. У тех, кто постоянно винит в собственных трудностях своих супругов, своих начальников, свое детство — всех и

---

[2] «Не является ли опасным ваше учение о контроле над эмоциями? — спросил обучающийся. — Многие психологи считают, что подавление эмоций ведет к психическим расстройствам и даже к физическим болезням». Мастер ответил: «Подавлять эмоции вредно. Например, вредно желать чего-то, но не делать ничего конструктивного для осуществления желаемого. А вот самоконтроль полезен. Например, полезно терпеливо заменять неправильные мысли правильными, а нехорошие поступки — благотворными». — Из книги «Высказывания Парамахансы Йогананды».

вся, но только не свои мысли и поведение, — развиваются серьезные эмоциональные проблемы.

Осознайте, что вы имеете дело только с Богом. Вы имеете дело только с Ним и ни с кем другим — в своих словах, в своих действиях, и, более всего, в своих мыслях. Когда эта истина осядет в нашем сознании, нам будет намного легче правильно реагировать на неприятные инциденты. Мы уже не будем тратить время на оправдание себя — мы поймем, что намного правильнее будет развивать свои отношения с Богом, ибо это Он нас будет защищать в нужный момент. Он присматривает за нами — я в этом убедилась на собственном опыте.

Бог всегда с нами. Нет, Он не спускается с небес и не приходит к нам на ногах — Он всегда с нами; просто мы этого не знаем, потому что умом мы не с Ним. Мы подвержены перепадам настроения, эмоциональным взрывам, ранимости, злобе; и возникающее от этого непонимание искажает наше восприятие так, что мы не замечаем Его присутствия.

Учитесь не срываться. Стоит вам потерять контроль над собой, как ваша связь с Богом исчезает. Иногда очень трудно снова обрести внутреннее спокойствие и наладить контакт с Богом.

В духовной жизни нет места обидным словам и сарказму. В поведении тех, кто ищет Бога, нет места проявлению несдержанности. Но и «половиком» нам не пристало быть. Мы должны научиться говорить голосом разума и понимания. Быть твердым — да! Я не имею в виду, что мы должны быть как сухари. Я хочу сказать, что мы должны научиться думать, прежде чем говорить.

Разница между «крутым нравом» и твердостью характера следующая. Когда мы выходим из себя, мы теряем контроль над собой. Когда же мы знаем, что говорим правду, мы так тверды, что никто в мире не в состоянии заставить нас изменить наше мнение, и мы не потеряем спокойствия, самоконтроля и уважения к другим ни на миг.

С ростом понимания мы постепенно придем к тому состоянию, когда во всех обстоятельствах нас будет интересовать только один вопрос: «А какова истина?» Когда мы живем в таком сознании, на нас нисходят удивительная мудрость и потрясающие божественные переживания! Развитие такого ясного понимания начинается тогда, когда мы отставляем в сторону переменчивость настроения, а также пристрастия и предубеждения, которые искажают видение Реальности. Покажите мне Божьего человека, и я скажу вам, что это человек с ясным пониманием.

Внутреннее спокойствие помогает принимать правильные решения

Гуруджи как-то сказал: «В этом мире наше понимание зачастую близоруко. Если в своем сознании мы недальновидны, мы лишаемся возможности заглядывать в будущее. Не видя потенциальных результатов своих действий, мы часто поступаем неправильно». Когда мы достигаем божественного внутреннего спокойствия, мы обретаем способность видеть свое будущее, которое подчиняется причинно-следственному закону. Многое из того, что случилось в мире после ухода Гурудэвы, было предсказано им в тридцатых и сороковых годах. Благодаря своей умственной невозмутимости он смог обрести ясное видение. Духовно спокойный ум, словно божественное зеркало, воспринимает точное отражение реальности. В этом зеркале мы можем четко видеть любую ситуацию и осознавать, куда ведут все имеющиеся у нас пути. Это позволяет нам выбирать тот путь, который приведет нас к нашей цели.

Внутреннее спокойствие, необходимое для развития интуитивного понимания, приходит только с ежедневной глубокой медитацией. Никогда не ищите повода пропустить медитацию. Когда я слышу, что последователь перестал медитировать, у меня душа начинает болеть за него, потому что так развивается непонимание, которое множит ошибки.

Сделайте истину частью своей повседневной жизни

«Всем имением твоим приобретай разум». Эти слова нужно записать на бумажке и положить на рабочий стол или в другое видное место. Всякий раз, когда вам хочется рассердиться, сказать что-нибудь недоброе или погрузиться в плохое настроение, напоминайте себе: «Всем имением твоим приобретай разум».

Когда я находила что-то вдохновляющее в священных текстах или в наставлениях Мастера, я не просто заучивала это наизусть, а делала это частью своей ежедневной *садханы*[3]. Сколько бы вдохновения мы ни получали, слушая духовные истины, они мало что значат, если мы не воплощаем их на практике. Не становитесь «психологическим антиквариатом», который говорит: «Какую замечательную лекцию нам прочитала Дайя Ма! Учения Мастера так прекрасны!», после чего возвращается в колею своих заплесневелых привычек.

Христос говорил, что одни разбросанные семена могут упасть на сухую и каменистую почву, другие — прорасти там, где потом сорняки задушат их нежные ростки; и только те, которые попадут в плодородную землю, сумеют прорасти и принести плоды[4]. Почва вашего сознания должна быть плодородной, насыщенной восприимчивостью и усердностью, отсутствием сомнений, равнодушия и перепадов настроения,

---

[3] Практика, составляющая путь духовной дисциплины.

[4] Мк. 4:14-20.

чтобы семена Истины смогли взойти и украсить вашу жизнь цветами вашей Самореализации.

Гуруджи говорил прямо, что нам нужно было делать, чтобы исправить себя и расти в осознании Бога. Он всегда был очень прямым и искренним, и я пытаюсь говорить со всеми вами точно так же. Я хочу запечатлеть в письменном виде или в звукозаписи все идеалы, которым Мастер учил своих учеников, потому что понимание и практика этих высоких принципов будут поддерживать чистоту его учений для бесчисленных будущих поколений искателей Истины.

Безусловная любовь Бога и Гуру

Когда я оглядываюсь на годы, проведенные рядом с Гуру, я вижу, каким это было для нас благословением. Немногие в этом мире имеют рядом с собой того, кто, как они знают, всегда их поймет. Таким был для нас Мастер. Мы знали, что он любит нас безусловно. Да, он мог сердиться, когда был недоволен нашим поведением. Но какие бы ошибки мы ни совершали и как бы он нас ни дисциплинировал, в нем мы находили того, кто никогда не отвернется от нас.

Такой дух божественной дружбы и понимания должен культивироваться среди членов нашей большой духовной семьи: между мужьями и женами, между родителями и детьми, между друзьями и между теми, кто живет в ашрамах. Я чувствую эту связь со многими из вас. Будучи преданными идеалам Гуруджи, мы верим в них абсолютно и поддерживаем друг друга. Таков плод понимания, взращенного в сердце. Когда мы собираем такие плоды вместе с теми, кто близок нам по духу, их хватает на всех.

Это требует усилий, дорогие мои. Такое единение не приходит автоматически. Когда чье-то поведение создает дисгармонию, старайтесь быть миротворцем. Будьте справедливыми; рассматривайте все имеющиеся точки зрения. Это помогает нам понять человеческую природу еще глубже. И мы начинаем больше прощать и больше сострадать.

Разве мы не ожидаем этих качеств от Господа? Я — ожидаю. Мы ожидаем, что Он полюбит нас, несмотря на все наши недостатки; что Он поймет нас даже тогда, когда мы не понимаем самих себя. Мы ожидаем, что Он будет абсолютно предан нам и всегда придет на помощь. Мы ожидаем, что Он всегда будет источником силы, которой мы можем воспользоваться в любой момент. Этот Небесный Вселюбящий Господь — внутри нас, и мы несем перед Ним ответственность, стараясь отражать Его любовь и понимание в отношении друг друга.

Пусть каждый день будет Рождеством

Из выступления в Главном международном центре Self-Realization Fellowship

Сегодня послание Иисуса Христа так же значимо и актуально, как и две тысячи лет назад. Рождество должно напоминать нам о его вневременном послании и вдохновлять нас каждый раз, когда мы вспоминаем его благословенную жизнь.

Когда я поступила в этот ашрам в Маунт-Вашингтоне незадолго до Рождества в 1931 году, я горела желанием понять учение Христа. С ранних лет я искала ответы на глубокие и сложные вопросы жизни: с какой целью мы были посланы в этот мир? Почему в нем там много трагедий и страданий? Почему столько противоречий? Я ходила в воскресную школу и слушала проповеди в надежде найти ответы на эти вопросы. Да, священники были искренними и религиозными людьми — людьми серьезными; но я все равно уходила оттуда с чувством внутренней пустоты.

Потом я встретила Парамахансу Йогананду, и его послание и любовь к Богу в корне изменили мою жизнь. Все, что он говорил, было созвучно моим мыслям и, более всего, моему сердцу. Внутренне я дала себе священную клятву: «Я последую за ним».

Не прошло и месяца со дня моего поступления в ашрам, как я впервые отпраздновала Рождество на Рождественской медитации SRF[1]. Более восьми часов Гурудэва медитировал в тот день с группой последователей Self-Realization Fellowship; на протяжении всего этого времени он общался с Богом и Христом. Это был мой первый опыт длительной медитации. Помню, я сидела в сумеречном свете того незабываемого дня и думала о Гуруджи: «Вот человек с Востока, индийского происхождения, которого в христианском мире запросто могут назвать язычником; а он так любит Христа, что может видеть его и общаться с ним. Это он показывает Западу, как нужно по-настоящему праздновать Рождество».

Гуруджи предсказывал, что придет день, когда такое религиозное празднование рождения Христа будет соблюдаться во всем мире. Так оно и случилось — не только в центрах и храмах SRF на Западе, но и в Индии.

Человечество страдает от «духовного голодания»

Сегодня мир находится в бедственном положении. Как сказал один священник: «Человечество страдает от „духовного голодания"». В погоне за научно-техническим и материальным прогрессом человек забывает питать свою духовную сущность, свое вечное высшее «Я» — душу. То же и с религией: паства застряла в ее внешних аспектах. Человечество не понимает, какое назначение имела жизнь Христа и какой смысл она несет для каждого из нас. Даже его последователи в большинстве своем, похоже, не помнят, о чем он учил. Они сосредоточены на убранстве помещения, на прекрасном хоре, общественных мероприятиях и благотворительной деятельности. Можно

---

[1] Духовная традиция, заложенная Парамахансой Йоганандой в 1931 году. Рождественская медитация проводится ежегодно в ашрамах, храмах и центрах Self-Realization Fellowship по всему миру.

согласиться, что это важно и даже созвучно примеру Христа. Но Христос оставил важное послание: «Возлюби Господа Бога твоего всем сердцем твоим, и всею душою твоею, и всем разумением твоим, и всею крепостию твоею, — вот первая заповедь»[2]. Чтобы взрастить любовь к Богу, Его нужно познать посредством медитации. «Разве не знаете, что вы — храм Божий, и Дух Божий живет в вас?»[3] И в псалтыре мы читаем: «Остановитесь и познайте, что Я — Бог»[4].

Позвольте мне поделиться с вами несколькими рождественскими мыслями Гуруджи. Когда он был в Индии, он написал нам:

> «Дорогие последователи и друзья Self-Realization Fellowship! В эту священную рождественскую пору физически я нахожусь далеко с от вас — в Индии; но праздновать Рождество я буду вместе с вами в Христовой Радости (в Индии ее называют Радостью Кришны), вездесущей в ваших сердцах...
>
> Мои Кришна и Христос, вечно единые в Духе, вновь родятся во мне в моей новой радости в рождественское утро.
>
> Что еще я могу вам подарить, как не самый драгоценный из всех подарков — единую радость Христа и Кришны, которую я получу в рождественское утро и пошлю вам в моей глубокой медитации?
>
> Погружайтесь глубоко в свое внутреннее „Я" и ищите под елкой вашей любви к Богу, взрастающей из почвы медитации, подарок из подарков, украшенный золотой лентой моей живой памяти о вашей любви».

---

[2] Мк. 12:30.

[3] 1Кор. 3:16.

[4] Пс. 45:11.

Пусть на протяжении всех рождественских празднований каждый из вас чувствует в своем сознании Божественное Христово Сознание[5], ибо, как сказал Гуруджи:

> «Рождество предназначается для того, чтобы верующий мог почувствовать Дух Христа, проявляющийся в его сознании. В это Рождество думайте прежде всего о том, как вы можете глубоко общаться с Христом. Цель соблюдения этого праздника — глубоко размышлять о том, чью жизнь человечество почитает вот уже на протяжении двух тысячелетий».

Блестящий пример Иисуса Христа

Почему мы почитаем Иисуса Христа? Не за какие-то общепринятые земные достижения, обычно связанные с материальным успехом. У Иисуса не было материального богатства, не было собственности, у него не было формального образования; он знал, что такое лишения, он страдал, был брошен друзьями и распят. Мы почитаем его за Божественное Сознание и за блестящий пример кротости и сострадания, продолжающий как яркая утренняя звезда освещать небеса для всего человечества — не только для тех, кто имеет отношение к внешней теологии христианства, но и для всех людей на земле, стремящихся познать Бога.

Раньше я чувствовала, что Христос был незнакомцем, к которому трудно подступиться, потому что он был для меня недосягаем. Но Мастер говорил о Боге и Христе с такой незатейливой, искренней и прямой любовью, что мы чувствовали, что тоже можем общаться с ними лично. Это и есть тот важный компонент, которого не хватает сегодня в христианстве и во

---

[5] Вездесущий разум Бога и притягательная сила Его любви, проявленные в мироздании; вселенское сознание; единство с Богом, которое выразили в себе Иисус, Кришна и другие великие Мастера.

всех других религиях. Человеку необходимо установить со своим Творцом любящие и личные взаимоотношения, а сделать это можно только через ежедневную глубокую медитацию.

Своими учениями Иисус старался помочь человеку установить прямую и личную связь с Бесконечным. Этот идеал так много значил для него, что он отдал за него жизнь. Сколько людей в современном мире готовы следовать этому примеру и отдать свои жизни ради Божьей любви?

Вместо того чтобы искать Бога, большинство людей посвящают время своей жизни достижению материального счастья и удовлетворению своих потребностей в пище, одежде и жилье — всему тому, что относится к физическому телу. Некоторые люди заботятся о своем умственном развитии и читают книги — много книг — в попытке обрести понимание. Но учение Self-Realization Fellowship — учение о ежедневном общении с Богом — предназначено для тех, кто пришел к пониманию, что недостаточно иметь физическую и материальную обеспеченность и что книги никогда не утолят глубокую жажду души познать Истину. Посредством регулярной глубокой медитации верующий начинает чувствовать, что он установил личные взаимоотношения с Богом. «Он ходит со мной, Он беседует со мной и говорит мне, что я Ему родной»[6]. И до тех пор, пока мы этого не осознаем, мы не будем знать, в чем состоит смысл учений Христа.

Чем больше мы приближаемся к Христу посредством медитации, тем больше мы хотим не только говорить о нем, но и проживать свою жизнь в осознании, что он всегда рядом и безмолвно наблюдает за нами. Он никогда не осуждает нас. Если мы ошибаемся, он тут же говорит: «Отче, прости Своим детям. Они не ведают, что творят».

---

[6] Из известного гимна «В саду», написанного Остином Майлзом.

Но часто мы испытываем вину или стыдимся своих действий, и из-за собственного чувства неполноценности отворачиваем свое сердце, ум и внутреннее видение от Бога и Его посланников. Нам неловко; мы чувствуем стеснение, когда пытаемся установить личный контакт с Ними. Вот почему так много людей отвернулись от христианства, индуизма и других великих религий. Пока любовь Бога не станет личным переживанием, религия будет казаться человеку сухой и суровой. Проблема в том, что искателей истины не учат обращаться к Богу кротко и доверчиво, как это делает ребенок, обращаясь к своей матери.

То удовлетворение, которого ищет душа, можно найти только одним путем: посредством медитации. Только так мы можем почувствовать «мир Божий, который превыше всякого ума»[7]. Это тот мир покоя, которого жаждет все человечество.

Волна духовного пробуждения в мире

Много лет назад Гуруджи предсказал, что мир захлестнет волна духовного пробуждения. В наши дни мы видим начало этого пробуждения. Темным силам зла противостоит божественный свет истины и добра. Человек, образно говоря, находится посередине; и ни одна сторона — ни силы Добра, ни силы Зла — не может притянуть его без его собственного дозволения. Человек наделен свободой воли, свободой выбора: он может примкнуть либо к Сатане, либо к Богу, проявленному в мироздании как Христово Сознание. Блажен тот, кто использует проницательность и свободную волю, чтобы жить, говорить и действовать в унисон с Господом Иисусом.

Говорят, что, когда мир глубоко погружается во тьму; когда тускнеет свет, указывающий человеку путь, Милосердный Господь жалеет Своих детей и приводит Своего посланника с

---

[7] Фил. 4:7.

учением, которое помогает человечеству найти выход из им же сотворенной пещеры тьмы»[8]. Иисус Христос принес в мир такое учение. Его учение — не монополия одной религии, а неувядающее выражение вечной, универсальной истины — той же истины, которой обучал в Индии Господь Кришна тысячи лет назад. А в наши неспокойные времена возрождение этого послания было дано миру в учениях нашего благословенного Гуру.

Празднование Рождества, как и дня рождения любого аватара, имеет своей целью чествовать того, в ком Бог как Христово Сознание полностью проявил Себя на земле, и подпитывать нашу решимость следовать его примеру. В период Рождества недостаточно зажигать свечи, украшать елку и обмениваться подарками. Эта традиция прекрасна и уместна; она выражает дух доброй воли, дружбы и любви. Но если мы делаем все это, забывая о Христе, Рождество теряет свою суть; мы от него устаем и радуемся, когда оно заканчивается.

Пусть лучше в эти священные дни наше сознание вновь и вновь возвращается к таким мыслям: «Господи, научи меня следовать по стопам Христа. Дай мне силы прощать моих собратьев, особенно в рождественские дни. И пусть каждый день будет Рождеством. Помоги мне очистить мое сердце от злобы и недоброжелательства. Дай мне силы подойти к тем, кого я обидел, и к тем, кто обидел меня, и протянуть им руку божественной дружбы, как это делал Христос. И помоги мне, Господи, с возрастающим пылом и искренностью стремиться к общению с Тобой! Ведь Ты — Возлюбленный моей души».

Вот так мы можем начать жить жизнью Христа.

---

[8] «Всякий раз, когда добродетель (*дхарма*) ослабевает и господствует порок (*адхарма*), Я воплощаюсь на земле как Аватар. В зримой форме Я появляюсь снова и снова, когда надо защитить добродетель и разрушить зло, для того чтобы восстановить праведность» (Бхагавад-Гита IV:7-8).

Универсальное послание Христа и Кришны

Из выступления в Главном международном центре Self-Realization Fellowship

Кто-то из вас просил меня объяснить роль Христа и Кришны в учениях Self-Realization Fellowship. Как вы знаете, они охватывают два священных писания: Бхагавад-Гиту, содержащую учение Господа Кришны, и Новый Завет, содержащий учение Иисуса Христа. В *Целях и Идеалах SRF*[1], изложенных нашим Гуру Парамахансой Йоганандой, есть такой пункт: «Раскрыть полную сочетаемость и сущностное единство изначального христианского учения, каким его принес в мир Иисус Христос, и изначального учения Йоги, каким его принес в мир Бхагаван Кришна; и показать, что истины, изложенные в этих учениях, являются общей научной основой всех истинных религий». Истину можно называть по разному и интерпретировать по-разному, но она одна — равно как и Бог.

Схожесть жизней Христа и Кришны

Кришна родился в царской семье в Индии за тысячи лет до рождения Христа. Пришествие Христа было предсказано в Библии, и приход Бхагавана Кришны тоже был предопределен.

---

[1] См. стр. 367.

В деревне Пальпара, Западная Бенгалия, 1973 год

«Придет время, когда ваше сознание станет непрерывным в своем медитативном состоянии: оно всегда будет с Богом... Вы сможете вмиг погружаться внутрь себя даже во время работы; вы будете чувствовать внутри себя живой фонтан любви, мудрости и кипучей радости. Тогда вы сможете говорить: „О, Господь со мной!" Это и есть плод вашей медитации, который вы можете вкушать в любое время — как в покое общения с Богом, так и в дневной активности».

Как и в случае с Христом, тот факт, что Кришна станет великим разрушителем врагов праведности, был предсказан ранее. Когда его коварный дядя, царь Канса, узнал об этом предсказании, он приказал, чтобы младенца Кришну убили еще при рождении. Царь Ирод тоже пытался убить младенца Христа. Отец Кришны, который, подобно отцу Иисуса, был божественным образом предупрежден об угрозе, бежал с младенцем и отдал его под опеку приемной матери, чтобы спасти его. Родители Иисуса тоже покинули свою страну, чтобы спасти жизнь своему сыну. Кришна был похож на Иисуса и тем, что тоже вырос в простых условиях: он был пастухом во Вриндаване. Я посетила в Индии многие места, связанные с его жизнью; священный город Вриндаван — знаменитое место паломничества, где тысячи верующих воздают дань уважения и почитания Господу Кришне.

Универсальное послание божественной любви

Кришна был воплощением божественной любви. В своем возвышенном послании миру он призывал любить Бога, а также проявлять любовь к ближнему, живя идеалами праведной жизни. Проявленная им любовь была самой чистой и прекрасной; точно такую же любовь продемонстрировал Иисус Христос много столетий позже.

Во времена их жизни на земле была большая потребность в учении о божественной любви. До прихода Иисуса доминирующим духовным настроем среди людей был такой завет Моисея: «Глаз за глаз, зуб за зуб»[2]. В ту конкретную историческую эпоху уважение закона возмездия, гласящего, что каждое действие порождает соответствующие последствия, было большим вкладом Моисея в жизнь людей. Он делал упор на мораль,

---

[2] Исх. 21:24.

потому что моральные принципы — это законы Бога и Природы, по которым мы должны жить, если хотим иметь здоровье, умственный покой и духовную свободу в этом мире.

К тому времени, когда пришел Иисус, умы людей были настолько поглощены буквой закона, принесенного Моисеем, что они забыли о духе, стоящим за ним. Иисус учил, что закон должен умеряться состраданием, прощением и терпимостью: «Но кто ударит тебя в правую щеку твою, обрати к нему и другую»[3] и «Не говорю тебе: [прощай] до семи раз, но до седмижды семидесяти раз»[4]. Его насущное послание дожило до наших дней и покорило западный мир, подобно тому как учение Господа Кришны продолжает жить и процветать среди миллионов последователей в Индии и на Востоке.

Разные аспекты единой Истины

Кришна, Будда и Христос были воплощениями Бога, и каждый из них принес в этот мир особое послание. Господь Будда подчеркивал важность кармического закона, принцип которого Христос изложил простыми словами: «Что посеешь, то и пожнешь». Будда говорил о «колесе кармы», чтобы объяснить, как именно последствия действий, совершенных нами, неизбежно возвращаются к нам как к изначальной точке своего отправления, подобно тому как круг неумолимо замыкает себя. Если мы когда-то совершили зло — пусть даже давным-давно; пусть даже мы забыли о нем или скрыли ото всех, — колесо кармы все равно возвратит нам неприятные плоды того деяния.

Понимая закон кармы, мы помним о важности слов

---

[3] Мф. 5:39.
[4] Мф. 18:22.

Дайя Матаджи приветствует учащихся школы YSS для мальчиков. Ранчи, 1972 год

С участниками летнего лагеря SRF для мальчиков. Озерная Святыня SRF, 1978 год

«Дети подобны нежным растениям. Для того чтобы они полностью раскрыли свой потенциал, их нужно питать и направлять… Ваша роль — обеспечить их правильным примером и подтолкнуть в правильном направлении. Вы должны научить их тем качествам и добродетелям, которые являются мерилом духовно мыслящего человека: они должны научиться любить Бога, принимать и исполнять свои обязанности и быть добрыми и бескорыстными».

Иисуса: «Не судите, да не судимы будете»⁵. Мы видим только внешний аспект поведения окружающих — мы не всегда знаем, почему именно они себя так ведут. Поэтому, вместо того чтобы их критиковать, мы должны сказать вместе с Иисусом: «Отче! прости им, ибо не знают, что делают»⁶. В этих словах кроется целая духовная наука! Их значение очень простое: «Я не судья моему брату. Да буду я следовать Твоему примеру прощения, мой Возлюбленный Господь, ведь на протяжении многих и многих жизней Ты прощал мне мои бесчисленные прегрешения». Мы начнем отражать в своей жизни это учение Христа, когда преодолеем в себе желание критиковать других и обратим луч нашего критицизма внутрь себя — на свои слабости. Таким образом мы начнем меняться.

Величайший завет

В своем первом завете Иисус призвал возлюбить Бога всем своим сердцем, всей своей душой и всем своим разумением. Второй завет подобен ему: «Возлюби ближнего своего как самого себя». Господь Кришна также выразил подобное Божье наставление: «Погрузи свой ум в Меня, стань верным Мне; посвящай всю деятельность Мне; склоняйся предо Мной… Оставив все другие обязанности, помни обо Мне одном»⁷. И далее читаем: «Лучшим из йогов является тот, кто чувствует боль и радость других так же, как он чувствует их в себе»⁸.

Если мы хотим любить своих ближних так же, как самих себя, мы сначала должны понять, что наше истинное «Я» есть душа,

---

⁵ Мф. 7:1.

⁶ Лк. 23:34.

⁷ Бхагавад-Гита XVIII:65-66.

⁸ Бхагавад-Гита VI:32.

индивидуальное отражение Бога. Мы должны забыть о своем маленьком эго и его постоянном «я, я, я». Иисус не имел в виду, что мы должны любить своего ближнего любовью, исключающей других, к тому же привязываясь к его физическому облику или личности; он подразумевал, что мы должны любить всех людей, видя внутри них — равно как и в самих себе — отражение Духа.

Кришна сказал: «Кто видит Меня везде и все видит во Мне, тот никогда не теряет Меня из виду, и Я никогда не теряю из виду его»[9]. Христос выразил эту истину такими словами: «Не две ли малые птицы продаются за ассарий? И одна из них не упадет на землю без воли (ведома) Отца вашего»[10]. Таково обещание Божественного Возлюбленного: «Я никогда не теряю из виду то Мое дитя, которое всегда думает обо Мне и ищет Меня везде; Я постоянно наблюдаю за ним».

Истина отдается эхом через века, но очень редко среди сонма людей появляется душа, которая полностью принимает и отражает божественный свет. Гуруджи часто говорил: «Одна луна дает больше света, чем все звезды на небе. И одна такая „луноподобная" душа, которая глубоко любит Бога и следует по стопам Великих, изливает в этот мир больше света, чем тысячи людей, просто проповедующих внешние аспекты религии».

У Гурудэвы был особый, прекрасный подход к Богу, — по-детски доверчивый. Это было созвучно моему сердцу, и это было то, что меня притянуло к учениям Self-Realization Fellowship. Даже когда он говорил перед сотнями людей — а часто он выступал и перед тысячами, — он не читал наставления, а общался с душами на равных. Между ним и аудиторией устанавливалась божественная связь, когда он передавал ей то, что познал лично.

---

[9] Бхагавад-Гита VI:30.

[10] Мф. 10:29.

Личный опыт общения с Богом и есть идеал Self-Realization Fellowship. Вот почему всех монахов и монахинь Ордена Самореализации прежде всего учат внутренне чувствовать Бога путем воплощения в жизнь идеалов и принципов духовной жизни.

Ключ к решению всех проблем

В свои первые дни в ашраме я думала, что, поскольку Гуруджи был мастером, он будет предлагать нам готовые решения всех наших проблем — подобно тому как он одним прикосновением исцелил меня от серьезной болезни. Я ожидала, что, всякий раз, когда я буду приходить к нему с какой-нибудь проблемой, он просто будет касаться меня, и на меня будет нисходить озарение! Но все оказалось по-другому. Я должна была пройти через многие годы самодисциплины, через многие годы глубокого поиска души и тоски по Богу, чтобы культивировать личные взаимоотношения с Тем Единственным, Который и был решением всех проблем.

Наше страдание в этом мире — не наказание; посредством них Бог нам говорит: «Ты отдаляешься от Меня, дитя Мое. Вернись!» Учитесь развивать доверительные отношения с Богом, чтобы всякий раз, когда вы впадаете в разочарование или терпите неудачу, вы осознавали, что они приходят в вашу жизнь от Бога как напоминание о том, что вы не должны о Нем забывать. Это любовь Господа к нам побуждает Его защищать нас от забывчивости, которая и является главной причиной всех наших страданий и мучений — физических, умственных и духовных.

Сегодня мир пребывает в скверном состоянии потому, что люди потеряли Бога из виду. В материальном плане налицо некое процветание; но получилось так, что одни имеют много, а другие — совсем ничего. Что касается умов людей, то в них царят смятение, сомнение и страх. А в духовном плане мир умирает от голода. Мир словно потерпел крах во всех отношениях.

Такое положение будет сохраняться до тех пор, пока мы не настрадаемся так, что люди будут просто вынуждены повернуться лицом к Богу. Всем нам рано или поздно суждено понять, что счастья и защищенности в этом мире не найти. Мы тянемся вверх, пытаясь схватить облако, но видим, что в руке пусто. Вот такая она — земная жизнь. Наше счастье будет эфемерным до тех пор, пока мы будем искать его во внешних вещах и обстоятельствах. Но когда мы найдем истинное счастье посредством контакта с Божественным Блаженством внутри нас, тогда никакие трудности не смогут опечалить нас; и когда мы обретем божественную любовь в своих сердцах, недобрая воля других людей уже не сможет нарушить наш покой.

Проблемы в отношениях — с мужем или с женой, с детьми или с окружающими — возникают оттого, что мы постоянно требуем, чтобы они удовлетворяли нашу потребность в счастье. Мы, в свою очередь, тоже думаем, что достаточно дать своим близким материальные вещи, чтобы удовлетворить их потребность в счастье. Но этого никогда не бывает достаточно, дорогие мои, — никогда! Чем больше мы зависим от внешних вещей, пытаясь найти в них удовлетворение, тем сильнее мы разжигаем внутренний голод — голод души, который может утолить только Бог.

Жизни Христа, Кришны и всех других великих душ имеют своей целью напомнить нам, что мы должны еще глубже думать о Боге, обращаясь к Нему: «Господи, годы проносятся мимо, а я все еще не нашел Тебя в своем сердце. Помоги мне сделать усилие сейчас, чтобы я начал познавать Тебя и приобщаться к Тебе; чтобы я нашел в Тебе тот покой, ту радость и ту любовь, которых жаждет моя душа и по которым истосковалось мое сердце. В этом мире я был нищим, выпрашивающим внимания у человеческих сердец. Помоги мне покончить с попрошайничеством и обратить все внимание внутрь себя, чтобы я мог общаться с Тобой, мой Возлюбленный. Ты есть Источник всех радостей, всей жизни, всего покоя и всей любви. Да смогу я отразить в своей жизни Твой Божественный Свет. Да смогу я быть миротворцем, пока живу на этой земле».

Мир на земле начинается с мира в семье

Многие люди борются за мир во всем мире, хотя сами не могут установить мир и покой ни в самом себе, ни в своих семьях. Они похожи на тех, кого Мастер называл «уличными ангелами и домашними дьяволами». Мир никогда не будет установлен силами тех, кто не обрел покой внутри себя.

Человек должен в первую очередь стать ангелом в своем собственном доме — среди тех, к кому его притянул Бог. Каждый из нас живет в том окружении, которое необходимо нам для нашего собственного духовного роста. Поэтому убегать от этого окружения только потому, в нем трудно жить, будет неправильно. Вместо этого мы должны стать инструментом гармонии, доброты, внимания и любви — не на словах, а на деле. Вот так мы можем вернуть дух Христа в этот мир.

У нас достаточно сил, чтобы изменить этот мир. Но начать мы должны с самих себя: мы должны изменить себя посредством ежедневной глубокой медитации. Каждый вечер или ночью отправляйтесь в уединенный уголок в своем доме, где вы можете побыть наедине с собой. Неважно, встревожены вы или полны радости и покоя, — садитесь и общайтесь с Богом на языке своего сердца. Если вы настойчивы, вы обязательно получите от Него ответ — иначе и быть не может. Чем больше вы говорите с Ним, приобщаясь к Нему в глубинах своего сердца, а не повторяя заученные слова, словно попугай, тем быстрее вы почувствуете внутри себя Его отклик — и самым неожиданным образом. Мы можем познать Бога; мы можем общаться с Ним и чувствовать Его любовь в своих сердцах. Таково универсальное послание Христа и Кришны.

Воспитывать детей — это целая профессия

Фрагменты из разных сатсанг, на которых задавали вопросы по воспитанию детей

Произведение потомства — это не только данное природой право, но и данная Богом ответственность. Если человек хочет стать адвокатом, бухгалтером или механиком, ему необходимо пройти профессиональную подготовку. Но как мало людей в мире готовы к труду родителя — самой ответственной в мире профессии!

Я считаю, что в идеале никто не должен выпускаться из школы, не пройдя курса о том, как быть ответственным взрослым и хорошим родителем. Детей учат шить, готовить еду, вести счета и даже работать на компьютере. Все это хорошо, но их также нужно учить и тому, как справляться с жизненными обязанностями.

Обучение детей начинается в семье

Правильное воспитание детей начинается в семье. Школа уже не выполняет свою воспитательную роль. Впрочем, причиной деградации школьного общества является не столько сама школа, сколько отсутствие правильного воспитания в семье.

Я признаю, что растить детей в наше время очень сложно. Но, произведя на свет ребенка, ни один родитель не имеет права пренебрегать своей обязанностью воспитывать его. Ну кто же сажает в своем саду семя и оставляет его, в надежде, что оно вырастет само — без чьей-либо заботы и защиты? Если вы хотите, чтобы деревце выросло прямым и здоровым, вы должны обеспечить его устойчивой опорой, чтобы оно не погнулось и не сломалось, когда налетит ветер. Мы в ответе за наше потомство, и стыдно, когда родители пренебрегают своими обязанностями. Если бы Бог не хотел, чтобы родители растили и наставляли своих детей, младенцы вылуплялись бы из яиц, после чего их бы просто покидали — мол, вылупляйтесь и будьте сами по себе! Между прочим, у черепах дела обстоят именно так!

Дети нуждаются в любящей дисциплине

Дети нуждаются в дисциплине. Я не имею в виду, что их нужно бить — пожалуйста, не поймите меня неправильно! Физическое насилие над ребенком абсолютно недопустимо. Вы должны строго воспитывать своих детей, но при этом проявлять и любовь. Те годы, что мы провели рядом с Мастером, только подтверждают это. Мы, молодые ученики на духовном пути, были словно малые дети. Мастер обучал нас, используя доводы и разъяснения, а когда это было нужно, он проявлял твердость, излучая при этом огромную любовь. Это идеальное сочетание.

Помнится, несколько лет назад многие родители следовали совету одного известного врача, который был противником дисциплины и ратовал за то, чтобы давать ребенку свободу и позволять ему делать, что хочется. Какая это была ошибка! Здравый смысл подсказывал мне, что такой метод воспитания не приведет ни к чему хорошему. Эти неокрепшие души в маленьких телах (молодыми эти души не назовешь, потому что они, без сомнений, прошли уже через много жизней) не могут проявлять проницательность и понимание, хотя эти качества им присущи. Дети подобны нежным растениям. Для того чтобы они полностью раскрыли свой потенциал, их нужно питать и направлять — другими словами, им нужны водительство, любовь и понимание, которые могут дать им только их родители. Каждый ребенок нуждается в диалоге с тем, кто владеет пониманием, которого он еще не обрел, но обязательно обретет, если его правильно воспитают.

Современная тенденция вседозволенности должна быть подвергнута серьезному пересмотру, а для этого нужно правильно воспитывать детей в период становления их личности. Детей нужно учить нравственным принципам и правильному поведению не только на словах, но и демонстрируя им живые примеры. Отсутствие такого типа водительства является главным фактором трагического ухудшения моральных стандартов и поведения в этой стране, и это как ничто другое способствует разрушению семьи. И что мы имеем в результате? Эмоционально травмированных детей. Эмоционально травмированные дети обычно становятся эмоционально травмированными взрослыми, развившими в себе чувство отрицания, которое порождает обиду на общество в целом. Они чувствуют, что мир не дал им того, что им полагается по праву. Если с таким нравственным упадком ничего не делать, это может привести к ослаблению чувства моральной ответственности. Именно это и стало причиной упадка и краха цивилизаций прошлого.

Родители должны принимать равное участие в воспитании детей

Матери и отцу отводятся разные роли в воспитании детей, и обе роли очень важны. Главная роль принадлежит матери: ей необходимо лелеять детей в младенческом возрасте. Я не говорю, что она единственная, кто может это сделать; но она лучшим образом подходит для ухаживания за детьми в их ранние годы и обучения их всему необходимому. Это она вскармливает ребенка. Но отец не должен уклоняться от своей родительской обязанности. Когда ребенок подрастает, он начинает нуждаться в общении, любви и понимании обоих родителей. Воспитание детей — это общая ответственность матери и отца.

Я твердо верю в равенство мужчин и женщин. Гурудэва Парамаханса Йогананда был одним из первых, кто подчеркнул это равенство. В то время все на Западе назначали на руководящие посты только мужчин, а он нарушил эту традицию и назначил меня главой всемирной духовной организации.

Какая разница, как нас называют: мистер, миссис или мисс? Ведь каждый человек по своей сути есть душа, сотворенная по образу и подобию Божьему. Мы же ведем себя как дети, ссорящиеся из-за игрушки. Все, что имеет значение, — это наша душа. Каждый из нас призван сыграть существенную роль в этом мире. Если бы это было не так, Бог сделал бы нас всех одинаковыми. По сути, нет ролей главных и второстепенных — все роли важны. И какой бы ни была наша роль, мы должны играть ее хорошо. Это самое главное.

Мать не должна всю свою жизнь стоять у плиты. Это несправедливо по отношению к ней, да и нет в этом необходимости. Совершенно очевидно, что матери тоже нуждаются в покорении других вершин. Однако ребенку в ранние его годы мать крайне нужна; и я убеждена, что в это время она должна быть дома с детьми. (В некоторых случаях, конечно, мать-одиночка или отец-одиночка, имеющие обязанности по работе, могут отдать ребенка в ясли.)

Как развить доверительные отношения с детьми

Растить детей и понимать их потребности — это целая профессия. Все мы очень разные. В глазах Бога мы души, наделенные одинаковыми божественными качествами. Но поскольку каждый из нас имеет свободную волю и независимый разум, мы развиваемся по-разному — согласно своей индивидуальной карме. Поэтому каждого ребенка нужно воспринимать как личность.

В семье нас было четверо детей. Мы обожали нашу маму; и я думаю, такая любовь имеет место всегда, когда мать пытается понять своих детей. Ей не приходилось нас наказывать физически, потому что мы всегда стремились ее порадовать. Когда она была нами недовольна, мы страдали, потому что мы любили ее. Мы всегда могли говорить с ней; мы всегда могли рассчитывать на ее понимание. Но она не обращалась со всеми нами одинаково. Она видела, в чем именно нуждался каждый из нас, и давала это. Я думаю, что это умение приходит само собой, когда мать проводит время со своими детьми. Любите своих детей одинаково, но осознавайте, что к каждому ребенку должен быть индивидуальный подход. Дети рождаются разными: и упрямыми, и капризными, и переменчивыми, и веселыми, и энергичными. Просто нужно хорошо узнать своего ребенка и затем направить его так, чтобы он понимал, когда поступает неправильно.

Очень важно, чтобы родители общались со своими детьми надлежащим образом. Не пытайтесь уподобляться своим детям. Для них вы — родители, а не братья или сестры. Учите их любить и уважать вас как родителей. Я не думаю, что быть со своими детьми на короткой ноге правильно. Мать, которая пытается стать для своих детей сестрой, всего-навсего пытается ублажить свое собственное эго: она не хочет расти. Она должна быть ответственной матерью. То же самое относится и к отцу.

Поддерживайте контакт со своими детьми

Чтобы правильно воспитать своих детей, вы должны найти с ними общий язык. Дайте им почувствовать, что вам можно доверять. Поощряйте их правдивость: позволяйте им говорить все, что у них на уме. Если вы отказываетесь продолжать разговор с ребенком из-за того, что вам не понравились рассказанные им вещи, ребенок станет вас избегать в попытке скрыть свои истинные чувства и поведение, которое вы не одобряете. И он начнет искать другого человека, которому можно было бы довериться. Будет намного лучше, если вы станете ему тем другом, к которому он мог бы всегда обратиться. При таких здоровых отношениях в семье у детей не будет потребности ни в наркотиках, ни в поисках понимания на стороне.

Отводите время для разговоров со своими детьми. Отвечайте на их вопросы и направляйте их на понятном им языке. Вы не можете просто сказать: «Не делай этого». Вы должны рассуждать вместе с ребенком так, чтобы он стал вас слушать. Когда человек слушает, он чему-то учится, даже если и не соглашается со сказанным. Поощряйте в ребенке готовность слушать. Конструктивные слова будут отзываться эхом в его сознании. Возможно, он будет даже благодарен за них, когда сам станет родителем. Начинайте развивать взаимоотношения со своими детьми, когда они еще маленькие. Если вы будете ждать, пока возникнут проблемы, вам уже будет намного труднее открыть двери общения.

Я хочу предупредить вас об одном: никогда не навязывайте свои духовные взгляды детям. Не говорите ребенку: «Ты будешь медитировать, потому что я медитирую». Дети подобны цветочкам; дайте им возможность расти и развивать свою личность. В этом нет ничего плохого. Ваша роль — обеспечить их правильным примером и подтолкнуть в правильном направлении. Вы должны научить их тем качествам и добродетелям, которые являются мерилом духовно мыслящего человека: они должны научиться любить Бога, принимать и исполнять свои обязанности и быть добрыми и бескорыстными.

В нашей семье мы, дети, с раннего возраста учились молиться у колен нашей матери. Это было частью процедуры подготовки ко сну. Мы вставали на колени вокруг нее, говорили короткую молитву, а затем молились за разных членов нашей семьи. Это было так чудесно! Никто не принуждал нас это делать. Ребенок, которого научили молиться, любит молиться. К тому времени, когда мне было семнадцать и я уже пришла в Self-Realization Fellowship, я молилась о стольких людях, что ночная молитва казалась мне нескончаемой — список постоянно пополнялся. Молитва за других людей учит нас сочувствию. Детей нужно учить быть заботливыми и неэгоистичными.

Прививайте детям чувство ответственности

Очень важно учить детей принимать на себя обязанности. Я всегда прихожу в ужас, когда вижу семьи, в которых родители делают все: и готовят, и моют посуду, и убирают, и ухаживают за садом. Дети же в это время сидят перед телевизором или играют с другими детьми, не беря на себя никаких обязанностей. Это неправильно. Почему родители думают, что они должны делать все? Почему они не направляют ребенка так, чтобы помочь ему обрести навыки и чувство ответственности? Такие дети превращаются в незаботливых и ненадежных мужчин и женщин, которые не знают, как воспитывать своих собственных детей. Эти привычки переходят из поколения в поколение, поэтому сегодня многие молодые люди являются жертвами нашего невыполненного долга перед ними.

Уже в раннем возрасте дети должны понять, что ничто в жизни не дается легко. Человек должен работать; он должен заслужить все, что получает в этом мире. Это очень важный принцип. Если ребенок будет получать все, что ему захочется, он не научится ценить то, что имеет. Объясните своему ребенку, что он должен помогать семье, своим друзьям, обществу. Это научит его справляться со всеми задачами взрослой жизни.

Родители часто потакают своим детям, говоря: «Я хочу дать своему ребенку все то, чего не имел я». Какая нелепость! Дайте ему возможность развиваться, достигать успехов, справляться с трудностями с вашей помощью и поддержкой, чтобы он стал внутренне сильным. Вы в любом случае не сможете защитить его от всех невзгод; а потакая его желаниям, вы не можете гарантировать его счастье. И даже если вы будете это делать, в конечном итоге это ему не поможет.

Если вы даете ребенку задание, проследите за тем, чтобы он его выполнил. Если вы ему говорите, чтобы вечером он подбирал одежду и складывал ее на стуле, настаивайте, чтобы он делал так, как вы ему сказали. Не шлепайте ребенка — используйте настойчивость. Когда хорошие привычки закрепятся, ребенок автоматически начнет делать то, что правильно.

Маленькие дети будут делать все, о чем вы их попросите, если они поймут, что приносят пользу. Дайте им почувствовать, что они вносят свой вклад в общее дело. Хвалите и воодушевляйте их; пусть они захотят что-то сделать. Давайте ребенку задание, которое ему по плечу. И если он выполняет его старательно, давайте ему вознаграждение; а если старания нет — не давайте. Такой подход необязательно самый лучший — конечно, лучше, когда ребенок следует своему инстинкту хорошего поведения; но, увы, в большинстве случаев помогает лишь вознаграждение!

Когда я была маленькой, за хорошо сделанную работу мы получали не вознаграждение, а похвалу родителей. У нас у всех были обязанности в доме, и мы знали, что они должны быть выполнены качественно. Например, если мы мыли посуду и стаканы оказывались не безупречно чистыми, мы должны были подняться с постели и снова идти на кухню, чтобы их перемыть. И я благодарна за эту дисциплину. Она мне сослужила хорошую службу. Если бы я с детства не получила такой рабочей закалки, я, возможно, не смогла бы подчиниться дисциплине Мастера, который возлагал на меня все больше и больше обязанностей, вылившихся во все то, что я сегодня несу на своих плечах.

Должны ли родители выбирать профессию за своих детей?

Если кто-то нам говорит, что именно мы должны делать с нашей жизнью, мы, конечно, какое-то время можем следовать совету со стороны. Но я по своему личному опыту знаю: чтобы почувствовать себя счастливыми, мы должны прислушиваться к своим внутренним наклонностям. Когда кто-то спрашивает меня: «Нужно ли мне выходить замуж, или я должна оставаться одна?», первое, что я хочу ответить: «А чего хочет ваше сердце?» Ведь если человек последует совету стать монахом или монахиней, это необязательно будет означать, что такая жизнь сотрет все остальные желания. Стремление следовать определенному пути в жизни должно исходить внутри, и тогда наклонность может быть укреплена водительством извне.

Например, как на Западе, так и на Востоке можно найти большое количество людей, вставших на монашеский путь только потому, что этого хотели их родители. Но такие верующие не станут хорошими монахами, если это призвание не является их самым сокровенным желанием. Через пять, десять или пятнадцать лет у них появятся новые желания, и они начнут искать чего-то другого в жизни.

Только вы можете сказать, чего вам по-настоящему хочется. Когда верующие приходят ко мне за советом и говорят: «Я хочу знать, чего от меня хочет Бог», я возвращаюсь все к тому же ответу: «А чего хотите вы? Начните с этого, а затем беспристрастно проанализируйте, какой путь в жизни подходит вам кармически».

Иногда мы не хотим брать на себя ответственность за свою собственную жизнь. Мы хотим, чтобы Бог нам сказал, что мы должны делать; мало того, мы ждем, что Его желания будут совпадать с нашими! Я не против того, чтобы исполнять Божью волю; более того — я полностью за. Но сколько бы мы ни говорили себе: «Я хочу исполнить Божью волю», мы ее не исполним, если, стремясь к этому, мы внутренне обуреваемы желанием делать что-то другое. Мы сеяли семена желаний и культивировали эти желания внутри себя, возможно, на протяжении многих жизней. Поэтому недостаточно принять с неохотой то, что мы считаем Божьей волей для нас, или то, что выбрали для нас родители или друзья. Мы должны следовать тому чувству, которое подсказывает нам, какое именно занятие нам подходит, и сделать его отправной точкой в нашем продвижении вперед.

Каждому из нас Бог дал разум, чтобы мы могли нести ответственность за себя и учились принимать правильные решения в жизни. Применяя разум, медитируя и стремясь быть сонастроенными с Богом, мы реализуем свою индивидуальную судьбу. Долг родителей — помогать своим детям, подталкивать их в этом направлении и в то же время давать им свободу следовать зову сердца.

Моим сыновьям 14 и 16 лет. Они хотят ходить на свидания, но я этого не одобряю, потому что я выросла в Индии. Как вы знаете, в Индии браки устраиваются по договоренности. Я знаю, что в Америке нет такой традиции и что я должна найти золотую середину. Но я все же считаю, что они слишком молоды, и в данный момент их энергия должна направляться на учебу и спорт.

Во-первых, позвольте мне сказать, что вы не можете распространить одно правило на всех, потому что все люди разные. Среди ровесников одни могут быть более зрелыми, чем другие.

Во-вторых, я согласна, что система свиданий на Западе слишком вольная. Но я также считаю, что и индийская традиция может быть усовершенствована. В Индии я видела трагические последствия устроенных родителями браков. Поэтому обе системы имеют свои недостатки.

Гуруджи был твердо убежден, что в детские годы мальчики и девочки должны учиться в отдельных школах. Внимание детей должно быть сосредоточено на академических предметах и на воспитании характера. Такое обучение дает им необходимые умения и навыки для лучшей жизни в будущем. Кроме того, оно способствует росту и развитию без излишней стимуляции пробуждающихся чувств, которые обычно активизируются в разнополом окружении. К сожалению, в сегодняшнем обществе моральные стандарты сильно понизились. В атмосфере вседозволенности начинать с кем-то встречаться в юном возрасте будет ошибкой. Об этом свидетельствует возрастающая проблема подростковой беременности.

Однажды мне довелось побеседовать с девушкой, отец которой вырос на идеалах Гуруджи и был очень строг с детьми. Он не разрешал им ходить на свидания в юном возрасте, как это делали их друзья. Дети слушались родителей; но когда им все же разрешили гулять с друзьями, влияние ровесников подтолкнуло девушку связаться с нехорошим парнем. Именно тогда я с ней и познакомилась. Мы виделись несколько раз; я терпеливо говорила с ней и делала акцент на том, что самое важное для нее — стать ответственным взрослым, способным принимать правильные решения в жизни. К счастью, она прислушалась, и сегодня она очень счастлива. Она вышла замуж за достойного человека и родила прекрасного ребенка.

Вы принадлежите к другой культуре, и это вам решать, традициям какой страны вы будете следовать. Многие индийские родители в этой стране продолжают выбирать спутников жизни для своих детей, и я не возражаю против этого — при условии, что они тщательно изучают характеристики пары и убеждаются, что молодые люди совместимы. От этой традиции есть польза, когда брак устраивается с учетом индивидуальных особенностей жениха и невесты, черт их характеров, интересов и положительных ответов на такие вопросы, как: «Ладят ли они между собой?»; «Будут ли они жить в гармонии, когда повзрослеют?»; «Будут ли они разделять одни и те же цели и идеалы?».

Если же вы следуете западной традиции, то, когда вы решите, что ваши дети уже достаточно взрослые, скажите им, чтобы они сперва пригласили своих друзей домой. Для них это будет лучше, чем встречаться где-то в другом месте. Так вы сможете узнать, с кем дружат ваши дети. Их друзья необязательно будут вести себя так, как вы того ожидаете; но, если они соблюдают моральные принципы и тем самым радуют вас, делайте им скидки на возраст и на их интересы.

Пусть они придут к вам домой в пятницу после школы и побудут у вас несколько часов: послушают музыку, повеселятся, пообщаются. Я считаю, что родителям важно гостеприимно распахнуть двери своего дома для друзей своих детей, чтобы дети почувствовали, что дом — это то место, куда могут прийти их друзья.

У вас есть право и обязанность быть строгими по части запрета алкоголя и наркотиков. Если это необходимо, ищите профессиональной помощи, чтобы добиться результата. Я видела огромное множество умов и тел, разрушенных этими субстанциями. Уверена, это не относится к вашим детям, но я говорю вам об этом, потому что такое происходит в некоторых семьях.

В этой стране считается нормальным, когда ответственные родители позволяют своим детям общаться с противоположным полом начиная с пятнадцати или шестнадцати лет. По западным меркам восемнадцать лет — это уже немного поздновато. Я не пытаюсь сказать, что это правильно или же неправильно. Я просто констатирую тот факт, что ваши дети живут в обществе, в котором существует тенденция заводить близких друзей противоположного пола в юном возрасте. Если вы будете чрезмерно строгими, вы окажетесь в проигрышном положении.

Многие родители даже не знакомы с друзьями своих детей. Из-за этого дети могут думать: «Моим родителям все равно». Но очень часто дети даже рады, что их родители, ведомые чувством заботы, устанавливают строгие правила по мере необходимости. Однако вы должны начинать приучать своих детей к дисциплине в том возрасте, когда они ее уважают. Не ждите, пока они станут подростками, — тогда, возможно, уже будет поздно. Они уже привыкнут к своей независимости, и вам будет трудно посягнуть на нее.

Мы живем в очень нехорошем районе. Многие родители там, похоже, вообще не занимаются своими детьми. Стоит ли разрешать моим чадам играть с такими детьми? Стоит ли нам оставаться здесь или лучше переехать? Когда мы покупали дом, соседское окружение было нормальным.

Если вы живете в районе, где дети неуправляемы, на вашем месте я была бы очень осторожна. Мне захотелось бы узнать, с кем играют мои дети и чем они занимаются; но я сделала бы это так, чтобы дети не почувствовали ущемления своей свободы.

Самое сильное влияние на детей оказывает их компания. Дети склонны имитировать и перенимать склонности тех, с кем они общаются. Если в вашем квартале живут дети, общение с которыми, как вам кажется, не будет способствовать развитию ваших детей или даже создаст для них проблемы, определенные меры предпринять стоит.

Очень важно знать, насколько чувствительны ваши дети к окружению, в котором они находятся. Вы должны быть осторожны, дабы не дискриминировать окружающих по цвету кожи, религии или национальности. Выбирать окружение нужно только по человеческим качествам. В принципе, жить можно в любом соседстве; самое главное — качества людей, живущих в нем. Невозможно всю жизнь тревожиться о своих детях из-за того, что вы живете в опасном квартале; в таком случае лучше переехать в безопасный район и жить в спокойствии.

В заключении я скажу об одной очень важной вещи. У родителей есть наилучшие шансы на успех в воспитании детей, если они устанавливают стандарты поведения своим собственным примером. Дети должны видеть, что результаты прививаемых им стандартов полезны и благотворны. Если вы будете воспитывать детей с любовью и пониманием, а также демонстрировать им хороший пример, это укрепит их хорошую карму из прошлых жизней и создаст благоприятные условия для их дальнейшего роста. Поэтому культивировать в своих детях врожденные хорошие наклонности и сажать семена новых — высшая обязанность родителей, данная им Богом; воистину, это целая профессия!

Когда допустимо применение силы при защите?

Фрагмент из сатсанги, на которой был задан этот вопрос

В своем комментарии к десяти заповедям Парамаханса Йогананда объяснил заповедь «не убивай» следующим образом:

Убивать ради убиения как такового нельзя — это делает человека убийцей. Человек не должен лишать жизни под воздействием бурных эмоций. Но если на вашу страну нападает враг, вы должны сражаться, чтобы защитить тех, кем вас одарил Господь. Это ваша праведная обязанность — защищать свою семью и свою страну[1].

Меня спрашивали: «Значит ли это, что Гуруджи не поддерживал тех, кто не хочет идти на войну?» Нет. Он пришел на землю, чтобы дать людям больше понимания, а не для того чтобы их осуждать. Он понимал чувства тех, кто сознательно отказывался идти на войну, но продолжал служить стране иным образом. Во время Второй мировой войны Гуруджи часто говорил о миллионах погибших. Он объяснял, что души, которые внезапно покидают тело, как это происходит в бою или при воздушной бомбардировке, возвращаются на землю намного раньше, чем те, кто смог прожить «полную» инкарнацию. Он говорил, что многие

---

[1] Из книги «Вечный поиск»; глава «Десять заповедей: правила счастливой жизни на все времена».

из этих душ вернутся на землю с таким чувством отвращения к войне, что в будущем откажутся воевать. Не это ли произошло, когда многие наотрез отказались идти на войну? Гуруджи видел наперед; он зрел причину и следствие действий — не только людей в отдельности, но и наций в целом.

Было бы неправильно говорить, что все убийства — зло и что все войны неправедны. Если одна нация нападает на другую, то нация, подвергшаяся нападению, имеет право защищать себя. Не забывайте, что мы имеем дело с миром двойственности — миром добра и зла, где лишь немногие обрели наивысшее состояние сознания. Поэтому разумно и необходимо защищать себя, своих родных, свою страну, даже если для этого потребуется убивать.

Если вы увидите, что кто-то готов атаковать близкого вам человека, вы же не будете стоять и говорить агрессору: «Я тебя прощаю». Ваш природный инстинкт подскажет, что дорогого вам человека надо защитить. Если вы сможете это сделать, не причинив вреда атакующему, — хорошо; но, если это невозможно, придется применить всю необходимую для этого силу. Остановив атаку и защитив невинных людей, вы сможете помочь агрессору, если он при этом был ранен.

Бог судит мотивы поступков

Помните, что Бог оценивает мотив каждого нашего поступка. Вот почему мы всегда должны анализировать истинные мотивы своих поступков и оценивать благотворность их конечных результатов. Именно поэтому так трудно справедливо судить другого человека. Чувства часто затмевают рассудок. Например, было бы неправильно говорить, что каждое убийство животного — это зло. Если человек берет ружье и стреляет в птиц и безобидных животных в «спортивных» целях или просто потому, что это горячит его кровь, то это — зло. Но если человек видит, как дикий тигр нападает на человека или змея собирается укусить ребенка (как это часто случается в Индии), он вправе использовать ружье, чтобы защитить более высокую форму жизни. В обоих случаях Бог судит мотив поступка, а не сам поступок.

Различные ступени эволюции

Живые организмы проходят через различные ступени эволюции. Наиболее развитой живой формой является человек. Науке известно, что растительная и животная жизнь зародилась в воде, после чего она переместилась на землю; со временем развились поступенно более высокие и разумные формы жизни.

И если в целях защиты высших форм жизни мы будем вынуждены умертвить низшую форму, это может быть оправдано. Было бы непрактичным и неразумным отказаться убивать переносчиков болезней, например, комаров, которые распространяют смертельные заболевания. В этом нет греха, потому что таким образом мы защищаем высшие формы жизни.

Те же самые принципы относятся, например, и к бешеным животным. Здесь, в районе Маунт-Вашингтон, водится много диких животных, и в любой момент кто-то из них может рассвирепеть. И если будет необходимо убить бешеное животное, чтобы защитить человеческую жизнь, это будет правильно; это не грех. К тому же избавление такого животного от муки будет актом сострадания.

Проницательность и уважение ко всем формам жизни

Человек всегда должен использовать свою проницательность. Он должен с уважением относиться ко всем формам жизни. Ранее я уже сказала, что убийство как спорт — это зло. Это же относится и к убийству ради собственного удобства. Если в мою комнату залетела муха и я вижу, что она пытается вылететь, или, допустим, она мне мешает, моим первым желанием будет открыть окно — и пусть себе летит! Нет необходимости убивать муху. Но если я нахожусь в стране, где болезни, переносимые насекомыми, вызывают эпидемии, или где есть такие опасные грызуны, как крысы, представляющие угрозу для здоровья и жизни людей, лишение жизни этих насекомых и грызунов не будет являться злом. К тому же мы знаем, что искра их бытия в следующем воплощении разовьется в более высокую форму жизни.

Поэтому нет ничего предосудительного в том, чтобы лишить жизни организм, угрожающий человеку или другим высоким формам жизни. Если бы вы увидели, как гремучая змея собирается наброситься на беззащитного щенка, что бы вы сделали? Очевидно, что в таком случае вам было бы необходимо лишить жизни змею, чтобы защитить щенка. А если бы эта змея находилась в густонаселенном районе, ваша проницательность подсказала бы вам убить ее, так как она могла бы напасть не только на щенка, но и на кого-нибудь из людей.

С другой стороны, если вы видите гремучую змею в пустыне, на природе, где нет людей, ее убийство не будет оправданным действием. Сюда ее поместил Господь, и она никому не угрожает; она — часть природы. Поэтому не трогайте ее. Она находится в своей среде обитания, и у нее нет возможности причинить вред домашним животным и людям — а это самое главное.

Мирное решение конфликта

Я считаю, что человек должен защищать себя и других от реальной опасности, но, когда два человека устраивают драку из-за того, что их мнения не совпадают, это дурно. Всегда есть причины, которые побуждают человека к действию; и я убеждена, что, вместо того, чтобы обмениваться ударами, мы должны выяснять причины наших конфликтов.

Когда допустимо применение силы при защите?

Родители должны учить своих детей не драться. Дети должны понимать, что драка не меняет людей и что существуют более эффективные средства решения конфликта: общение, обсуждение проблемы и проявление понимания. Некоторые дети приносят с собой из прошлых жизней склонность к агрессии или развивают эту склонность в этой жизни, в своем окружении. Они станут еще хуже, если им будут разрешать использовать физическую силу для достижения того, чего они хотят. Их нужно поощрять к коммуникации, к развитию понимания у других и у самих себя.

Говорить друг другу: «Ты сделал это; ты сделал то» — это не коммуникация. Если вы будете кого-то в чем-то обвинять, человек всегда будет обижаться или возмущаться. Говорить нужно следующее: «У нас назревает проблема. Пожалуйста, помоги мне понять, в чем дело». Сначала дайте человеку высказать свою точку зрения, чтобы вы могли понять, почему он так себя ведет по отношению к вам. После того как он выскажется, спросите: «А теперь можно я скажу?» Попробуйте такой подход. Именно так развивается понимание и дружба.

Возвращаясь к моему детству, отмечу, что я была немного старше соседских детей; но к моей младшей сестре кое-кто из них иногда задирался. Мне это совсем не нравилось: я родилась с мыслью о том, что моим долгом было защищать тех, на кого нападают! Если я в ответ била тех, кто бил ее, этим я ничего не добивалась (кстати, так формируются банды!). Но я обнаружила, что, когда мы начинали вести переговоры, устанавливалась гармония. И с тех пор это стало моим орудием.

Позже Мастер сказал обо мне: «Она — миротворец». А все потому, что наша мать нас так воспитала в детстве. Мы всегда вели с ней диалог. Она постоянно объясняла нам то, чего мы не понимали; и у меня никогда не возникало чувства, что я должна что-то от нее скрывать. Все родители должны создавать в семье такую атмосферу доверия, чтобы их дети могли при необходимости и без раздумий обратиться к ним за помощью.

Итак, первым делом спрашивайте человека, почему он сделал то, что сделал. Вместо того чтобы сердиться, постарайтесь понять причины его поведения. Я практиковала это всю свою жизнь. Анализируйте — это помогает вам развивать понимание в себе и в других людях.

Я не хочу сказать, что, если кто-то на кого-то нападает, мы не должны помогать жертве. Я хочу сказать, что человек должен использовать здравый смысл, когда решает, какое действие принесет наибольшую пользу. Некоторые люди настолько вспыльчивы, что незамедлительно бросаются в драку. Но это не самый лучший путь. Старайтесь понизить напряжение. Когда эмоции улягутся, можно быстрее достичь понимания.

После того как эмоции остывают и проходит какое-то время, у нас появляется шанс увидеть, что Бог присутствует даже в том человеке, который творит зло. Господь, любовь к Которому я исповедую, присутствует в ошибающемся человеке в той же мере, в какой Он присутствует во мне и во всех остальных людях. Разница лишь в том, что в злодее образ Божий временно сокрыт за темнотой порочного поведения. Но это не означает, что в сущности своей этот человек злодей.

Благодаря такому образу мыслей вы можете почувствовать в своем сердце искреннюю любовь к тому человеку и мысленно послать ему свою любовь в медитации или в любой другой момент, когда вы свободны от эмоций. Это духовное упражнение обладает огромной силой изменять других. Много-много раз я видела его благотворное воздействие. Когда вас кто-то не понимает; когда отрезаны пути для коммуникации, используйте силу молитвы и любящие мысли, но при этом все равно старайтесь наладить контакт с человеком; никогда не сдавайтесь.

Как укрепить силу своего ума

Из выступления в Главном международном центре Self-Realization Fellowship

Гурудэва Парамаханса Йогананда особо подчеркивал важность позитивного мышления. Многие врачи и специалисты в области здоровья считают, что, возможно, девяносто процентов наших проблем со здоровьем рождаются в уме. Зная, какое могучее влияние оказывают на нас наши мысли, Мастер глубоко понимал, как это важно — развивать позитивное мышление и не терять силу духа даже тогда, когда телесное здоровье не в порядке. Создавая свою организацию здесь и в Индии, он включил в список ее целей и идеалов такой пункт: «Продемонстрировать превосходство ума над телом и превосходство души над умом».

Последователям учений SRF следует все больше внедрять в свою жизнь этот принцип, руководствуясь при этом здравым смыслом. Мастер не учил нас быть безрассудными, но, надо отметить, есть люди, у которых выносливость на нуле. Они не могут выдержать даже слабой боли. Учитесь не поддаваться боли; не признавайте болезнь; не признавайте поражение — развивайте силу ума. Как это сделать? Когда вы пытаетесь помочь самому себе, не зацикливайтесь на своей болезни, не говорите о ней и практикуйте большую веру в Бога. Это то, чему нас учил Гуруджи.

Для поддержания силы своего ума и позитивного мышления каждый день используйте аффирмации из книги «Научные

В Озерной Святыне SRF, 1988 год

«*Если в каждой ситуации мы будем сознательно надеяться на лучшее, наш позитивный дух и энтузиазм будут освежать наши чувства и ободрять наши тело и ум. Позитивный настрой ума — огромное подспорье в удалении умственных и эмоциональных препятствий, которые отрезают нас от нашего внутреннего божественного резервуара сил*».

В школе YSS для девочек. Ранчи, 1972 год

целительные аффирмации»[1], написанной Гуруджи. Когда я поступила в ашрам, одна из его аффирмаций была обязательной частью нашей утренней групповой медитации. В учениях Гуруджи мы найдем все, что нам нужно для нашего развития. Применяйте его учения в жизни; используйте их для развития своей веры и выносливости.

Сила рождается в уме. Когда мы встречаемся с трудностями, у нас появляется чувство страха: «Что же со мной будет?» Гуруджи говорил: «Работая над устранением причины своей проблемы, всецело полагайтесь на Бога». Иметь в голове мысли наподобие: «Что же, придется умереть, если Ты так хочешь моей смерти» — это не позитивное мышление! Однажды настанет время, когда мы будем философствовать: «Что будет, то будет»; но пока оно не пришло, мы должны быть упрямы. Гуруджи говорил: «Забудьте слово „смерть"».

Всегда будьте позитивны в своем мышлении — не только в отношении здоровья, но и вообще во всем. Вера и позитивное мышление — это, в принципе, одно и то же; но, не практикуя их, мы не реализуем своего божественного потенциала. Я вовсе не говорю поступать неблагоразумно — просто следуйте здравому смыслу. Если у вас сломана нога, вы не должны сидеть и говорить: «Бог ее исцелит». Нужно прибегнуть к помощи целительной науки, которую человек развил по Божьей воле; но, пользуясь возможностями этой науки, имейте абсолютную веру в положительный исход.

Иногда мы хотим того, чего Бог, возможно, не предназначил для нас. И именно в такие моменты испытывается наша вера. Ему ведь лучше знать, в чем мы нуждаемся. Веря в это, мы должны говорить: «Хорошо, Господи, если на то Твоя воля, я

---

[1] Издается обществом Self-Realization Fellowship.

(Вверху) Шри Дайя Мата приветствует участников *сатсанги* в ашраме YSS. Ранчи, 1967 год *(Внизу)* В Административном центре SRF *(SRF Mother Center)*. Лос-Анджелес, 1982 год

«Чтобы получить любовь, нужно ее отдавать. Но лишь немногие в этом мире умеют любить глубоко и искренне. По мере того как мы учимся любить Бога в большей степени и чувствовать Его любовь посредством медитации, мы научаемся любить, даже не прося ничего взамен».

С Его Святейшеством Шри Джагадгуру Шанкарачарьей Бхарати Кришна Тиртхом из Говардхан-Мата, Пури, во время его визита в Йогода-Мат (Главный центр общества Yogoda Satsanga Society of India), Дакшинешвар, май 1959 года. Его Святейшество был религиозным лидером миллионов индийцев и духовным главой древнейшего Ордена Свами; он являлся преемником Ади Шанкарачарьи (знаменитого индийского философа IX века).

В 1958 году Джагадгуру («мировой учитель») стал первым Шанкарачарьей, совершившим путешествие за пределы Индии. Общество Self-Realization Fellowship спонсировало его историческую поездку в США, где он в ведущих университетах страны читал лекции о ценности индийских принципов Истины.

принимаю это. Моя вера и мое доверие к Тебе непоколебимы. Я знаю: все, что Ты мне посылаешь, служит мне во благо. Помоги мне увидеть положительную сторону ситуации, чтобы я мог извлечь из нее урок и стать ближе к Тебе».

Я всегда верила, что любой человек, совершающий паломничество в места, освещенные присутствием Гуруджи, — такие как Центр «Маунт-Вашингтон» или место его захоронения[2] — и молящийся там с верой, получит прямой ответ на свою молитву. Я видела, какой эффект это производит в моей жизни и в жизнях других людей. Нам нужно связывать свою веру с божественным благословением.

В одном из своих путешествий в Индию я неожиданно заболела бронхитом. Я ехала из Сингапура в Бангкок с сорокаградусной температурой. Когда мы добрались до гостиницы, мои спутники поняли, что я вот-вот потеряю сознание, и вызвали врача. Врач направил меня в больницу на рентген, а затем, изучив снимок, сказал: «У вас туберкулез. Вам нужно возвращаться в Америку».

Я застыла в шоке, но потом сказала: «Это просто невозможно. Я не сдамся!» Перед своим уходом Гуруджи попросил меня позаботиться о его организации в Индии, и я решила не признавать поражения. Видите ли, если вы развили веру практикой позитивного мышления и своим доверием к Богу, эта вера будет поддерживать вас в критических ситуациях. В создавшемся положении обычный человек сразу бы подумал: «Если я не поеду домой на лечение, я умру!» Мысленно я сказала себе: «Мастер не отправил бы меня так далеко, чтобы теперь посылать обратно».

---

[2] Многие последователи Парамахансаджи совершают паломничество к месту его захоронения в мемориальном парке Форест-Лоун в Глендейле, штат Калифорния.

Я проконсультировалась с врачом, чтобы узнать, есть ли у меня другие варианты. «Хорошо, оставайтесь в больнице, — сказал он. — Мы вас обследуем более тщательно и назначим лечение. Этот климат для вас благоприятен, поэтому оставайтесь пока здесь». Я следовала всем предписаниям врача и удерживала мысль о том, что через него обо мне заботились Бог и Мастер. Позже был сделан еще один рентген, который показал, что туберкулеза у меня не было! И я продолжила свое путешествие в Индию.

Правда, потом у меня появилась сыпь — возможно, это была аллергическая реакция на одно из лекарств. Однажды вечером кто-то в ашраме спросил меня, не желаю ли я посетить Таракешвар[3], который находится за пределами Калькутты. В тот момент я даже и не вспомнила, что в этом храме Мастер пережил духовный опыт. Но я все равно поехала туда — и не с туристической целью, а чтобы поклониться, ведь только с такой целью и нужно посещать святые места. Там было много верующих, которые бродили по территории храма. А я села медитировать. Помню, как сказала про себя: «Господи, я знаю, что Ты здесь. Подай мне знак, что Ты меня слышишь — убери эту сыпь с моего тела». Затем я стала медитировать, и мысль о болезни исчезла. Когда я вернулась в ашрам в тот вечер, от сыпи на теле не осталось и следа. Такова сила веры. Вот почему Христос сказал: «Вера твоя спасла тебя»[4]. Нам нужна вера в сочетании со здравым смыслом — они идут рука об руку.

Приведу еще один пример. В течение многих лет меня

---

[3] Для индийцев храм Таракешвар — такое же святое место, каким является грот Масабьель для католиков. В Таракешваре произошло много чудесных исцелений. Те, кто читал «Автобиографию йога» Парамахансаджи, знают, что его дядя Сарада был исцелен благодаря молитвам, которые воздавала в этом храме его преданная жена. А самому Парамахансаджи в этом храме явилось видение Господа.

[4] Лк. 8:48, 17:19.

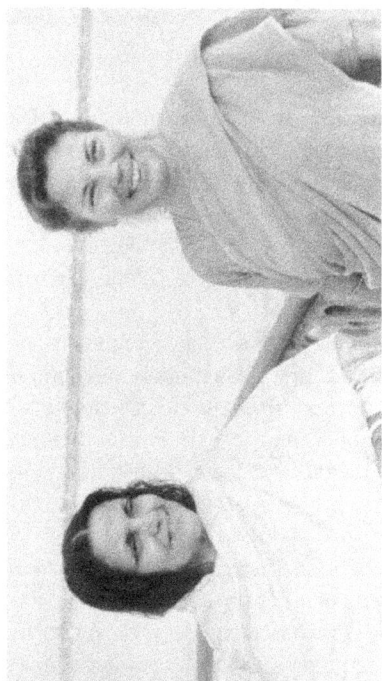
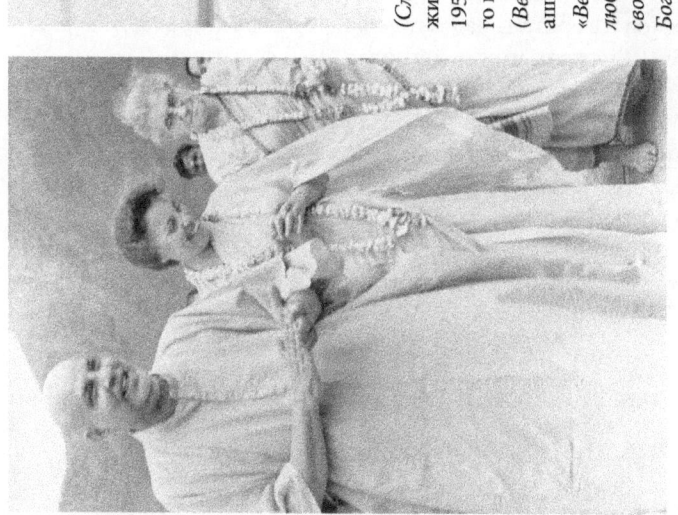

(Слева) Со Свами Сиванандой, основателем «Общества божественной жизни», в главном центре организации в гималайском городе Ришикеш, 1959 год. Рядом с ними — сестра Ревати из ашрама SRF, расположенного в Административном центре Self-Realization Fellowship.

(Вверху) С Анандамайи Ма, «Радостной Матерью Бенгалии», в ее ашраме на берегу Ганга в Варанаси, 1959 год

«*Величайшие влюбленные, которых только знает мир, — это те, кто любит Бога. На протяжении веков они продолжают вдохновлять своей любовью все человечество. Производить истинно влюбленных в Бога, истинно познавших Бога людей — такова цель учений Индии; это то, о чем ее священные писания говорят человечеству*».

сильно беспокоили гланды: они постоянно воспалялись. Я к этому привыкла; но пришел момент, когда Мастер все же послал меня к отоларингологу, доктору Кеннелу[5]. Доктор посмотрел мои гланды и воскликнул: «Боже мой! От них нужно избавиться». И он их удалил, после чего посоветовал: «Есть и пить только холодное и не переутомляться. Два дня — постельный режим, чтобы хорошо отдохнуть».

Тем же вечером доктор пришел к нам в ашрам повидаться с Мастером и другими учениками, приглашенными на ужин. Я помогала готовить. Обычно Гуруджи также просил меня подавать кушанья гостям. Когда я вошла в столовую, доктор Кеннел удивленно воскликнул: «Что ты здесь делаешь? Так ты даже и не прилегла?» «Нет, — ответила я, — в этом не было необходимости. Да и Мастер сказал, что это необязательно».

«Развивайте свой ум, — говорил Мастер. — Не позволяйте телу контролировать вас. Укрепляйте свой ум, и пусть он управляет телом». Вот так мы учились все больше полагаться на силу ума. В этом смысле мы строго придерживаемся принципа превосходства разума над материей, но мы не доходим до крайностей. Я не хочу, чтобы среди вас были фанатики!

Развитие силы ума и осознание превосходства разума над материей — это то, к чему Мастер нас призывал, чему он нас учил и на чем он настаивал. Когда вы разовьете в себе силу ума, вас удивит, сколько в вас будет энергии! Если вы медитируете, со временем вы станете воспринимать колоссальную энергию, которая окружает физические формы. Мы живем в океане Божьей космической энергии. Эту энергию можно притянуть к себе только сильным умом.

---

[5] Покойный доктор Ллойд Кеннел был преданным учеником Парамахансы Йогананды. В период с 1942 по 1952 годы он помогал проводить службы и медитации в храме SRF в Сан-Диего.

Бесспорно, когда тело стареет, его способность сохранять и использовать энергию снижается. Но даже и тогда не переставайте упражнять силу своего ума. Будем надеяться, что до последнего дня нашей жизни мы будем приносить пользу своей деятельностью. Сильный ум поможет этого добиться.

Наш ум силен, когда он укреплен в Боге. Гуруджи всегда возвращал наши умы к Богу. Когда мы приходили к нему со своими проблемами, были случаи, когда он давал нам конкретный совет; но, как правило, его ответ на любой терзающий нас вопрос звучал так: «Удерживай свой ум на Боге», или же так: «Просто устремись мыслью к Богу».

Где бы Мастер ни был и чем бы он ни занимался, его ум всегда был поглощен Богом; он всегда был един с Ним. Часто посреди разговора — даже если он говорил о простых житейских делах — он вдруг закрывал глаза. Я видела, как он сосредотачивал их на центре Христа. Все мы сразу замолкали и сидели тихо, пока он был погружен в себя. Через некоторое время он выходил из этого состояния и спрашивал: «Так на чем мы остановились?», после чего опять возвращался к предмету нашего разговора.

Вот так нужно жить в этом мире — нужно сделать Бога центром своей жизни. Почему нашу жизнь должны направлять тело, личные устремления или что-то еще, но только не Бог?

Я часто смотрю на духовный путь как на труднодоступную скалу. Для меня это восхитительное достижение — быть поглощенной каким-то занятием, а затем суметь в один момент обуздать диких лошадей ума; вот так мысли внутренне направляются в нужном направлении. Сделайте Бога своей высшей целью, единственной главной мыслью, вокруг которой, несмотря на окружающие вас трудности, вращается вся ваша внешняя жизнь. Таков идеал истинного йога.

Как укоренить свою жизнь в Боге

Из выступлений перед монахинями в Главном международном центре Self-Realization Fellowship

В своей *садхане*, то есть в своей практике духовной самодисциплины, последователь должен всем сердцем стремиться достичь постоянного осознания Бога. Поступив в ашрам, я верила в то, чему учил наш Гуру Парамаханса Йогананда; и, практикуя его учения, я размышляла: «Если я буду грамотно распоряжаться своим временем и научусь правильно практиковать техники и учения Гурудэвы, то с годами и я смогу испытать эти высокие состояния сознания, о которых он говорит».

Цель техники концентрации SRF состоит в том, чтобы направить ум медитирующего вовнутрь. Тогда сигналы, идущие по пяти телефонным проводам наших органов чувств, не будут мешать внутреннему восприятию углублённого сознания и не будут отвлекать наш ум, возвращая его во внешний мир. В результате этого приходит покой — первое доказательство Божьего присутствия. Ощутив этот покой, начинайте выполнять Крийя-йогу и медитируйте долго и глубоко, помня, что глубина внимания имеет первостепенное значение.

Чтобы осознать истину, тренируйте свой ум

Задача в том, чтобы осознать, что Господь, Которого вы ищете, находится внутри и вокруг вас. Это не Бог лишён осознания нас — это мы должны возвыситься над этим предельным миром и достичь Его осознания.

В каком-то смысле мы живем в искусственном мире. Гуруджи однажды сказал об этом так: «Этот мир не такой, каким вы его видите». Это правда! Из-за *майи*, космической иллюзии, затуманивающей наше восприятие истины, этот мир, состоящий из газов и твердых и жидких веществ, представляется нам реальным. Мы принимаем за истину иллюзию наших ощущений и эмоций, нашего настроения и наших реакций на происходящее, — все то, что мы переживаем каждый день. Но чем больше мы укрепляемся в нашем истинном «Я»; чем больше мы внутренне погружаемся в Божье присутствие, опьяненные одним желанием, одним побуждением — Богом, — тем больше мы осознаем, что такое Реальность. И тогда днем и ночью все наше существо пропитывается одной мыслью — мыслью о Боге.

Есть такое крылатое выражение: «Каковы мысли в душе его, таков и он»[1]. Человека определяет не то, как он ведет себя внешне, а то, что он думает в своей душе. Если внешне верующий соблюдает духовные предписания, а внутренне ум его жаждет вещей этого мира, тогда рано или поздно эти мысли проявятся внешне. Аналогично этому, если ум верующего полностью поглощен Богом; если он постоянно думает о Нем; если он всегда размышляет об Истине, о Божественной любви, то мысли этого верующего рано или поздно отразятся в его жизни — в его привычках, словах и делах.

Мы начинаем познавать Бога благодаря нашему мысленному настрою. Если бы мы имели правильный настрой, в этот самый момент каждый из нас уже бы общался с Богом напрямую. Правильный настрой означает, что мы видим жизнь такой,

---
[1] Притч. 23:7.

какой она есть на самом деле; что мы постоянно осознаем истину. А истина заключается в том, что один лишь Бог реален, а все остальное в этом мире нереально.

Если бы мы могли видеть истину, мы не замечали бы ничего, кроме великой божественной разумной любящей Силы, проявленной во всем на земле — даже в мельчайшей песчинке. Но мы еще не осознаем этого, а потому должны тренировать свой ум, чтобы направить свои мысли в правильное русло. Начать мы должны с усиления своего контроля над умом, а также с дисциплины тела. Повелевать всем должна душа. Тело и его желания должны ей подчиняться. Даже во время болезни душа должна проявлять свою власть.

«Просто вручи это Богу»

Когда тело создает вам проблемы, вручайте их Богу. Помню то время, когда это тело начало причинять мне множество неудобств, из-за чего мне было сложно сосредоточиться на работе. Я пожаловалась Мастеру: «Мастер, мне очень трудно сосредоточиться на Боге. В таком состоянии мне даже работать трудно».

Каким же мудрым он был! Он не проявил сочувствия, а лишь сказал обычным тоном: «Просто работай в меру своих сил, а эту проблему вручи Богу».

Тогда я подумала: «Он не понимает — у меня ведь чувство, что я умираю!» Но когда я осталась одна, я стала размышлять над этим. Я поняла, что отсутствием сострадания и нежеланием поддерживать меня в моем потакании своей болезни он хотел меня чему-то научить. А урок был такой: мне нельзя было обращать слишком много внимания на свое тело. Я вспомнила слова Христа: «Не заботьтесь для души вашей, что вам есть и что пить, ни для тела вашего, во что одеться»[2]. И совет Шри Юктешвара, которого Мастер так часто цитировал: «Почему бы не бросить собаке кость и забыть об этом?» Другими словами, давайте телу то, что ему полагается, а в остальном полагайтесь на Бога.

Как бы мы ни заботились об этом теле, питая его витаминами, овощами, фруктовыми соками и всем необходимым для поддержания в нем здоровья, однажды оно все равно может заболеть; и придет время, когда мы должны будем его «выбросить». Поэтому не придавайте телу первостепенной важности. Именно это и имел в виду Мастер, когда посоветовал вручить проблему Богу.

Помню, как однажды Мастер, приняв на себя плохую карму некоторых людей[3], начал сильно страдать от физической боли. По прошествии нескольких недель я не выдержала. «Мастер, — в порыве жалости сказала я, — какой смысл искать Бога, если такой преданный Ему человек — тот, кто посвятил Ему всю свою жизнь и никогда не думал о себе и собственном комфорте — так страдает ради других? Я этого не понимаю. Где же здесь Божья справедливость?»

Мастер посмотрел на меня пламенным взглядом. И пока он говорил, я видела в его глазах силу, стоящую за всей

---

[2] Мф. 6:25.

[3] Объясняя, как познавшие Бога души могут облегчить кармическое бремя своих учеников, Парамаханса Йогананда однажды сказал: «Если вы видите, что один человек собирается ударить другого, вы можете встать впереди намеченной жертвы и принять удар на себя. Именно так поступает великий мастер. Он видит, когда его последователей могут настичь неблагоприятные последствия плохой кармы, накопленной ими в прошлом. Если он посчитает это разумным, он использует определенный метафизический метод, с помощью которого он принимает на себя последствия ошибочных деяний своих учеников… Поскольку святые осознают Бога как Вечное Существо и Неиссякаемую Энергию Жизни, они способны переносить удары, которые обычного человека могли бы убить. Их умы не поддаются воздействию физической болезни или земных несчастий».

Вселенной. «Ты не должна так говорить. Ты не понимаешь всего этого. Несмотря на мою боль, в этой борьбе Божественная Мать открывает мне целые миры понимания. Ты не знаешь, какие потрясающие картины Она рисует мне посредством этой физической болезни. Никогда не критикуй Божественную Мать. Никогда Ее ни в чем не обвиняй, даже если внешне что-то кажется тебе несправедливым».

Я понурила голову и подумала, как глупо было с моей стороны так говорить — хотя мои слова исходили от чувства любви и желания облегчить его страдания. Но даже в болезни его настрой был правильным — страдания его не исказили.

Мы всегда можем проявлять правильный настрой. Какой бы серьезной ни была ваша проблема, пусть ваш ум остается непоколебимым. Вы должны созерцать себя как душу, управляющую всем вашим существом. Душа — возничий, который крепко держит вожжи ума и направляет колесницу тела. Душа никогда не поддается воздействию настроения, эмоций, привычек и физических или психических страданий.

Это то состояние, которого все мы хотим достичь. Оно достигается посредством медитации. Мастер говорил: «Я хочу, чтобы вы правильно распоряжались здесь своим временем — тогда вы сможете достичь Бога в этой жизни». Я очень радуюсь, когда узнаю о том, что последователи SRF проводят в медитации больше времени. И я всегда это чувствую. Где бы я ни была, я всегда прошу Божественную Мать благословить всех вас. Я знаю, что, если вы будете взывать к Ней искренне и с любовью, вы непременно — возможно, когда вы меньше всего будете этого ожидать — почувствуете Ее Божественный ответ.

Бог постоянно пребывает за нашими мыслями. Для меня это самая волнующая истина. Даже если я медитирую лишь несколько минут, на меня нисходит это осознание. Сейчас я уже в состоянии погружаться вглубь себя в одно мгновение. Я говорю: «Божественная Мать, Ты здесь — за моими закрытыми глазами, за моими мыслями, за искрой жизни в этом теле». Мысленно повторяйте эту мысль снова и снова, погружайтесь в нее все глубже и глубже, чтобы ваш ум проникся этим осознанием. И вы увидите, как сладко благословит вас Божественная Мать.

«Он полон жизни и радости»

Я очень люблю эти прекрасные слова Мастера: «В духовной жизни человек уподобляется маленькому ребенку: у него нет ни обид, ни привязанностей; он полон жизни и радости». Задумайтесь над этим: духовный человек словно маленький ребенок, который очень доверчив, безгранично любит свою мать и отца, абсолютно невинен и простодушен — с чистым сердцем. Если дать ребенку игрушку, он с интересом поиграет с ней, а затем бросит и забудет. Вот такими должны стать и мы: что бы ни приходило в нашу жизнь, мы должны оставаться свободными от привязанностей.

«Ничему не позволяйте вас ранить или ввергать в беспокойство, — говорил Мастер. — Внутренне будьте спокойны, а в своих действиях — уравновешенны. Свободное время проводите в медитации. Никакое земное наслаждение не может сравниться с духовной радостью Крийя-йоги. Я не променял бы ее даже на все удобства Запада и на все золото мира. Благодаря Крийя-йоге я всегда ношу свое счастье с собой».

Как развить внутреннюю силу

Я часто говорю, что если бы вы взяли хотя бы одну истину из тех, которым учит Мастер, и посвятили бы себя ее постижению, то уже в этой жизни вы бы стали святыми. Каждый день берите на вооружение какой-либо истинный принцип и живите им. Вы можете сказать себе: «Я так занят своими обязанностями, что у меня нет времени удерживать свой ум на этой мысли». Но я этого не принимаю. Я знаю, что духовный путь труден; познать Бога — нелегкое дело. Но я также знаю, что ваши испытания и трудовые обязанности — это и есть то, что кует в вас внутреннюю силу, необходимую для обретения Бога. Таков опыт моей жизни и жизни многих других людей. Поэтому не имейте в этом сомнений.

Твердо знайте, что вы Божье дитя и внутри вас есть вся необходимая сила для преодоления своих слабостей. Мастер постоянно это подчеркивал. Он никогда не разрешал нам скулить, плакать и стонать. Он наполнял нас божественной силой.

Мы можете подумать: «Вот если бы у меня была свобода посвящать медитации все мое время, я бы непременно добился этой цели». Но такая жизнь не научит самодисциплине. Сталкиваясь с проблемами и обучаясь подчинять себе свое неуправляемое «я», мы развиваем свою внутреннюю силу. Если вы не будете поднимать свою руку, ее мышцы быстро атрофируются. Рука станет слабой и непригодной для работы, потому что ею совсем не пользуются. Внутренняя сила, воля и вера — все эти «мышцы» развиваются только тогда, когда человек вынужден их применять. Поэтому даже не думайте, что, если бы ваша жизнь была бы не такой трудной, вам было бы легче познать Бога. Это неправда. Те испытания, которыми вас дисциплинирует Господь, — это как раз то, что вам требуется для саморазвития. Всегда помните об этом.

Я делаю на этом особый акцент потому, что, обучаясь вручать себя Божьей воле, вы продвигаетесь на духовном пути семимильными шагами; вы мчитесь к своей божественной цели. Но когда в вас пробуждается внутреннее противление или неохота, вы застреваете. Относитесь к жизни спокойно. И имейте веру в то, что, когда на то будет воля Божественной Матери; когда определенный жизненный урок будет вами усвоен, Она уберет с вашего пути соответствующее испытание, потому что вы уже не будете в нем нуждаться.

«Уединение — плата за познание Бога»

Прежде всего — и я буду призывать вас к этому снова и снова — развивайте любовь к Богу. Жаждите только одной привязанности — Бога. Нет ничего более прекрасного, чем уединение, в котором ум человека находится в постоянном ожидании Божественного Возлюбленного. Это то, на чем особо акцентировал свое внимание Мастер: «Чаще оставайтесь наедине с самим собой. Уединение — плата за познание Бога». Моя духовная обязанность — воодушевить вас чаще оставаться наедине с Богом. Приучите себя говорить с Ним. Ходите на прогулки, и, пока гуляете, разговаривайте с Богом. Гуруджи говорил: «Я хочу видеть, как ваши умы укореняются в Боге». Если вы не практикуете это в своей садхане, вы никогда не поймете, что это значит; вы никогда не узнаете ценность духовного уединения, когда Господь становится Божественным Спутником. Когда Он с вами, вы в состоянии наслаждаться любой компанией.

Не увлекайтесь ничегонеделанием. Опьяняйтесь Богом, радостью общения с Ним. «Взбивайте» эфир, пока не почувствуете Его отклик внутри себя. Так я взрастила свою садхану. Я взывала к Нему по ночам. Если бы я только могла пробудить вас от вашей летаргии и заставить вас жаждать Бога каждый момент — днем и ночью, как бы заняты вы ни были, — чтобы вы устремились на Его поиски внутри себя и утолили свою тоску по любви. Вы бы увидели, каким чудесным образом преобразилась бы ваша жизнь. Придет день, и вы вспомните эти слова, сказав: «Как она была права! Она старалась расшевелить наши сердца, как Мастер расшевелил ее сердце!» Я могу только призывать вас к этому, но вы сами должны есть пищу, чтобы вам от нее была польза.

Ничто в этом мире — никакая компания — не может сравниться с радостью Божьего присутствия. Гуруджи говорил нам: «Когда мне не нравится этот мир, я отправляюсь в другой». Когда обстоятельства накалялись до предела, он просто отключал свое чувственное сознание и на время погружался в живительное блаженство Божественного Сознания. Не думаю, что без такого внутреннего осознания Бога и я смогла бы справляться со всеми трудностями — физически и морально. Но мы сначала должны развить в себе способность отключаться, погружаться в более высокие состояния сознания. Это достигается с помощью самодисциплины и медитации. Такое обучение каждый из вас получает через учения Гуруджи и обстоятельства повседневной жизни. Твердо и безо всяких сомнений знайте, что Божественная Мать и Мастер наблюдают за вашей жизнью. «Для тех, кто думает, что я рядом, я буду рядом», — говорил Гуруджи. Это «рядом» означает постоянное благословение и наблюдение за вашей духовной жизнью.

Между вами с одной стороны и Богом и Гуру — с другой есть Божественный договор. Как сказал Мастер, успех на духовном пути на двадцать пять процентов зависит от усилий ученика; еще на двадцать пять — от благословений Гуру; а на оставшиеся пятьдесят процентов — от Божьей милости. Подумайте только, как мало вам нужно сделать! Но эти двадцать пять процентов нужно отработать на все сто. Вы должны прилагать усилия со своей стороны. В этом вся суть.

Когда в вашей жизни происходит что-то неладное, внутренне держитесь за Бога. Взывайте к Нему. Старайтесь исправить положение — я ведь не говорю, что вы не должны этого делать. Но пока вы предпринимаете конкретные меры, ваш ум должен оставаться спокойным, внутренне сосредоточенным на Боге.

Шри Гьянамата[4] говорила: «На первом месте Бог и только Бог». Пусть этот идеал главенствует в вашем сознании в каждый момент жизни — чем бы вы ни занимались. Когда ваш ум пропитывается таким осознанием, вы замечаете, что вам становится легко исполнять свои обязанности; они уже не тревожат вас беспричинно. Вы сознательно выполняете свои дела, но ваш ум так глубоко погружен в океан Божьего присутствия, что волны, бушующие на поверхности, не могут его встревожить. Именно так проходят через все трудности великие святые, и именно поэтому Христос сумел выдержать свое наивысшее испытание. С какими бы трудностями вы ни сталкивались, укореняйтесь в Боге посредством глубокой медитации. Будьте неподвластны внешним обстоятельствам. Помните молитву Мастера: «Когда шторм испытаний ломает все вокруг и беспокойство завывает за окном, их дикий скрежет и вой я топлю громким пением своим: „Боже! Боже! Боже!"».

«Ничто не сможет тронуть тебя, если ты внутренне любишь Бога»

Как тепло становится на душе, когда я вспоминаю, что сказал мне Мастер: «Всегда помни: ничто не сможет тронуть тебя, если ты внутренне любишь Бога». Все эти годы я прожила в

---

[4] Шри Гьянамата («Мать мудрости») была одной из первых монахинь Ордена Самореализации. Парамаханса Йогананда часто отмечал ее святость. Она поступила в ашрам в 1932 году, когда ей было уже за шестьдесят. Шри Дайя Мата поступила в ашрам годом ранее — в семнадцатилетнем возрасте. Парамаханса Йогананда часто оставлял молодых учениц на попечение Гьянаматы, когда отлучался из Центра «Маунт-Вашингтон». Ее вдохновенные духовные советы запечатлены в книге *God Alone: The Life and Letters of a Saint* (рус. «Только Бог: жизнь и письма святой»). — Прим. изд.

осознании этих слов. И я говорю всем вам: ничто не сможет тронуть вас, если вы внутренне любите Бога! Поэтому любите Его так, чтобы вы могли полностью осознавать Его силу внутри себя; чтобы вы могли полностью осознавать Его веру; чтобы вы могли полностью осознавать свое абсолютное единство с Его Любовью, живущей в вас.

Таков секрет; и я говорю вам из собственного опыта: когда мой ум перестает сосредотачиваться на определенном деле или принимаемых решениях, он не переключается на бесполезные отвлечения, а фокусируется на мысли о Боге. Он — центр моей жизни. Мой ум всегда находится с Ним и нигде больше. Куда еще ему идти? Все мое существо окунается в пенящийся фонтан радости. Воды божественной любви вливаются в мое сердце, ум и душу. Вы можете практиковать это где угодно. Когда вас везут на машине или когда выдается свободная минутка на работе, обращайте свой ум к Богу: «Мой Возлюбленный, моя Любовь! Каким бы занятым я ни был, я всегда думаю о Тебе».

Не удовлетворяйтесь ничем, кроме осознания Бога. Как только вы начинаете замечать, что на своем духовном пути вы становитесь вялым, инертным или ленивым, молитесь Богу, чтобы Он стряхнул с вас это состояние. Я всегда говорю Ему: «Мне все равно, пошлешь ли Ты мне испытания или же радость — только позволь моему сознанию пребывать в Тебе. Делай со мной все, что захочешь, — я восприму все с одинаковым настроем. Я знаю лишь одно: в своем сознании я постоянно должна быть с Тобой».

Вас изумит ответ Божественной Матери на такой зов — если он исходит не из уст, а из сердца. Она зрит ваше сердце. Вы должны говорить с Нею искренно. Держитесь за этот внутренний поток любви, чем бы вы ни были заняты; на заднем плане своего ума всегда будьте с Богом. Это возможно. Чем больше вы это практикуете, тем легче это получается. Именно так ведет себя влюбленный мирской человек: посреди всех своих дел и обязанностей он концентрируется на человеке, которого любит. Преданный Богу человек — это тот, кто влюблен в Бога; он же и самый мудрый, ибо выбрал истинно вечного Возлюбленного — Того, Кто никогда его не разочарует. Эта Любовь никогда не проходит — всегда новая, всегда настоящая, всегда цельная.

Все ищут идеальной любви, идеальной радости. Все, за что бы мы ни хватались в этой жизни, в конечном итоге приносит разочарование, уныние и печаль, — все, кроме Бога. Только Он приносит полное удовлетворение. Именно поэтому Христос сказал: «Ищите же прежде Царства Божия и правды Его, и это все приложится вам»[5]. «Это все» означает исполнение всех желаний, которые у нас когда-либо были. Все мы склонны сомневаться; но не нужно этого делать — имейте веру.

В самом начале пути мне бывало очень трудно, и я иногда чувствовала упадок духа или начинала сомневаться. Тогда я говорила Богу: «Господи, я скажу так: в этой жизни я постараюсь найти Тебя и вложу в это дело все свое сердце, весь свой ум и всю свою душу. Я буду продолжать искать Тебя, несмотря ни на что». Если вы проявите такую решимость, вы увидите, что Бог не дает пустых обещаний. Если Он говорит: «Все это приложится», это значит, что вы действительно найдете в Нем удовлетворение всех своих желаний — до самого последнего.

Индийские священные писания учат достижению состояния отсутствия желаний. Это не негативное состояние сознания — напротив, оно приносит всегда новое счастье. Это то состояние, когда уже и желать нечего — вы имеете все! Когда нас переполняют материальные желания, мы, конечно же,

---

[5] Мф. 6:33.

сладостно предвкушаем их исполнение; но, если у нас нет надежды или возможности для их исполнения, мы испытываем постоянное разочарование. Неисполненные желания делают нас несчастными. Духовное состояние отсутствия желаний подразумевает наличие такого Обретения, которое уже невозможно превзойти. Достигшему наивысшего удовлетворения уже даже нечего желать. Такой верующий ликует: «Я удовлетворен полностью!»

Я часто думаю: «Я довольна. Я удовлетворена. Я не испытываю жажды, потому что я постоянно испиваю из неиссякаемого Колодца. Отсутствие желаний — это такое чудесное состояние!» Давайте вместе помолимся:

«Божественная Мать, научи меня быть как малое дитя — доверчивое и полное веры; дитя, которое ищет Тебя и делится с Тобой своими радостями и горестями. Куда бы я ни пошел и на что бы я ни взглянул, дай мне увидеть при свете и во тьме Твое благословение, нисходящее на меня. Божественная Мать, помоги мне осознать, что Ты — самая близкая из всех близких, самая дорогая из всех дорогих. Благослови меня, чтобы за своими мыслями я всегда осознавал Твое присутствие, безмолвно говорящее со мной через мою совесть и безмолвно направляющее меня в моей практике мысленной сонастроенности с Тобой».

Совершенная радость

Воскресите свое сознание, изменив свой умственный настрой

*Фрагменты из пасхальных сатсанг в Главном
международном центре Self-Realization Fellowship
и в храме SRF в Голливуде*

Приближается праздник Святой Пасхи; и в эти дни я размышляла, о каких вдохновляющих событиях из божественной жизни Господа Иисуса Христа я могла бы вам рассказать. Также я хотела бы поговорить о том, какое значение имеет для наших жизней воскресение Христа. Гурудэва Парамаханса Йогананда часто восхвалял святого Франциска Ассизского как одного из самых преданных Христу святых. Он являл собой идеальный пример истинного последователя его учений. В этой самой комнате (речь о часовне Главного международного центра SRF. — Прим. изд.) Гуруджи явилось видение святого Франциска, которое вдохновило его на написание стихотворения «Боже! Боже! Боже!», которое все мы так любим. На обратном пути из Индии в 1959 году я посетила Ассизи; и я никогда не забуду того вдохновения, которое снизошло на меня, когда я увидела святые места, пропитанные духом великого святого.

В жизни святого Франциска был один эпизод, который, на мой взгляд, отражает саму суть духовной жизни. В мои первые годы пребывания в ашраме почтенная Шри Гьянамата дала нам, молодым ученицам, книгу о жизни этого святого[1]. И мне бы хотелось зачитать вам отрывок из этой книги.

> Однажды зимой, когда святой Франциск шел с братом Львом из Перуджи в обитель Санта-Мария-дельи-Анджели, коченея от холода, он окликнул брата Льва, шедшего впереди, и сказал: «Даже если бы везде и всюду братья-минориты[2] являли собой пример истинной святости и добродетели, запомни, брат: не в этом была бы совершенная радость».
>
> Немного спустя святой Франциск окликнул брата Льва во второй раз: «О брат Лев, даже если бы братья-минориты возвращали зрение слепым, выпрямляли горбатых, изгоняли бесов, возвращали слух глухим и речь немым, излечивали хромого и даже пуще того — воскрешали бы мертвых на четвертый день после смерти, запомни: не в этом была бы совершенная радость».
>
> Он прошел еще немного и воскликнул вновь: «О брат Лев, даже если бы братья-минориты знали все языки, были бы сведущи во всех науках, могли бы толковать все священные писания, стали бы провидцами и могли бы видеть не только будущее, но и тайны совести людей и их душ, запомни: не в этом была бы совершенная радость».
>
> Сделав еще несколько шагов, он в очередной раз громко возгласил: «О брат Лев, агнец Божий, даже если бы братья-минориты говорили на языке ангелов и знали все звездные пути и целебные свойства всех трав; даже если бы им открылись тайны всех сокровищ земли; даже если бы они знали все о птицах, рыбах, животных, людях, деревьях, камнях, кореньях и воде, запомни: не в этом была бы совершенная радость».

---

[1] «Цветочки святого Франциска».

[2] Так называют членов монашеского ордена святого Франциска Ассизского.

И вот, когда, беседуя таким образом, они прошли уже две мили, брат Лев, весьма озадаченный, спросил святого: «Отец, именем Бога умоляю тебя, скажи, в чем же состоит совершенная радость?»

Святой Франциск ответил: «Если мы придем в обитель Санта-Мария-дельи-Анджели, промокшие под дождем и трясущиеся от холода, покрытые грязью и обессилевшие от голода, и постучимся в ворота, а привратник сердито спросит нас, кто мы такие, и мы скажем ему: „Мы двое братьев твоих", на что он рассерженно ответит: „Вы говорите неправду! Вы просто самозванцы, желающие обмануть мир и украсть милостыню у нищих. Уходите, я сказал!"; если после этого он откажется открыть нам и оставит нас за дверью, беззащитных перед снегом и дождем, страдающих от холода и голода в ночи, а мы примем такую несправедливость, жестокость и оскорбление терпеливо, без досады и жалоб, смиренно и милостиво — понимая, что привратник на самом деле знает нас, и что это по воле Бога он так говорит против нас, — запомни, о брат Лев, в этом и будет совершенная радость.

И если, одолеваемые холодом и голодом, мы постучимся вновь, позовем привратника, со слезами умоляя его открыть нам и дать приют ради любви к Богу, а он выйдет еще более рассерженный и воскликнет: „Упрямые негодники! Я разберусь с ними, как они того заслуживают" и, взяв узловатую палку, схватит нас за капюшоны, повалит на землю, вываляет в снегу и будет бить нас, раня сучками палки, — и мы снесем все эти несправедливости с терпением и радостью из любви к Христу, — запомни, о брат Лев: это и будет совершенная радость.

А теперь, брат, слушай главное. Превыше всех милостей и даров, которые Христос преподносит любящим его, — дар побеждать себя и охотно принимать из любви к Богу все страдания, несправедливости и неудобства».

В этой истории мы находим идеал, которому должен

следовать каждый, кто стоит на духовном пути. Этот идеал ярко воплотился в распятии и воскресении Христа. Духовность заключается не в способности исцелять других, творить чудеса или удивлять мир своей мудростью, а в способности сохранять правильный настрой ума в трудных обстоятельствах; быть выше их. Такой дух дарит нам всепобеждающую силу и высшее счастье.

Будьте выше болезненных переживаний

Каждому из нас приходится проходить через драматические потрясения в жизни, которые, как нам кажется, невозможно пережить. Мы говорим себе: «Почему это случилось именно со мной? Это несправедливо». Когда у меня появляется искушение так думать, я вспоминаю эту историю из жизни святого Франциска. Каждое наше переживание — радостное ли, печальное ли — приходит к нам по одной причине: чтобы, пройдя через него, мы могли стать ближе к Божественному Возлюбленному. Мы обретаем совершенную радость, когда бескорыстно стремимся к наилучшему результату в своей деятельности, а затем смиренно принимаем то, что нам послал Бог.

Большинство людей, познав разочарование в человеческих отношениях, начинают горевать. Никогда не допускайте этого в своей жизни. Устремитесь к Богу — как малое дитя, которое бежит к матери в поисках утешения. В компании истинных друзей мы наслаждаемся любовью Единого Божественного Друга. А благодаря тем, кто нас не понимает и осуждает, мы имеем возможность испытать совершенную радость, исходящую от Божьего утешения и поддержки, когда обращаемся к Нему. Имея такие взаимоотношения с Богом, мы не можем ожесточиться на тех, кто с нами плохо обращается. Мы принимаем боль, одиночество и внутреннюю пустоту как напоминание, что надо углубить свои отношения с Тем, Кто нас никогда не подведет.

Этому я научилась уже в первые дни своего пребывания в ашраме. Там была группа послушниц, которые сделали своим правилом не включать меня в свои мероприятия. Я чувствовала себе брошенной, отвергнутой. Вначале все это причиняло мне сильную боль, ведь я была еще очень юной; и я спрашивала себя: «Почему? Почему они отвергают меня?» Но я на них не обижалась. Я напоминала себе, что пришла сюда не ради человеческих отношений, а ради поиска Бога. У меня было обыкновение гулять по территории ашрама — особенно я любила делать это по ночам — и в слезах взывать к Божественному Возлюбленному.

Если мы искренне и с твердой убежденностью возвестим в своем уме: «Господи, лишь Тебя я хочу», Бог тут же услышит наше признание. С этого момента мы обязуемся принимать все события в своей жизни как приходящие к нам по Божьей воле. Мы учимся принимать Его испытания как любовный призыв не иметь иных привязанностей, кроме как к Нему. Встречаясь с трудностями и преодолевая болезненные переживания, мы разрываем цепи, в которые закована наша душа в этой крошечной клетке мелочных чувств и вечно страдающей плоти.

Что заставляет нас страдать?

Я не понимаю, как люди могут переносить свои трудности без этого понимания, без любви к Богу. Как много людей просят меня о помощи! Сердце обливается кровью. Но дорогие мои, мы сами должны у себя спросить, что именно заставляет нас страдать. Это не другие люди и не обстоятельства, и уже тем более не Бог. Это мы раним самих себя, когда ошибочно думаем, что удовлетворение нам могут принести вещи, приходящие извне.

Знаете ли вы, что на самом деле происходит, когда мы исполняемся недовольства, обид и беспокойных желаний? Наши страдания рождаются от одиночества и чувства внутренней опустошенности, которые исходят от незнания Бога. Наша душа помнит совершенную любовь, которую мы вкушали, когда пребывали в полном единении с Божественным Возлюбленным. И в пустыне этого мира мы плачем по той любви.

Почему мы ревнуем, сердимся и проявляем чувство собственничества в человеческих отношениях? Потому что каждый из нас жаждет владеть тем, что принадлежит исключительно нам, будучи уверенным, что никто и ничто не сможет нас лишить этого. Мы ищем условий или окружения, которое дало бы нам это чувство надежности; мы ищем друга, на которого можно положиться; любовь, которую мы можем назвать своей. Каждый человек жаждет совершенной любви, совершенного единства с другим человеком. Но так мы можем обладать только Богом. Все человеческие отношения, за исключением тех, что укреплены в Боге, в конце концов заканчиваются утратой или разочарованием. Так было с начала времен.

Почему мы критикуем других? Потому что истинная природа нашей души — совершенство, и мы инстинктивно ищем его во внешних условиях, в других людях, в организациях. Мы возмущаемся, когда они не оправдывают наших ожиданий. Душа тоскует по своему утерянному божественному наследию; но пока мы думаем, что можем найти наше счастье в этом мире, мы никогда не познаем совершенной радости.

Внешние условия никогда не будут совершенными — всегда помните об этом. Собственность, социальное положение, восхищение других людей — все это временные явления. Не столь важно, что мы имеем или не имеем в этом бренном мире — важно наше внутреннее отношение ко всему, что происходит в нашей жизни каждый день. И только благодаря совершенствованию настроя ума мы обретаем силу, радость и осознание своей врожденной божественности.

Совершенная радость

Что такое правильный настрой ума?

Накануне Нового года мы, служители ашрама, всегда собирались вместе с Мастером в часовне для медитации; начинали мы в полдвенадцатого вечера, а заканчивали за полночь. В конце медитации он часто предлагал нам поразмыслить над определенной темой или указывал на качество характера, над которым мы должны были поработать в наступающем году. После одной из таких медитаций он нам сказал: «Будьте смиренны; не критикуйте других людей; учитесь сопереживать». Для каждого верующего эти три качества составляют суть правильного настроя ума.

Смирение не имеет ничего общего с напускной демонстрацией набожности. Смирение означает умение принимать любой жизненный опыт — даже когда нас оскорбляют грубыми словами — с правильным настроем ума. Святой Франциск, которого я могу назвать воплощением совершенного смирения, прекрасно выразил это в таких словах: «Учитесь принимать критику, осуждение и обвинения молча, без желания отомстить, даже если они ложны и несправедливы». Пытаясь защитить себя от критики, мы погрязаем в болоте жалости к себе и самодовольства. Настоящее смирение развивает твердость характера, потому что мы пытаемся угодить Богу, а не человеку. Будучи честны перед Ним, мы становимся теми, чьи качества могут быть также угодны и человеку.

Искореняйте в себе желание критиковать других

Следующая вещь, на которой Мастер акцентировал свое внимание, — это недопустимость критики в отношении других людей. Желание искать недостатки в окружающих подобно раковой опухоли, поедающей корни вашего внутреннего покоя.

Вы не можете быть счастливым человеком, если ваш ум полон негативных чувств.

Однажды при мне один из обитателей ашрама подошел к Мастеру и резко отозвался о другом человеке. Мастер внимательно слушал его в течение примерно трех минут. Наконец он улыбнулся критику и сказал: «А теперь мне хотелось бы услышать точно такой же по длине рассказ о твоих собственных недостатках». Последователь его учений был в шоке; и я сомневаюсь, что он когда-либо снова позволит себе критиковать других при Гуруджи!

Конечно, конструктивная критика, сказанная искренне и лишь ради того, чтобы человек мог улучшить себя, может быть полезна. Но тут легко перегнуть палку и проявить излишнюю дотошность и критицизм. Если мы замечаем, что наш ум мечется между постоянной неудовлетворенностью и недоброжелательностью, это сигнализирует о том, что у нас неправильный настрой ума. Пока мы полны негативных чувств — и неважно, оправданы они или нет, — мы не можем чувствовать Бога. Тьма и свет не могут сосуществовать в одной комнате; и точно так же мудрость и неведение, а также любовь и ненависть не могут сосуществовать в сознании. Чем меньше мы сплетничаем и осуждаем или же слушаем чужие сплетни, тем спокойнее мы внутри.

Отдавая, мы получаем

И вот последний пункт, который подчеркивал Мастер накануне Нового года: учитесь сопереживать. Обычно люди думают, что именно этого всем и не хватает: все мы хотим, чтобы другие сопереживали нам. Но начинать нужно с самих себя: нужно забыть о себе — меньше думать о своем комфорте, быть более внимательным к нуждам тех, кто находится в нашем окружении. Как сказал святой Франциск: «Отдавая, мы получаем».

Единственное, что мы должны делать эгоистично, — ревностно оберегать наши отношения с Богом. Из Него мы черпаем безусловную любовь и понимание, которые мы проявляем в отношениях с окружающими.

Наивысшая радость моей жизни исходит из одного источника — любви к Богу. Я не пошла по тому пути, который избирает в этом мире большая часть людей, ищущих человеческой любви и товарищества. Но я чувствую себя любимой, глубоко и бесконечно любимой. Космический Возлюбленный никогда меня не разочаровывает. Даже во времена испытаний я знаю, что Его благословение скрывается прямо за болезненными переживаниями, и оно призывает меня отделиться от всех ограничивающих меня привязанностей, чтобы суметь приблизиться к Нему. Верующий с правильным настроем ума находит радость даже в боли и страданиях, которые он воспринимает как выражение Господней любви. Учитесь, дорогие мои, учитесь проходить через все жизненные испытания с таким настроем ума. И знайте, что благословение Гуру всегда с вами. Оно никогда вас не подведет.

Так давайте же в эти священные предпраздничные дни стремиться к тому, чтобы воскресить себя, вернуть себе духовное рвение, которое мы утрачиваем, когда жизнь ложится на наши плечи тяжелым грузом или когда мы слишком глубоко погружаемся в материализм. Старайтесь соединить свои сердца с другими в глубоком доброжелательном понимании. Помогайте людям, но не осуждайте их. Тянитесь к ним с искренней любовью, но более всего любите Божественного Возлюбленного. Быть опьяненным жаждой Бога — значит очистить свое сознание он негативного настроя ума, разлучающего нас с Его совершенной радостью.

Путь к эмоциональной и духовной зрелости

Из выступления в Главном международном центре Self-Realization Fellowship

Оглядываясь на годы обучения под руководством нашего Гуру Парамахансы Йогананды и вспоминая, как он прививал дисциплину своим ученикам, я вижу, с какой мудростью он вел нас к эмоциональной и духовной зрелости. Одной из главных проблем человечества является именно незрелость. Войны возникают потому, что мы ведем себя как избалованные, легкомысленные дети. Дети хватают камни и бросают их друг в друга; взрослые дети делают то же самое — только бросают они уже бомбы. Мы ссоримся, мы сражаемся друг с другом. Если у кого-то появилась «игрушка», мы хотим такую же — прямо как малые дети. В общем, каждый человек растет в летах, но очень немногие растут умственно и эмоционально. Каких людей мы можем назвать действительно зрелыми? Иисуса Христа, Будду, Махаватара Бабаджи, Парамахансу Йогананду, — каждого великого святого. Это то, к чему мы все должны стремиться. Вот несколько критериев эмоциональной зрелости.

Способность трезво воспринимать реальность

1. Способность трезво воспринимать реальность. Поразмышляйте об этом. Если мы незрелы, мы не хотим иметь дело

с реальностью, когда она не соответствует нашим ожиданиям. Мы скорее отвернемся от нее и убежим. В действительности мы не хотим знать правду, когда она противоречит нашим убеждениям. Мы лучше спрячемся, чтобы ничего о ней не знать. Например, мы не хотим, чтобы наш Гуру или духовный наставник говорил нам такие вещи, которые мы не хотим слышать. Мы не хотим, чтобы члены нашей семьи критиковали нас, даже если они правы. Критика рождает в нас желание ответить тем же. Если жена говорит мужу: «Ты слишком много куришь», первое, что хочет сделать муж, — сказать ей в ответ что-нибудь неприятное. Принцип «ты меня ударил, и я тебя ударю» — признак эмоциональной незрелости. Так поступают дети. Эмоционально зрелый человек в такой ситуации сохранит спокойствие и в первую очередь задумается: «Неужели? Да, действительно, я слишком много курю. Надо бы мне бросить, ведь это вредит моему здоровью». Возможно, он не ответит жене такими словами, а просто промолчит. Во всяком случае, он не скажет в ответ ничего неприятного. Он будет смотреть на правду глазами зрелого человека.

Миллионы людей попадают в психбольницы или становятся на учет к психиатру, потому что не желают знать о себе правду, не желают встретиться лицом к лицу с самими собой и своими недостатками. Но это первый взрослый шаг, который должен сделать каждый человек.

Знаете ли вы, почему мы не желаем признавать свои недостатки? Как душа мы видим себя совершенными. Это очень важно понимать. Мы, безусловно, совершенны, но только как душа — не как эго. Эго отождествляет себя с ограничениями тела и вбирает в себя все несовершенства, порождаемые плохими привычками, обретенными в многочисленных инкарнациях. Это наше эго не хочет, чтобы его кто-то исправлял.

Но разве не является правдой тот факт, что, если нас подвергают критике и мы принимаем ее с правильным настроем ума, это идет нам на пользу? В принципе, даже неважно, как она преподнесена — грубо или же с чувством такта. Конечно, для самого критикующего было бы лучше, если бы он говорил по-доброму; но недоброжелательность человека — это, по сути, его собственная проблема. Ваша задача — правильно среагировать.

Позвольте мне процитировать святого Франциска Ассизского. Вот что он сказал и чему следовал в своей жизни: «Учитесь принимать критику, осуждение и обвинения молча, без желания отомстить, даже если они ложны и несправедливы». Это слова эмоционально зрелого человека. Если мы сможем сделать хотя бы одну пятидесятую этого, в награду мы получим восхищение и уважение со стороны окружающих; кроме того, мы станем уважать самих себя.

Способность адаптироваться к переменам

2. Способность адаптироваться к переменам. Я благодарна Мастеру за то, что он обучал нас такой способности. Он учил нас мгновенно адаптировать свой ум к изменениям в работе или в обстановке вокруг нас. В любое время дня и ночи мы могли перебраться из одного ашрама в другой. Нам не давали время на то, чтобы нормально собраться. Мы приезжали в Энсинитас, а там всегда были гости (тогда еще не было ретритов, где они могли бы разместиться). Мы уступали гостям наши комнаты, а сами шли в гостиную и спали там на полу, имея при себе лишь одно одеяло. И мне это очень нравилось. Желание зацикливаться на чем-то одном свойственно природе человека. Но сама природа этого мира лишена постоянства. Поэтому способность адаптироваться к новым условиям жизненно необходима.

Находите радость в дарении

3. Способность находить больше удовлетворения и радости в том, чтобы дарить, а не получать. Пусть ваше сердце будет щедрым и открытым. Развивайте в себе привычку находить радость в дарении. И неважно, что именно вы дарите. Находите способы делать счастливыми других. Не думайте о том, получите ли вы что-то взамен. Возьмем, к примеру, Рождество. Вы обмениваетесь подарками, а потом думаете: «А мой-то был дороже». Стыдно ведь! Какое это имеет значение? Чем больше вы будете отдавать бескорыстно, тем больше удовлетворения вы будете получать. В том, чтобы дарить, больше благословения, чем в том, чтобы получать.

Необязательно дарить только материальные вещи. Дарите людям частичку своего сердца, своего понимания. Даже если вы сами страдаете физически, когда к вам приходит человек, упавший духом, в депрессии, полный негативных мыслей, будет просто замечательно, если вы сможете сказать ему что-то ободряющее, чтобы он мог уйти от вас в хорошем настроении. Мастер часто ставил нам в пример святого Франциска. Будучи незрячим и страдая физически, святой все же находил в себе силы исцелять людей и придавать им бодрость духа. На протяжении уже многих веков его слова, нежная кротость и любовь к Богу вдохновляют миллионы людей.

Учитесь любить

4. Способность дарить любовь. Любовь ко всем — это венец эмоциональной зрелости. Речь идет не о чувственной любви и ее наслаждениях. Я говорю о божественной любви — безусловной, бескорыстной любви, не требующей ничего взамен. Наши отношения с Гуру и Господом основаны на

божественной любви; и такой тип взаимоотношений нужно устанавливать со всеми людьми.

Учитесь любить. Избегайте слово «ненавижу». Кроме того, избегайте все мысли и действия, не отражающие любовь. Если вам нужно поговорить с кем-то о чем-то неприятном, проявите при этом любовь. Какая это неописуемая радость — быть действительно влюбленным! Вы не выставляете все это напоказ, потому что в этом просто нет необходимости. Испытывать подлинную любовь к людям, любить всех живых существ и чувствовать благоговение перед всей жизнью — таков идеал зрелого человека. Мы видели совершенное воплощение этого идеала в Гуруджи.

С какой любовью и с каким уважением мы относимся к тому, кто говорит о людях лишь хорошее! Мы можем не всегда ладить с окружающими и понимать их, потому что не каждый может понять нас. У Христа были свои враги, но он всем дарил любовь. Он был достаточно терпелив, чтобы ждать, пока они обретут свое понимание. И за тех, кто его ненавидел, он был способен молиться: «Отче! прости им, ибо не знают, что делают». Эти великодушные слова были произнесены не для того, чтобы впечатлить человечество. Он жил этими словами! Неужели нам так трудно практиковать это? Мы должны это делать, ибо таков путь к миру и счастью и эмоциональной зрелости. Давайте возьмем в привычку чаще думать о любви и чувствовать ее. Я люблю птиц; я люблю деревья; я люблю природу. Я люблю смотреть на огромную синеву неба. Я люблю людей; я не ищу в них недостатки.

Все мы имеем недостатки, которые раздражают других; тем не менее Бог проявляет к нам терпимость. Почему мы не можем проявить такую же терпимость друг к другу? Это себя мы должны изменить — вывести пятна несовершенства и неведения, скрывающие под собой зияющую золотую душу, — проявив при этом терпимость к недостаткам других. Мы не должны думать, что это наша обязанность или право исправлять других, «потому что я практикую йогу, и мне лучше знать». Это то, что мы называем духовным эгоцентризмом. Самый лучший способ воздействовать на других — задействовать свое понимающее сердце, доброту, сострадание и любовь.

Гуруджи часто напоминал нам: «Глупые ссорятся — мудрые обсуждают». И мы прикладывали все усилия, чтобы не оказаться в числе глупых! Мы всегда старались открыто обсуждать все наши разногласия.

Все мы Божьи дети, избравшие тот же путь к Богу, что и тысячи других учеников Гуруджи во всем мире. «Да, Господи, воистину большую семью Ты дал этому монаху!», — сказал Гуруджи в своей «Автобиографии йога». Все мы соединены божественной любовью, божественным братством, божественной дружбой; и у всех нас одна общая цель: искать Бога вместе и служить Ему любым возможным способом в нашей большой семье, состоящей из всех живых существ.

Преодоление отрицательных черт характера

Из выступления перед монахами и монахинями в Главном международном центре Self-Realization Fellowship

Духовное учение нашего Гуру [Парамахансы Йогананды] охватывает не только принципы медитации и правильного поведения, но и необходимые меры для поддержания психологического здоровья. Поскольку моя обязанность — помочь вам понять принципы духовной жизни, сегодня я хочу осветить тему отрицательных черт характера, которые разрушают наш покой и счастье и наши взаимоотношения с другими, а также разлучают нас с Богом.

Духовный путь подобен лезвию бритвы. Если мы не будем следовать точным принципам этого пути, нам будет трудно найти Бога. Мы не сможем обрести самое ценное Сокровище, если не принесем максимальную жертву, а именно если не откажемся от тех черт характера, которые заставляют нас отождествлять себя с этой физической формой и ее эго, тем самым отделяя нас от Бога.

Тренируйте свой ум быть объективным

Жалость к себе — это один из индикаторов того, что мы крепко держимся за свое маленькое «я» — эго. Если мы жалеем себя, наше отношение ко всему всегда субъективно, и мы все принимаем на личный счет. Быть объективным — значит размышлять о том, какой настрой ума лучше всего применять в работе, в отношениях с окружающими и — что важнее всего — в отношениях с Богом.

Идя на поводу у своего субъективного сознания, мы становимся очень чувствительными. Никто не может предложить нам конструктивную критику, потому что мы всегда встречаем ее в штыки. Оборонительная позиция — симптом жалости к себе. Тренируйте свой ум беспристрастно оценивать ситуацию и свою реакцию со стороны. Когда вам указывают на ваши ошибки, осознавайте, что правда, а что — нет.

Если у вас испортилось настроение и вы расстроились из-за того, что вас подвергли критике, знайте: вы проявили слабость. Бог подвергает нас испытаниям в тех сферах жизни, где мы должны развить свою силу. Он не выглянет к нам из-за облаков и не скажет: «Дитя Мое, твоя проблема вот в этом, этом и этом». Он делает все по-другому: Он приносит в нашу жизнь те обстоятельства, которые дают нам возможность обнаружить и исцелить все психологические недостатки в своем сознании.

У жалости к себе есть брат-близнец — самооправдание, стойкое желание защищать и оправдывать свое поведение. Сдерживайте свои импульсы и не ищите оправдания своему поведению всякий раз, когда вы совершаете ошибку. Если, например, кто-то говорит вам, что вы много сплетничаете или всегда ищете в чем-то только плохое, сдержитесь и молча проанализируйте свои действия. Вполне возможно, что этот человек прав и поступает как настоящий друг.

Уверенность в себе приходит изнутри

Другой недостаток эго — самомнение: «Я сделал это, я сделал то; я первый, у кого возникла эта идея!» Ложная гордость приходит тогда, когда мы приписываем слишком много важности своим достижениям и забываем, что вершитель всего — Бог и что только Ему мы обязаны своими успехами. Есть такое крылатое выражение: «Гордыня до добра не доведет»; и это истинная правда. Стоит нам проявить гордыню, как мы обрекаем себя на несчастья.

Гуруджи часто цитировал такие стихи: «Как часто лилия цветет уединенно, // В пустынном воздухе теряя запах свой»[1]. Это совсем неважно, признает кто-нибудь наши заслуги или нет. Потребность в человеческом признании — это ловушка на духовном пути; будучи заманчивой для нашего эго, она может унести нас с этого пути на крыльях лести.

Мы продвигаемся духовно, когда совершаем правильные поступки, а не когда ожидаем признания за подобные действия. Кто-то может сказать: «Тогда я потеряю мотивацию. Я хочу, чтобы меня ценили». То признание, которое действительно имеет ценность, исходит изнутри — когда мы знаем, что наши дела радуют Бога. Многие люди достигали мировой славы и все же кончали жизнь самоубийством. Восхваление, которое они получали, становилось для них пустым, потому что они не испытывали внутреннего удовлетворения. Но если вы знаете в душе, что ваши дела радуют Бога, тогда ни похвала, ни осуждение не ввергнут ваш ум в смятение.

Всякий раз, когда кто-то хвалил Гурудэву, на его лице появлялась сияющая улыбка — милая и застенчивая. Он складывал все свои заслуги к Божьим стопам с простыми словами признания: «Я ни от кого ничего не ожидаю, но я счастлив, когда мне удается как-то порадовать моего Господа». Он был истинно скромным человеком, и при любых обстоятельствах сохранял равновесие ума.

---

[1] Томас Грей. Элегия, написанная на сельском кладбище.

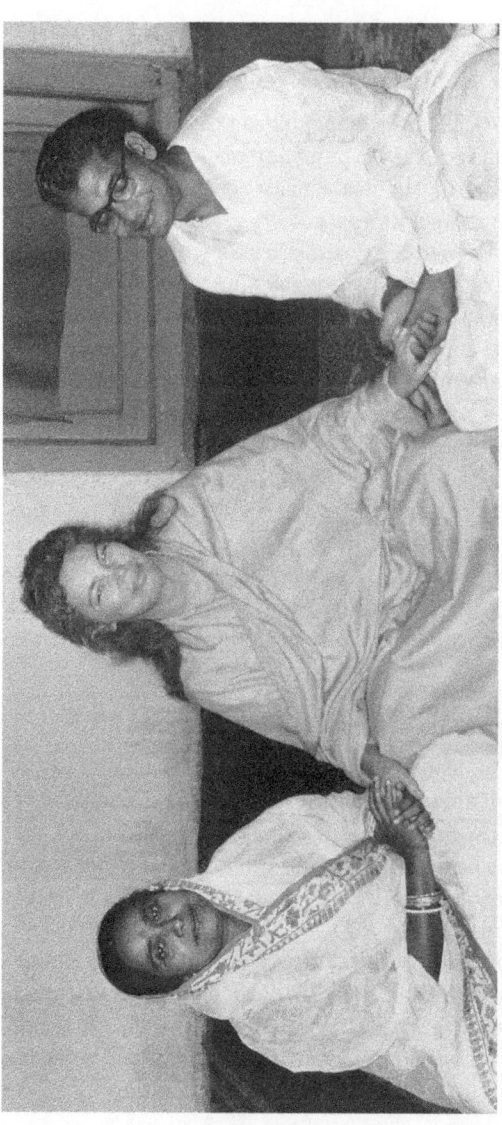

После песнопения Шри и Шримати (Брахмачарини Мирабаи) Сачинандан Сен, членов общества YSS и известных учителей индийской классической музыки. Ранчи, 1964 год

«*Мы должны культивировать и проявлять любовь и дружбу ко всем. Мы начинаем с любви к тем, кого Бог послал быть нашей семьей, и расширяем эту любовь, охватывая ею наших соседей, нашу страну и, наконец, все нации... Мы можем так расширить свое сознание, что начнем воспринимать весь мир как свою семью. Так мы проявим вселенскую любовь Господа*».

Правильное отношение к своим ошибкам

Другая крайность, противоположная самомнению, — это самоосуждение, которое так же разрушительно. Много лет назад здесь жил человек, который был живым воплощением самоосуждения. Он думал и говорил только о том, каким непригодным и несовершенным он был: «Я хуже всех; я ничего не стою; у меня так много недостатков; я, я, я» — и так до тех пор, пока у окружающих не возникло желание сказать ему: «А не можешь ли ты на какое-то время забыть о своем „я"? Думай о себе хоть как о пылинке, только не надо столько об этом говорить!» Самоосуждение и смирение — это две разные вещи. Эго очень сильно в самоосуждении; в смирении же оно полностью подчинено душе.

Не спешите себя осуждать. Каждый совершает ошибки, и я не думаю, что Богу это хоть сколько-нибудь важно. Он заинтересован только в одном: чтобы мы хотели быть лучше и всеми силами стремились к этому. Он ждет, пока мы примем такое решение: «Господи, возможно, я буду спотыкаться снова и снова, но я до последнего вздоха буду продолжать попытки улучшить себя».

Будьте честны перед собой и перед Богом

Нечестность — серьезный недостаток. Это внешний сигнал о глубоком внутреннем конфликте. Вы не можете проявлять нечестность и в то же время быть умом с Богом, Который есть сама Правда. Невозможно стоять ногами одновременно в двух лодках, одна из которых плывет к Правде, а другая — в противоположную сторону.

Но должны ли мы говорить правду, если она может причинить боль? Мастер объяснил это так: «Если вы увидите на улице незрячего и, решив побыть правдивым, окликнете его: „Эй, слепой, подожди!", это будет жестоко». Используйте проницательность, чтобы понять, что значит говорить правду. Однажды был такой случай: один человек не по-доброму отозвался о другом, и это дошло до Мастера. Мастер расспросил об этом обидчика, и тот сказал: «Мне задали вопрос, и я подумал, что должен ответить честно». Но тот человек не имел права никого осуждать, поскольку он не имел никакого отношения к тому делу и не знал всех деталей. Мастер объяснил ему все это, а затем, чтобы помочь ему понять принцип духовной честности, привел ему такой пример:

«Допустим, человек убегает от вора, который гонится за ним с ножом в руке. Ты — просто прохожий. Вор спрашивает тебя, в какую сторону направился беглец, а ты отвечаешь: „А он вон за тем деревом прячется". Ты сказал правду, но твой ответ учинит большой вред. И потому такая честность неправильна. Было бы лучше промолчать или указать в другую сторону, чем сделать то, что поспособствует свершению зла». В этом мире двойственности нашей проводницей должна быть проницательность.

В первую очередь стремитесь быть внутренне честными перед Богом. Никогда не притворяйтесь перед Ним — Он вас хорошо знает. Пытайтесь сонастроиться с Его оценкой ваших действий. Вместо того чтобы оправдывать себя, вручите Ему свои ошибки со словами: «Господи, я был нетерпелив, я вышел из себя. Я знаю, что это плохо, потому что теперь моя душа не знает покоя. Прости меня».

Если вы искренны, вы почувствуете себя лучше, поскольку вы обратились к Богу как к своему отцу, матери или другому близкому человеку. Когда вы что-то скрываете от Бога или от самого себя, внутри вас нарастает чувство вины. Приходит время, когда вы уже не желаете общаться с Богом, не желаете погружаться умом внутрь себя и смотреть на себя со стороны, потому что вам стыдно за все откровенно некрасивые черты,

Со статуэткой святого Франциска Ассизского, полученной в подарок на Рождество, 25 декабря 1973 года

Шри Дайя Мата проводит *сатсангу* в Риме в 1969 году в рамках трехмесячного лекционного турне по Европе, включавшего в себя занятия по йоге и посвящение в Крийя-йогу в Лондоне, Штутгарте, Кельне, Берлине, Вене, Цюрихе, Милане и Париже

«Вручить себя Богу, чтобы Он мог распоряжаться нами, как угодно Ему, — это такая радость! Вам уже хочется иметь не один, а тысячу миллионов голосов, чтобы воспевать Его имя; не одно, а тысячу миллионов сердец, чтобы выражать и принимать Его любовь».

которые, по вашему мнению, там накопились. Такие люди чаще всего нуждаются в психотерапии, потому что они теряют способность быть объективными в отношении себя.

Медитация дарует осознание Бога, взаимоотношений с Ним и Его великого милосердия. Благодаря ей вы постепенно снимаете слои психологических проблем, которые отделяют вас от Него. Посредством медитации вы наконец сможете объективно посмотреть на себя и все свои ошибки со стороны, не почувствовав при этом ни вины, ни страха перед Богом. Таким образом вы сможете превратить все свои недостатки в душевные добродетели — один за другим.

Терпение и решимость

Еще одна отрицательная черта характера — нетерпеливость. Все мы иногда грешим тем, что становимся нетерпеливыми, особенно когда находимся под большим напряжением. Это нормальная человеческая реакция. Но эта черта может стать настоящим камнем преткновения в отношениях с окружающими и в духовном продвижении.

Индивидуум, не умеющий проявлять терпение, не будет постоянен в своем поиске Бога. Мы должны иметь божественную решимость, подобно той, какую Гурудэва выразил в своей песне: «В долине печали, до завтра ли, веками ли, я буду ждать, пока не увижу Тебя, Тебя, Тебя, лишь Тебя»[2]. Вот это — терпение. Если вы говорите: «Господи, мне неважно, придешь Ты ко мне сейчас или же через тысячу лет — я все равно буду продолжать искать Тебя», такая решимость, полная терпеливости и любви, притянет к вам Бога. Но если вы планируете сдаться в

---

[2] Из книги Парамахансы Йогананды *Cosmic Chants* (рус. «Космические песнопения»).

том случае, если Он не ответит вам в определенный срок, то вы уже предначертали свое поражение. Бог не подчиняется диктатам. Он придет, когда Он будет к этому готов. Более того, Он придет, когда Он решит, что мы готовы. Если в своем поиске мы будем устанавливать лимиты во времени и ставить условия, то не стоит даже и надеяться на Его отклик. Требуется терпение.

Гурудэва обучал нас терпеливости простым способом: он заставлял нас проявлять ее. Однажды он сказал мне и другой ученице подождать его у моста Золотые Ворота в Сан-Франциско. Прошло несколько часов. Когда мы уже больше не могли стоять, мы, не обращая внимания на то, что подумают о нас люди, сели на одну из балок моста. Мастера все еще не было, а ветер становился ужасно холодным. У меня тогда возникла мысль, что я вот-вот посинею и замерзну насмерть! Но, когда Мастер и его шофер приехали за нами, я не позволила себе пожаловаться или показать раздражение. Был еще один случай, когда в 1933 году Мастер повез небольшую группу, включая меня и моего брата Дика Райта, на Всемирную выставку в Чикаго[3]. Там он попросил меня подождать, а сам пошел куда-то с моим братом. Они вернулись только через четыре часа! Поскольку он мне сказал: «Не уходи отсюда», я так ничего и не увидела на выставке — за исключением павильона Форд Моторс, в котором я их ждала; но мне там было совсем неинтересно!

Кто-то, конечно, может раскритиковать такую дисциплину и сказать, что она была чрезмерно строгой. Я думаю, что большинство людей в такой ситуации проявили бы нетерпение и рассердились. Те, кто имел подобный настрой и не обладал проницательностью, не задерживались у Гуруджи надолго. Нашему

---

[3] Парамахансаджи поехал в Чикаго 10 сентября 1933 года главным образом для того, чтобы выступить перед Мировым сообществом вероучений. В это время в городе также проходила Всемирная выставка.

Гуру было важно воспитать в нас качества, необходимые для познания Бога, а не беспокоиться о нашем комфорте и удовлетворении меньших желаний. Я глубоко благодарна Гуруджи за его дисциплину и формирование моего характера — без этого я никогда не познала бы внутреннюю удовлетворенность, силу, любовь и радость, которыми сегодня богата моя жизнь.

Ненависть и обида разъедают вашу внутреннюю жизнь

Ненависть — это очень опасная, «едкая» черта характера. Человек не может сонастроиться с Богом, если в его сердце живет ненависть. Ненависть — могучая сила, мощнее которой лишь сила любви. Когда сердце человека настроено на ненависть, это негативное чувство подтачивает основы его духовной жизни. Это одно из сильнейших испытаний перед лицом человеческой природы.

Когда враги Иисуса истязали его тело, он мог их возненавидеть всей душой. Но он этого не сделал. Он проявил великодушие, сострадание и божественную любовь, присущие душе, которая есть истинная сущность каждого человека.

Если в вашем сердце живет ненависть к кому бы то ни было, знайте: как бы вы ее ни оправдывали, в душе у вас не будет покоя, пока вы ее не преодолеете. Ни один из тех, чье сердце служит каналом этой злокачественной вибрации, не сможет познать Бога.

Обида — двоюродная сестра ненависти. Мы обижаемся, когда чувствуем, что с нами плохо обошлись или кто-то несправедлив по отношению к нам. Так бывает, например, когда сказанные нами слова возвращаются к нам искаженными или когда о нас говорят то, что мы считаем неправдой. Обида, как и ненависть, тоже будет разрушать вашу духовную жизнь. Стоит вам исполниться обиды, и вы тут же утеряете осознание Бога.

Очистите свое сознание от обиды; и всякий раз, когда она будет пытаться проникнуть туда, без промедления избавляйтесь от ее.

Преодоление ревности и зависти

Ревность рождается, когда человек не уверен в чьей-либо надежности. Если мы сонастроены с Богом, у нас уже нет причин для ревности. Мы довольны тем, что имеем, потому что осознаем, что это пришло к нам от Бога. Мы не желаем иметь того, что имеют другие, потому что мы удовлетворены и нам больше ничего не нужно. Ревность — обычное явление среди людей мирского склада ума; но в сердцах тех, кто ищет Бога, ей нет места. Много лет назад Мастер дал нам иллюстрацию ревности, которую мне не забыть. Он сказал: «Вот моя рука; вот ее пять пальцев. Этот палец не может занять место этого пальца, а вот этот палец не может занять место того. Все они нужны мне для работы. Каждый из вас занимает особое место в моем сердце и в Божьей любви». И каждый человек найдет свое место в семье и в обществе, если он будет проявлять себя с лучшей стороны. Поэтому ревности нет оправдания.

Зависть сродни ревности. Гуруджи иногда нарочно давал что-то лишь одному ученику, игнорируя при этом остальных. Те, кто знал Мастера, понимали, что он делал это намеренно. Этим он побуждал нас обнаружить в себе склонность к зависти, чтобы мы могли искоренить ее.

Приведу вам еще один пример. На Рождество Гуруджи любил дарить нам, ученикам, маленькие подарки; и мне всегда доставался самый скромный. Поначалу мне было любопытно, в чем же дело. Я думала: «Может, он и в самом деле относится ко мне не так хорошо, как к другим». Потом я поняла, что нехорошо так думать, и мне стало очень стыдно. Подобные мысли свойственны людям, но мне не нравилось видеть такую мелочность в самой себе и в окружающих. Поэтому я стала рассуждать: «Какая тебе разница? Ты никогда не хотела ничего материального. Ты лишь хочешь, чтобы он хорошо к тебе относился; и он вовсе не обязан дарить тебе какие-то особые подарки, чтобы продемонстрировать свое отношение». В тот момент я узнала, что значит победить в себе зависть. С тех пор я никогда не позволяла себе испытывать это чувство.

Мастер не терпел проявлений ревности и зависти; он не допускал такого эгоцентризма в учениках, которые хотели быть в его круге. Он говорил: «Смотрите в свою тарелку, и пусть вас не беспокоит, что лежит в чужой тарелке. Вы можете иметь только то, что вам надлежит иметь; и оно, будьте уверены, к вам придет». Для меня это был огромный урок. Я поняла, что на самом деле неважно, как Мастер относится к другим ученикам. По-настоящему важно было лишь углубление взаимоотношений с Богом и моим Гуру.

Мотивируйте себя на поиски Бога

Мы получаем от жизни ровно столько, сколько в нее вкладываем. Поэтому лень — это одно из тех негативных качеств, которые мы должны изжить, чтобы добиться успеха в своем поиске Бога или в любом другом начинании. Гуруджи говорил: «Я могу простить физически ленивого человека, а вот умственно ленивого простить не могу». Физическая лень может иметь своей причиной проблемы со здоровьем, а умственная лень вызывается отсутствием энтузиазма и готовности к действию. Поэтому тот, кто стоит на духовном пути, не должен искать оправданий своему вялому и равнодушному уму, не прилагающему усилий в поиске Бога. Если мы не проявляем искреннего энтузиазма и божественного интереса, когда медитируем и выполняем свою работу и обязанности, мы никогда не найдем Бога и истинного счастья; это будет просто невозможно. Никто не сможет насадить нам дух энтузиазма — мы сами должны поменять настрой своего ума.

В свои первые годы в ашраме Мастера я, молодая ученица, часто анализировала свои мотивы, потому что замечала, что тем, кто не проявлял здесь особого энтузиазма и жил просто со дня на день, чего-то не хватало. Они не менялись к лучшему. Они не становились ближе к Богу. Но я также поняла, что в то время это было не моим делом, кто пришел в ашрам ради Бога, а кто — нет. Я пришла туда, чтобы обрести Бога, и я приняла решение не тратить времени зря и быть в этом отношении эгоистичной. Если определенная компания не приносила мне вдохновения, я просто оставалась одна. Умом я была с Богом. Вот так я и жила; и такое уединение и неизменный энтузиазм принес мне силу и понимание.

Откладывание на потом — это неприятное следствие лености. Бездельник говорит: «Завтра я обязательно сделаю усилие, а сегодня, пожалуй, побуду таким, какой я есть». Так может продолжаться всю оставшуюся жизнь. Тот, кто откладывает все на завтра, никогда не достигает своих целей. Делайте все, что в ваших силах, сейчас, сегодня и каждый день.

Преодоление негативных обстоятельств позитивным мышлением

Негативное мышление — это рак души. Мастер писал: «Пусть море мое покрыто тьмой и звезд моих на небе нет, я все же вижу путь по милости Твоей»[4]. Позитивное мышление

---

[4] Из книги Парамахансы Йогананды *Cosmic Chants* (рус. «Космические песнопения»).

абсолютно необходимо для успеха в любом деле, и особенно — на духовном пути.

В этом мире двойственности все имеет две стороны. Одна сторона руки или, например, монеты не может существовать без другой. У любой ситуации тоже есть две стороны — положительная и отрицательная. Всегда смотрите на положительную сторону. Никогда не позволяйте себе впадать в отчаяние, иначе вы никогда не обретете внутреннего покоя и вам будет трудно общаться с Богом.

Иногда люди говорят: «Я пытаюсь медитировать и почувствовать Бога, но у меня это не получается». Я спрашиваю таких людей: «Наполняете ли вы свой ум божественной силой позитивных мыслей?» Умы негативных людей всегда беспокойны и лишены энтузиазма. Мастер однажды сказал, что позитивное мышление определяет разницу между обычным человеком и человеком Божьим. Конечно, в этом мире столько удручающего; но мы не должны чувствовать себя беспомощными. Мы должны строго запретить своему уму поддаваться воздействию негативных обстоятельств.

Откуда исходят негативные и вульгарные мысли?

Худшие из всех негативных мыслей могут порой исходить из подсознания. К примеру, кто-то мне недавно написал: «Как только я сажусь медитировать, мне на ум сразу приходят грязные и вульгарные мысли. Почему это случается, когда я пытаюсь медитировать?» Я ответила: «Причина проста: вы еще не медитируете по-настоящему. Впервые в этой жизни или, может, даже за многие жизни вы учитесь погружаться внутрь себя, чтобы познать себя. Ум хранит в себе весь опыт, включая негативные мысли, сплетни, мирские чувства. И если в нем преобладают недуховные оттиски, то вполне естественно, что вы, заглянув туда впервые, видите поначалу именно такие вещи».

Сознание новичка во время медитации подобно стакану с мутной водой. По мере того как вы приучаете себя к дисциплине и учитесь успокаивать свой ум, муть темных мыслей начинает оседать или исчезать; в конечном итоге вы получаете чистую, незамутненную воду божественного восприятия. Сущность воды чиста. Она только кажется нечистой, когда с ней смешивается грязь. Сущность человеческого сознания также чиста, но негативные и грязные мысли, сплетни, ревность, зависть, ненависть — все эти негативные качества — замутняют его. Когда вы научитесь успокаивать свой ум в медитации, вы увидите, что воды вашего сознания очистятся.

Сосредоточьтесь на совершенствовании взаимоотношений с Богом

Полезно обновлять в памяти требования к духовной жизни. Мастер время от времени созывал нас и проводил беседу об основных качествах, необходимых для духовного продвижения. В основе этих духовных требований лежит наша самая первая, жизненно необходимая обязанность: сосредотачиваться на совершенствовании наших взаимоотношений с Богом, на нашей любви к Нему. Мы не справимся с этим, если не будем находить времени на то, чтобы думать о Нем; если наши умы полны негативных мыслей; если мы потакаем какой-нибудь слабой черте нашего характера. Говорите Богу снова и снова: «Я пришел в этот мир, чтобы исправить себя. Помоги мне. Дисциплинируй меня так, как Ты считаешь нужным. Я знаю только одно: я люблю Тебя; я жажду Тебя. Я хочу усовершенствовать себя, чтобы в итоге обрести Тебя».

Мы не можем жить, не любя что-то. Пусть этим «что-то» будет Бог — не мы, не наши страсти и привычки, не наши желания, но только Бог. Направляйте все свое желание и любовь на Него. Даже когда тело и ум хотят лишить вас энтузиазма, не падайте духом. Продолжайте безмолвно взывать к Нему: «Даруй мне любовь к Тебе. Яви Себя, яви Себя, яви Себя…».

Молитесь о близких отношениях с Богом, в которых вы смогли бы осознавать, что Он реален и что Он отвечает вам. Это преобразит вашу жизнь. Много лет назад Мастер сказал мне: «Однажды, Фэй[5], твоя жизнь и твое сознание так сильно изменятся, что ты сама себя не узнаешь. Для тебя это будет словно второе рождение». Так и происходит с людьми, ищущими Бога. Вы знаете только одно; вы, как и апостолы, изъявляете лишь одно желание: «За тебя, Господи, я готов отдать свою жизнь». О, какая же это радость! Это совсем не скучное и не утомительное занятие. Вручить себя Богу, чтобы Он мог распоряжаться нами, как угодно Ему, — это такая радость! Вам уже хочется иметь не один, а тысячу миллионов голосов, чтобы воспевать Его имя; не одно, а тысячу миллионов сердец, чтобы выражать и принимать Его любовь.

Никогда не прекращайте попыток улучшить свою жизнь, одухотворяя ее всеми возможными путями. Помните: единственная разница между святым и грешником в том, что святой никогда не сдавался.

---

[5] Имя, данное Дайя Мате при рождении.

Смирение: неизменный покой сердца

Фрагменты из двух выступлений в Главном международном центре Self-Realization Fellowship

Кто-то из вас написал мне: «Не могли бы вы на *сатсанге* разобрать желание стать известным? Каким образом оно может повлиять на духовное продвижение? Как достичь здорового равновесия между уверенностью в себе и истинным смирением?»

Желание стать известным живет в каждом человеческом сердце. В каком-то смысле это часть нашей природы. Бог вечен и бесконечен, и поэтому атман — душа человека, сотворенная по образу и подобию Божьему — имеет те же самые божественные качества и осознает свое бессмертие и свое единство со всем сущим. Поэтому вполне естественно, что присущая душе бессмертность и вездесущность выражается в желании занять какое-то место в истории — обрести признание и жить в памяти не узкого круга друзей, а всего мира. Проблема большинства людей в том, что они ошибочно ищут в мирском признании чувство удовлетворения.

Человеческая слава недолговечна; в конечном итоге она всегда оставляет нас неудовлетворенными. Признание, получаемое даже самыми великими художниками и писателями, лишь временно. Даже если они будут жить в памяти людей после смерти, в своей следующей инкарнации они уже не будут помнить, что эта слава когда-то принадлежала им. Единственный способ получить удовлетворение от жизни заключается в осознании себя бессмертной душой, единой с Богом.

Поразмышляйте над тем, что такое жажда славы. Вы хотите, чтобы вас оценили; вы желаете удостовериться, что другие вас признают и уважают. Наивысший способ утоления этого желания лежит в том, чтобы стереть в своем уме эгоистическое желание человеческого признания, которое, как известно, непостоянно, и искать признание Того, Чье благословение вечно. Общаясь с Богом, вы навсегда удовлетворяете желание быть признанным.

Значение смирения

Даже желание добиться успеха на духовном пути должно рассматриваться в том же аспекте. Если вы хотите стать святым для того, чтобы другие вам поклонялись, то ваш мотив ложен. Гурудэва Парамаханса Йогананда часто предостерегал нас от этого и отмечал, что многие высокопродвинутые ученики попадают в эту западню, устроенную нашим эго. Желать стать святым только лишь для того, чтобы смиренно любить Бога и общаться с Ним — вот правильный мотив.

Смирение нельзя выразить словами: «Я смиренный человек». Сам факт произнесения человеком этой фразы говорит о противоположном. Здесь кроется противоречие, так как это будет означать, что он слишком много о себе мнит. Найти в себе какую-то добродетель, а затем открыто заявить о ней всему миру — это не смирение. Истинно смиренный человек о своей смиренности не говорит; он даже не осознает, что имеет эту великую добродетель.

Молитесь Богу о смирении. В медитации просите Его показать вам, что такое истинное смирение. Без этого основополагающего качества души даже тот, кто далеко продвинулся на духовном пути, может неожиданно провалиться в пропасть иллюзии. Первое, что Мастер ожидал увидеть в тех, кто приходил жить в ашрам, — это правильный мотив. Если кто-то думал, что цель его жизни — стать великим учителем, спасителем человечества, и высказывал это убеждение Мастеру, он лишь улыбался и ничего не говорил. Тот, кто исполнен чувства собственной значимости, не может стать великим.

Вот один из способов, которым пользовался Гуруджи, чтобы взрастить смирение в своих учениках. Всякий раз, когда Мастер видел, что кто-то стремится к лидерству, ставит себя выше других или требует к себе особого отношения, он немедленно начинал игнорировать этого человека и держаться от него на расстоянии. Мастер знал, что душа навредит себе, если будет отвечать на сознательное или бессознательное требование эго: «Я здесь, неужели ты меня не видишь? Обрати уже на меня внимание!» Благодаря такому уроку восприимчивый последователь Мастера учился смирению и начинал довольствоваться скромным положением в группе.

Практиковать смирение — значит соотносить весь свой опыт с Богом, говоря: «Господи, Ты есть Вершитель всего — не я». Каждый раз, когда вы удостаиваетесь похвалы, напоминайте себе, что все ваши способности заимствованы у Него, Источника всей силы. В сущности говоря, лишь только Бог наделяет силой наш мозг, заставляет биться наше сердце и работает нашими руками. Как мы можем принимать похвалу на свой счет? Ведь сами по себе мы ничего не можем осуществить. Однако осознание нашей человеческой недостаточности не должно рождать в нас комплекс неполноценности — напротив, оно должно научить нас радостно полагаться на любовь нашего Создателя. Чем больше мы полагаемся на Бога, тем больше мы понимаем, что такое истинное смирение, и тем больше Он наполняет нашу жизнь Своей силой и уверенностью.

Истинное смирение — не слабость. Это состояние, в котором умом мы всегда с Богом; состояние, в котором мы живем мыслью: «Господи, не моя воля да будет, но Твоя». Если мы искренны в таком осознании, мы способны мгновенно отставлять в сторону свои личные желания и разочарования по поводу их неисполнения, оставаясь довольными в своем великом желании делать то, чего хочет от нас Бог. Истинное смирение заключается в том, чтобы поставить Бога, и только Его, на первое место в своей жизни.

Умейте выдерживать критику

Изъявляя желание оградить себя от критики, мы проявляем эгоцентризм. Конечно, когда нападкам подвергаются наши принципы, наш долг — встать на их защиту; но нет необходимости восставать против личной критики в свой адрес. Загляните внутрь себя, чтобы убедиться, нет ли там чего-то такого, что нужно исправить, но при этом не падайте духом. Я часто напоминаю себе: «Я такая, какой предстаю в глазах Бога и Гуру — не больше и не меньше. Я не считаю себя совершенной или наделенной великими талантами и способностями; в этой жизни я хочу совершенствовать только одно — свою любовь к Богу».

Стремясь к смирению, которое ставит Бога выше наших личных желаний и амбиций, мы развиваем огромную внутреннюю силу. Мы становимся способными не только выдерживать критику окружающих, но и тяжесть любого бремени.

«Благословенный дом внутри»

Вот уже много лет на моем письменном столе лежит эта вдохновенная цитата:

> Смирение — это когда на сердце неизменный покой; когда нет волнений и тревог, беспокойства, раздражения, разочарования и душевной боли.

Смирение — это когда ничего не ожидаешь; не думаешь о том, что тебе сделали; не чувствуешь того, что сделано тебе во вред.

Смирение — это когда ты спокоен, если не получаешь похвалы или если тебя в чем-то обвиняют и ненавидят.

Смирение — благословенный дом внутри, в который я могу войти, закрыть дверь, тайно преклониться перед Отцом и погрузиться в покой словно в глубокое море, когда вокруг бушует дикий шторм[1].

Такое чувство покоя и защищенности достигается, когда наш ум сконцентрирован на Боге. После многих лет практики я пришла к такому состоянию, когда могу погрузиться в себя во времена больших трудностей и напряженности и тут же почувствовать огромную радость и любовь.

Какой обширный мир любви и радости сокрыт в душе! Мы не должны обретать его — он уже наш! Мы лишь должны устранить темную завесу эго и стянуть покровы эгоистичных мыслей и поведения, которые скрывают от нас божественное сияние души. Если мы занимаем свой ум какими-либо эгоистическими мыслями, мы не можем познать наивысшего состояния души, ибо мы заточены в темницу ограниченного сознания «я-мне-мое». Сбежать из этой темницы можно только через врата, ведущие к Богу.

Опьяняйтесь любовью к Богу, и ваше маленькое «я» затеряется в Нем. Тогда Он начнет использовать вас как Свой инструмент — причем такими изумительными путями, о которых вы даже и не мечтали. Бог работает через смиренного и восприимчивого послушника.

Быть восприимчивым — значит подчиняться Божьей воле: «Господи, Ты есть моя жизнь. Делай со мной все, что хочешь. Ты

---

[1] Кэнон Т. Т. Картер (1809—1901).

можешь дать мне высокую должность или же сделать меня лишь удобрением для Твоей работы. Для меня это не имеет значения. Я хочу довести свою любовь к Тебе до совершенства, чтобы, ища Твоего руководства, я никогда не говорил, в какой роли Ты должен использовать меня. Я знаю лишь одно: я люблю Тебя».

Таков настрой смиренного человека, который искренне желает познать Бога. Он стремится делать все с наивысшим энтузиазмом, чтобы даже при выполнении черной работы он мог погружаться умом в Божью любовь так же, как погружается в нее, выступая перед многочисленной восприимчивой аудиторией. Когда мы истинно любим Бога, у нас нет иных желаний. Нас не интересует слава или чье-то признание, потому что мы уже нашли радость внутри себя.

Гуру: проводник к духовной свободе

Из выступления в Ранчи, Индия

Последователи Парамахансаджи попросили меня записать впечатления и переживания благословенного периода моей жизни, проведенного рядом с Гурудэвой. А это ни много ни мало двадцать один год! У меня осталось очень много воспоминаний. Какими божественными были наши взаимоотношения! Они были основаны на почтении, уважении, справедливости и, более всего, на безусловной любви. Для меня отношения между гуру и учеником — это самые нежные и чистые взаимоотношения, какие только могут быть между душами. Истинный гуру, познавший свое истинное «Я», не имеет эгоцентричных мыслей. У него нет желания заполучить обожание людей. Сколько бы любви ни дарил ему ученик, он возлагает ее к стопам Божественного Возлюбленного. Гуруджи часто говорил нам: «У гуру есть только одна цель — привести ученика к Богу; это Бог — истинный Гуру».

Предназначение гуру

Чтобы обычный человек мог обрести Бога, ему необходима помощь гуру. Кто-то может возразить: «Да, но многие обрели Бога без помощи гуру». Может показаться, что это так, но подобные души приходят в этот мир уже духовно продвинутыми. Чтобы достичь такой степени развития, они должны были иметь гуру в своих прошлых жизнях. Если кто-то хочет быть врачом или ученым, он не может обрести соответствующее знание, если будет просто читать книги и слушать лекции. Ему нужен практический опыт. Будущий врач должен пройти практику в интернатуре, работая какое-то время под руководством того, кто сам успешно прошел этот путь и может научить его всем тонкостям работы. Только после этого он будет знать, как лечить физические тела других людей.

Аналогично этому, вы не можете познать Бога, если просто будете о Нем читать или слушать проповеди и лекции об истине и о Бесконечном. У вас должен быть наставник, достаточно компетентный для того, чтобы вести вас. Мы так привыкаем к своим привычкам и поведению, что теряем способность видеть свои недостатки. И только когда тот, кто любит нас безусловно, предлагает нам свою помощь и говорит: «Дитя мое, исправь в себе вот это», мы обретаем ясность понимания и стимул по-настоящему изменить свою жизнь.

Гуру подобен кристально чистому зеркалу: каждый, кто становится перед ним, видит себя в точности таким, какой он есть. Когда ученик обнаруживает таким образом свои недостатки, он знает, что именно должен делать, чтобы устранить все несовершенства, утаивающие его безупречную душу.

Обязанность гуру — глубоко изучить сознание ученика и указать ему на его слабости — другими словами, на его «больные места». Приведу вам один пример. В детстве я была очень ранимой и чрезвычайно робкой. И вот однажды, уже в ашраме, произошел такой случай. Гуру тогда сидел в центре помещения, окруженный группой послушников. Он вертел в руках кусок газеты, смеялся и переговаривался с учениками. Но я не присоединилась к ним, так как решила остаться в стороне. Я видела, что он делал из газеты «дурацкий колпак» — такой надевают на голову неуспевающим ученикам. Я сказала себе: «И что же он с ним сделает? Он что-то задумал». Рассудок мне подсказывал: «На старших учеников он, конечно же, не наденет этот колпак. Он явно хочет надеть его на голову младшей из учениц, то есть мне, Дайя Мате. Я только что приняла монашеский обет и пообещала беспрекословно слушаться моего Гуру, но это не значит, что он волен выставлять меня на посмешище перед своими учениками». Вот так я размышляла. «Эту черту я не дам ему переступить», — подумала я.

Когда он закончил делать колпак, он оглядел всех учениц. Я могла быть в таком же веселом расположении духа, как и они. Но я застряла в состоянии присущей мне ранимости. И как только он подал мне знак подойти, я сразу же отрицательно покачала головой. Я надеялась, что он пропустит меня и вызовет кого-то еще.

С годами я поняла, что Гуруджи никогда ничего не делал просто так — у него всегда была глубокая причина для всего. Таковым было его божественное видение. Поэтому он повторил:

— Иди сюда.

— Нет.

Он повторил еще раз; при этом улыбка уже начала сходить с его лица:

— Иди сюда!

Во мне нарастала решимость не уступать. И чем больше он настаивал, тем решительнее я становилась.

— Нет, Гуруджи, только не это!

Наконец его улыбка исчезла, и он затих. Я помню это так отчетливо, словно это произошло вчера: он сидел и строго смотрел в никуда. Всякий раз, когда он так смотрел, ученики начинали гадать: «О чем же он думает? Сейчас явно что-то будет».

— Хорошо, — сказал он ученикам. — Теперь вы можете идти.

Я быстро поднялась, подумав: «Самое время бежать». Но он мне сказал:

— Нет, ты останься.

Я поняла, что мне грозит выговор, но все еще была полна решимости не уступать.

— Ты думаешь, что повела себя правильно перед всеми этими людьми? — спросил он.

Я все еще была сердита.

— Мастер, а разве это правильно для гуру (как видите, я все еще пыталась спорить с ним) — выставлять своего ученика на посмешище перед другими?

Он ответил:

— Человек, так сильно скованный своим эго, не может достичь Бога.

Я все еще пылала негодованием, поэтому сказала ему:

— Мастер, я не могу принять, когда кого-то ругают или выставляют на посмешище перед другими людьми.

На этот раз слова Гуруджи стали тверже:

— Хорошо. Пока ты не поймешь, чему я пытаюсь тебя научить, ты будешь стоять в углу. Иди в угол!

Я все еще вижу себя, семнадцатилетнюю ученицу, которую поставили в угол. Такого со мной еще никогда не случалось.

Всего за несколько недель до того случая Гуруджи мне рассказывал: «Когда я пришел к своему Гуру, он мне сказал: „Научись вести себя правильно"; и я говорю тебе то же самое. Путь к познанию Бесконечного лежит в том, чтобы научиться вести себя правильно». Тогда я подумала: «Я не выхожу из себя и лажу с людьми. Я не думаю, что у меня есть проблемы с поведением. Это будет легко». Но все куда сложнее, чем мы думаем!

— Иди встань в угол!

Я пошла. «Это легко, — подумала я. — Этому я могу подчиниться».

— Повернись ко мне спиной и смотри в стену.

Я повиновалась.

— Теперь встань на одну ногу.

Тогда я была в шоке от моего первого испытания дисциплиной; и я все еще сердилась. Вы знаете естественную реакцию человека в подобных случаях. Когда мы с кем-то конфликтуем, мы в первую очередь начинаем сердиться. После озлобления, как правило, приходит чувство жалости к себе, и мы начинаем плакать. В следующий раз, когда вы будете сердиться, понаблюдайте за собой: первое — негодование; затем слезы, которые есть не что иное, как жалость к себе — если только они не проливаются за людей или за Бога.

Пожалев себя, я разразилась слезами: «Я никогда не видела, чтобы он кого-то ругал или выставлял на посмешище при других. Почему он придирается ко мне при всех?» Вот так я размышляла. «Бедная Дайя Ма, как с тобой плохо обошлись!»

Но чем дольше я стояла у стены, тем яснее становилось мое понимание. Я подумала: «Дай-ка я спрошу себя, зачем я сюда пришла». Если вы всегда честно анализируете себя и свои мотивы, это возвращает вас к основам правильного поведения. Большинство наших проблем возникают оттого, что мы упускаем из виду самое главное. Патанджали говорит об этой ловушке. Мы начинаем идти к какой-то цели — будь она материальная или духовная, — а потом спохватываемся: пока мы шли, мы упустили ее из виду.

И вот я стою у стены и размышляю: «Зачем я сюда пришла? Это же ясно: я пришла сюда, чтобы обрести Бога. Важно ли тебе, что думают о тебе люди? Если важно, тогда лучше вернись к мирской жизни. Такому поведению здесь нет места».

Как только я поняла эту истину, я сказала себе: «Я была не права». Я повернулась и пошла к Мастеру.

— Простите меня. Наденьте этот колпак мне на голову.

— В этом уже нет необходимости, — сказал он. — Я хотел, чтобы ты поняла одну вещь: ты должна стать абсолютно непроницаемой к тому, что о тебе думают или говорят. Если весь мир тобою доволен, а Бог и Гуру недовольны, значит, ты потерпела неудачу. Но если против тебя восстает весь мир, осуждая и критикуя тебя, а ты получила похвалу и одобрение от Господа и Гуру, это значит, что ты добилась настоящего успеха.

И это правда! Хорошо присмотритесь к этому миру. Те же самые люди, которые только что восхваляли иного человека и обожали его, в следующий момент уже разочаровались в нем и покинули его.

Тогда я поняла, что Гуруджи пытается перевоспитать меня. Он знал, что я была очень ранимой в детстве, и видел в этом нечто, что Дайя Ма должна преодолеть. С тех пор на протяжении многих лет он не стеснялся ругать меня при всех. Признаюсь, были моменты, когда я шла в свою комнату и давала волю слезам. Но от него я их скрывала, потому что он был прав. Гуруджи дисциплинировал меня на протяжении двадцати одного года, и я ни разу не смогла найти ошибки в его суждении. Я всегда знала, что он прав и что это я должна была исправить себя. Вот какой урок я выучила в тот день.

Станьте опорой для других людей

Однажды мне довелось расстроиться из-за того, что я не оправдала ожиданий Мастера. Я тогда спросила его:

— Мастер, неужели я на самом деле хуже других, раз вы так часто меня ругаете?

Он ответил:

— Конечно же нет. Я тебя так воспитываю, потому что внутри ты должна стать прочной как сталь.

«Внутри ты должна стать прочной как сталь». До сих пор эти слова звучат у меня в ушах.

— Но я не люблю жестких, загрубевших людей.

— Ты меня неправильно поняла, — сказал он. — Я не сказал «жесткой». Ты должна стать прочной как сталь, которая гнется, но не ломается. Ты должна стать такой сильной, чтобы никто не смог тебя ранить.

Тогда я поняла, что быть как сталь — значит не дать жизни сломить тебя и в то же время быть мягким и сострадательным. Это значит быть опорой для других людей. Ту же мысль он однажды выразил в таких словах: «Люби Бога так сильно внутри, чтобы ничто не могло тронуть тебя вовне». Если вы будете медитировать на эту мысль, она придаст вам столько сил!

В поздние годы своей жизни он как-то отругал меня перед большой группой учеников в ашраме. Меня это совсем не смутило и не расстроило, потому что я научилась не позволять своим чувствам замутнять восприятие правды. Я сказала себе: «Он прав — это моя ошибка. Я должна себя исправить». Вот так нужно относиться к дисциплине.

Когда я вышла из комнаты, он улыбнулся и, повернувшись к ученикам, сказал: «Видите, как она себя ведет? И так уже на протяжении многих лет. Каким бы тоном я с ней ни разговаривал, она всегда остается спокойной и внутренне восприимчивой. Вы все должны научиться этому у нее». Когда мне рассказали об этом много лет спустя, мои глаза наполнились слезами. Я сказала:

«Это было благословение Гуруджи. Я буду вечно благодарна ему за ту силу и то понимание, которые он во мне развил».

Гуру — это духовный врач. Мастер говорил: «Обязанность гуру — увидеть и исцелить все психологические „болячки", сидящие глубоко в сознании ученика». Обычный врач устраняет телесную болезнь с помощью лекарств или хирургического вмешательства; божественный врач устраняет духовные и психологические болезни с помощью мудрости и дисциплины. Если бы Гуруджи не развил в Дайя Мате силу с помощью мудрой дисциплины, разве смогла бы она продолжить его дело? Будьте уверены, мои дорогие: если ваша обязанность — руководить, ваша голова немного возвышается над толпой, и поэтому вы становитесь легкой мишенью для других. Если бы Гуруджи позволил мне потакать моей ранимости, я бы сегодня просто пропала. Но благодаря его мудрой и прекрасной дисциплине я научилась в первую очередь всегда угождать моему возлюбленному Господу. И мой взгляд направлен только на Него. Если, угождая Богу, я могу угодить и человеку, я счастлива. А если последнему я не угождаю, то я не буду жертвовать возможностью угодить моему Возлюбленному ради возможности снискать похвалу и признание человечества.

Мастер однажды сказал нам: «Я обучил вас всему этому для того, чтобы вы уже никогда не кланялись в ноги ни одному человеку». Под этим он подразумевал, что никто и никогда уже не сможет подкупить нас похвалой или чем-то еще. И именно так мы живем и служим делу Гуруджи. Я все время говорю ученикам: «Если вы хотите завоевать любовь Дайя Маты, любите моего Бога». На меня это действует опьяняюще. Когда я вижу учеников, любящих Бога, я опьяняюсь радостью. Ничем иным сердце Дайя Маты не завоевать. Я люблю тех, кто любит моего Возлюбленного. Я люблю тех, кто ищет моего Возлюбленного.

Я люблю тех, кто прикладывает усилия на этом пути. Мне неважно, какие у них слабости — пусть их даже тысяча миллионов; для меня это не имеет никакого значения. Я знаю, что если они искренни в своих усилиях любить Бога и следовать водительству Гуруджи, они обязательно преодолеют эти препятствия и обретут совершенную свободу, которая по праву принадлежит нам как душам.

Парамаханса Йогананда, каким его знала я

Фрагменты из личных записей и выступлений в Индии и Америке

С годами сознание вбирает в себя новый опыт, и время окутывает дымкой далекие воспоминания прошлого. Но те события, которые оставляют след в душе, никогда не стираются в памяти — они становятся живой частью нашего существа. Такой была моя первая встреча с моим гуру, Парамахансой Йоганандой.

Мне было всего семнадцать лет, и жизнь мне представлялась длинным пустым коридором, ведущим в никуда. Нескончаемая молитва в моем сознании взывала к Богу, прося Его указать мне путь к наполненному смыслом существованию, в котором я могла бы искать Его и служить Ему.

Ответ на этот зов пришел в 1931 году в форме мгновенного осознания, когда я вошла в большую переполненную аудиторию в Солт-Лейк-Сити и увидела Парамахансаджи. Он стоял на сцене и говорил о Боге с такой убежденностью, какую я еще не видела никогда. Я застыла: мое дыхание, мысли, время — все остановилось. Сладостная благодать охватила все мое существо, и вместе с ней из глубины души пришла убежденность: «Этот человек любит Бога так, как я всегда хотела любить Его. Он познал Бога. Я последую за ним».

Преданность идеалам чести и честности

К тому времени у меня в голове уже сложился идеал духовного учителя. Можно сказать, что в своем сознании я воздвигла пьедестал, который кто-то должен был занять. В глубоком почитании я мысленно поставила туда моего Гуру; и ни разу за все годы, в течение которых мне выпадала честь находиться в его присутствии, он ни словом, ни делом не сошел с этого пьедестала.

Хотя в наше время такие ценности, как честность, честь и верность идеалам, похоже, исчезают под волной своекорыстности, Гурудэва всегда держал их перед мысленным взором своих учеников, так как в своем следовании духовным ценностям он не допускал компромиссов. Помню, в 1931 году мы сильно нуждались в деньгах. В тот период наши финансовые ресурсы были такими скудными, что Гуру и его ученики питались лишь бульоном и хлебом или просто голодали. Нужно было срочно оплатить ипотеку за Центр «Маунт-Вашингтон». Парамахансаджи пошел домой к держательнице ипотеки и попросил ее продлить срок оплаты. Эта добрая и понимающая женщина милостиво согласилась. Но даже при этом казалось невозможным собрать необходимую сумму в срок.

И вот как-то раз на лекцию Парамахансаджи пришел один бизнесмен, который заинтересовался его учениями. Он увидел в них не только духовную ценность, но и коммерческий потенциал. «Позвольте мне заняться популяризацией вашего общества, и через год все будут о вас знать. У вас будут десятки тысяч учеников, и вы будете купаться в деньгах», — пообещал он Парамахансаджи.

Он начертал план коммерческого использования священных учений. Гурудэва вежливо выслушал его. Это на самом деле могло означать конец финансовых трудностей и решение всех стоящих перед ним проблем. Но он без малейшего колебания поблагодарил бизнесмена и ответил: «Никогда! Я никогда не сделаю вероучение бизнесом. Я никогда не променяю этот труд и мои идеалы на ничтожные доллары, как бы я в них ни нуждался!»

Спустя два месяца на одной из своих лекций в Канзас-Сити, штат Миссури, Парамахансаджи встретил духовно продвинутого ученика, который был рядом с ним во многих прошлых жизнях, — Раджарси Джанакананду. Ему было предначертано сыграть важную роль в судьбе общества Self-Realization Fellowship. Эта великая душа, принявшая Гуру как своего божественного учителя и сделавшая учения Гуру своим образом жизни, предоставила денежные средства, которых хватило, чтобы досрочно погасить ипотеку. Каково было наше ликование, когда около Храма Листьев в «Маунт-Вашингтоне» был разожжен костер и ипотечный договор полетел в огонь! Будучи практичным, Гурудэва не упустил возможности испечь на углях этого костра картошку. Мы, ученики, сидели вокруг костра вместе с Гуру и с превеликим удовольствием лакомились картошкой, пока бумаги по ипотеке превращались в золу.

Заверение присутствия Божественной Матери

Мне вспоминаются другие случаи, которые свидетельствуют о разных аспектах божественной силы Гуруджи. Почувствовав бремя ответственности за растущую организацию с таким большим количеством учеников — которых, ко всему прочему, нужно было обеспечивать питанием, жильем и моральной поддержкой, — Парамахансаджи отправился в аризонскую пустыню, чтобы обрести там уединение. Он хотел на время забыть обо всем, что отвлекало его от непрерывного общения с Богом, которого он так жаждал. Там он медитировал и молился возлюбленной Божественной Матери, прося, чтобы

Парамаханса Йогананда

«Его глаза, словно два озера небесного блаженства, светились нежной любовью и состраданием. Он ответил: „Когда я уйду, только любовь сможет занять мое место. Опьяняй себя любовью Бога до такой степени, чтобы ты не знала ничего, кроме Него одного; и дари эту любовь всем"».

Она освободила его от тяжелой ноши и отвлекающих организационных дел. Однажды ночью, когда он медитировал и его сердце, как он потом рассказывал, «разрывалось от желания услышать Ее ответ», Она явилась ему и произнесла такие утешающие слова:

Танец жизни, пляска смерти —
Все исходит от меня. Ликуй, прознав сие.
Возможно ль большего желать,
Обладая высшим — Мной?

Получив заверение в том, что его обожаемая Божественная Мать всегда с ним и в жизни и в смерти, он, исполненный покоя и смиренной любви, вернулся, чтобы продолжить свою миссию, которую Она возложила на его плечи.

Гурудэва обладал великими духовными силами, которые присущи тем, кто познал Бога. Парамахансаджи объяснял наличие этих сил результатом действия высших законов. В свои первые годы жизни в Америке он иногда публично демонстрировал действие этих законов, чтобы вселить веру в скептичное общество. Я была одной из многих, кому он даровал мгновенное исцеление.

Позже он говорил: «Если бы я постоянно демонстрировал данные мне Богом способности, я бы привлек к себе тысячи людей. Но путь к Богу — это не цирк. Я вернул все эти способности Богу; и я никогда их не использую, если только Он мне не повелит это сделать. Моя миссия — пробуждать любовь к Богу в человеческих душах. Душа для меня ценнее людских толп; и я люблю толпы душ». Гурудэва отдалился от масс и сосредоточился не на количественном росте учеников, а на качественном. В толпах он искал те души, которым были близки высокие идеалы и духовные цели его учений.

Служение, мудрость и божественная любовь

Однажды во время интервью один журналист спросил меня: «К какому направлению йоги принадлежал Парамаханса Йогананда: к *Бхакти-йоге*, *Джняна-йоге* или *Карма-йоге*?»[1] Я ответила: «Он был многогранен. Чтобы тронуть сердца и умы американцев, нужно быть именно таким йогом. Это помогло ему связать Индию и Америку узами понимания. Его учения универсальны: они находят свое применение как на Западе, так и на Востоке».

Как карма-йог Парамахансаджи с невиданной самоотдачей работал ради Бога и ради того, чтобы возвысить сознание человечества. Мы никогда не видели, чтобы он предпочел отдых возможности кому-то помочь. Он плакал за тех, кто страдал, и неустанно работал над искоренением главной причины человеческих страданий — неведения.

Как джняна-йог он в изобилии изливал свою мудрость в своих письменных работах, лекциях и личных наставлениях. Его «Автобиография йога» считается авторитетнейшим учебником по йоге и используется как для изучения, так и для преподавания в учебных программах многочисленных колледжей и университетов. Но это не говорит о том, что Парамахансаджи был просто лишь интеллектуалом. Интеллектуализм без личного осознания ему представлялся таким же бесполезным, как улей без меда. Он очистил религию от покровов догматов и теоретического анализа и показал суть истины — те основополагающие принципы, которые дают человечеству не только понимание Бога, но и пути Его постижения.

---

[1] *Бхакти-йога*, *Джняна-йога* и *Карма-йога* — одни из основных путей к Богу; в них делается акцент на преданной любви, мудрости и бескорыстном служении соответственно.

Среди своих последователей Парамаханса Йогананда известен прежде всего как *Премаватар*, воплощение божественной любви, высший *бхакт*. Особой чертой его личности была его безграничная любовь к Богу, Которому он поклонялся в образе Божественной Матери. Иисус провозгласил это самой первой заповедью: «Возлюби Господа Бога твоего всем сердцем твоим и всею душою твоею и всем разумением твоим». Парамахансаджи демонстрировал эту любовь везде: когда выступал перед многочисленными аудиториями в свои первые годы в Америке; когда руководил своей растущей всемирной организацией Self-Realization Fellowship/Yogoda Satsanga Society; когда направлял тех, кто пришел к нему для духовного обучения.

Парамахансаджи мог пылать огнем, когда того требовала духовная дисциплина; но он же и глубоко сострадал и проявлял огромное терпение, когда это было необходимо. Я помню, что он сказал в ответ на нападки на его труд со стороны враждебных критиков: «Никогда не говорите недобрых слов про других учителей и общества. Никогда не пытайтесь возвысить себя, принижая других. В этом мире хватит места для всех, и на злобу и ненависть мы должны отвечать добротой и любовью».

Он дал миру «Универсальную молитву», основная мысль которой отражает суть его жизни: «Возлюбленный Бог, да будет Твоя любовь вечно сиять на алтаре моей преданности, и да сумею я пробудить Твою любовь во всех сердцах».

«Только любовь сможет занять мое место»

В течение нескольких последних дней своей жизни Гуру-дэва готовился к приему индийского посла Биная Р. Сена. Накануне его визита в Главный международный центр Self-Realization Fellowship Гуруджи созвал учеников на кухню ашрама и сказал: «Сегодня мы будем готовить карри и

Группа учеников SRF приветствует Парамахансу Йогананду после его возвращения из семнадцатимесячной поездки в Индию и Европу. Главный международный центр SRF, 1 января 1937 года. Дайя Матаджи (в светлом сари) сидит у ног Гуру.

индийские сладости для посла». Мы провели на кухне весь день, и Гуруджи сиял от радости.

Поздно вечером он позвал меня к себе и сказал: «Давай пройдемся». Наш ашрам — большое трехэтажное здание. Когда мы шли по коридору третьего этажа, Мастер остановился напротив портрета своего гуру, Свами Шри Юктешвара. Он долго и пристально смотрел на портрет. Затем спокойно повернулся ко мне и сказал: «Ты понимаешь, что остались считанные часы до того, как я покину эту землю?» На мои глаза навернулись слезы. Интуитивно я знала, что его слова скоро сбудутся. Незадолго до этого Гуруджи мне уже говорил, что он скоро покинет тело, и тогда я воскликнула: «Мастер, как же мы будем без вас? Ведь вы — бриллиант в кольце наших сердец и вашей организации!» Его глаза, словно два озера небесного блаженства, светились нежной любовью и состраданием. Он ответил: «Когда я уйду, только любовь сможет занять мое место. Опьяняй себя любовью Бога до такой степени, чтобы ты не знала ничего, кроме Него одного; и дари эту любовь всем».

В последний день своей жизни он должен был выступать в Лос-Анджелесе на банкете в честь посла Индии. Те из нас, кто должен был ему тогда помогать, поднялись на рассвете и, подойдя к его двери, спросили, нужно ли ему что-нибудь. Когда мы вошли, он, окутанный глубоким покоем, сидел в своем кресле, в котором он обычно медитировал и погружался в экстатическое состояние. Когда он не хотел, чтобы мы говорили, он просто прикладывал к губам палец, что означало: «Я пребываю в тишине». Когда он сделал подобный жест в этот раз, я увидела исход его души; я увидела, как одну за другой он обрывает все нити, привязывающие душу к телу. Мое сердце наполнилось печалью и в то же время силой, потому что я знала: что бы ни случилось, мой Гуру никогда не покинет мое сердце, потому что я люблю его и преданна ему.

Весь день он был погружен в себя. Ближе к вечеру мы поехали вместе с ним в большой отель, где и был запланирован банкет в честь посла. Приехав раньше назначенного часа, Гуруджи расположился в маленьком номере на верхнем этаже и сел медитировать. Мы, его ученики, уселись на полу вокруг него. Спустя какое-то время он открыл глаза и посмотрел на каждого из нас. Помню, когда он посмотрел на меня, я подумала: «Мой возлюбленный Гуру дарит мне прощальный *даршан*[2]». После этого он направился в банкетный зал.

Среди многочисленных гостей были чиновники из Лос-Анджелеса, а также чиновники от штата Калифорния и из правительства Индии. Хотя я сидела далеко от кафедры, мыслями я была с Гуру, и мой взгляд не сходил с его благословенного лица. Наконец, пришла его очередь выступать. Гурудэва была последним в списке выступающих перед речью посла. Как только Гуруджи поднялся со стула, мое сердце замерло, и я подумала: «Ну вот момент и настал!»

Когда он начал говорить о Боге (с какой проникновенной любовью он это делал!), все гости застыли — никто даже не шевельнулся. Все были заворожены огромной силой любви, которая исходила из его сердца и изливалась на них. В тот вечер благодаря этому божественному переживанию изменилась жизнь многих присутствовавших на банкете людей: кто-то из них позже вступил к нам в ашрам и принял монашеский обет; многие стали членами нашего общества. Его последние слова были об Индии, которую он так сильно любил: «Там, где Ганг,

---

[2] «Священный взгляд»; благословение, даруемое взглядом того, кто познал Бога.

леса, пещеры Гималаев и люди думают о Боге, я был благословлен; нога моя ступала на ту землю»[3].

Произнеся эти слова, Гуру возвел глаза в центр *Кутастхи*, после чего тело его рухнуло на пол. В одно мгновение — словно пролетев по воздуху — двое из нас, учеников, примчались к нему[4]. Думая, что, быть может, он вошел в *самадхи*, мы стали тихо напевать «Аум» в его правое ухо. (Он говорил нам, что, если его сознание какое-то время не возвращается из *самадхи*, его можно вернуть пением «Аум» в правое ухо.) Пока я пела, со мной произошло что-то необыкновенное. Я не знаю, как это описать, но когда я склонилась над моим благословенным Гуру, я увидела, как его душа покидает тело; и после этого в меня вошла огромная сила. Я говорю «огромная», потому что это была ни с чем не сравнимая блаженная сила любви, покоя и понимания. Помню, в голове у меня мелькнул вопрос: «Что происходит?» Я пребывала в таком возвышенном состоянии сознания, что я не чувствовала печали и у меня не было слез; и я продолжаю пребывать в этом состоянии по сей день. Я знаю, что он со мной.

Неподвластный смерти

Кто-то спрашивал меня: «Являлся ли вам Гуру с тех пор, как он покинул тело?» Да, являлся. Я остановлюсь на этом по ходу рассказа. Тысячи людей пришли попрощаться со смертной формой Гуруджи. Его кожа была золотистой, как будто ее

---

[3] Последние строки из «Моей Индии». Это вдохновенное стихотворение Парамахансаджи вошло в сборник *Songs of the Soul* (рус. «Песни души»), издаваемый обществом Self-Realization Fellowship.

[4] Шри Дайя Мата и Ананда Мата, верная ученица Парамахансы Йогананды с 1931 года и сестра Дайя Маты. Ананда Мата поступила в ашрам в 1933 году в семнадцатилетнем возрасте. Она была членом Совета директоров SRF/YSS вплоть до своей кончины в 2005 году. — Прим. изд.

омывал золотой свет; и на губах его сияла такая добрая и нежная улыбка — она словно благословляла каждого. В течение двадцати одного дня после того, как он покинул тело, его облик оставался совершенно неизменным. Не было ни малейшего признака разложения. Даже в материально ориентированном западном мире газеты пестрили заголовками и репортажами об этом чудесном явлении. Работники морга, наблюдавшие тело, констатировали: «Случай Парамахансы Йогананды не имеет прецедентов в нашей практике».

Вскоре после этого полная ответственность за руководство работой, которую начал Гурудэва, легла на мои плечи[5].

Когда великий учитель покидает этот мир, часто возникают споры о том, как продолжать начатое им дело. Обсуждение вопросов касательно ведения дел в организации началось в то же утро, когда я стала ее главой. В чьих руках должно быть руководство — в руках последователей, живущих в миру, или тех, кто принял монашеский сан? Гуруджи говорил, что оно должно находиться в руках тех, кто, так же как и он, отрекся от мира во имя одной, высшей, цели; но этой директиве противостояли некоторые члены правления. Это правда, что Гуруджи любил всех преданных богоискателей одинаково. Я тоже не чувствовала никакой разницы — к чему основывать свое отношение на внешних атрибутах? Преданный последователь зовется таковым потому, что он любит Бога, а не потому, что носит шафрановое одеяние. Но ум мой был озадачен.

В ту ночь я стала искать ответа от Гуруджи в глубокой медитации. Было уже поздно, а я все еще медитировала. Вдруг я обнаружила, что мое тело встало с постели, вышло в коридор и вошло

---

[5] Раджарси Джанакананда, первый преемник Парамахансы Йогананды, служил на посту президента Self-Realization Fellowship/Yogoda Satsanga Society of India с 1952 по 1955 годы.

в комнату Гуруджи. Краем глаза я заметила, что его *чадар* (шаль) колышется как от легкого ветерка. Я повернулась и увидела стоящего передо мной Гуру! С ликующим сердцем я подбежала к нему и преклонила колени, чтобы собрать пыль с его стоп, которые я поспешила прижать к себе[6]. «Мастер! Мастер! — воскликнула я. — Вы не мертвы, вы не умерли — вы неподвластны смерти!»

Он наклонился и коснулся моего лба. И в тот же момент я получила в голове ответ, который мне нужно было дать на следующее утро на собрании. Гуруджи благословил меня, после чего я вновь обнаружила себя сидящей на кровати. На следующее утро я встретилась с Советом директоров общества и дала им ответ, полученный от Гуру. С тех пор его организация продолжает расти по всему миру и жить как единое целое. Таково Божье благословение.

Вечно живой Гуру

Парамаханса Йогананда всегда будет нашим Гуру и высшим духовным главой Self-Realization Fellowship/Yogoda Satsanga Society of India. Все те, кто ведет начатую им работу, остаются его смиренными учениками. Наше единственное желание — направлять все внимание и любовь тех, кто ступил на этот путь, в сторону Бога и нашего божественного Гуру, который может привести учеников к Богу. Гурудэва никогда не уставал напоминать нам, что по сути это Бог — Гуру. Единственное желание Гурудэвы как Божьего инструмента состоит в том, чтобы притянуть нас к Божественному Источнику, из которого мы можем получить все то, чего жаждет наша душа и чего больше не найти нигде. Быть преданным Гуру равнозначно быть преданным Богу.

---

[6] В Индии так почитают святых, что даже пыль на стопах святого считается священной и дарующей благословение каждому, кто ее коснется.

Служение Гуру и его миссии равнозначно служению Богу, Которому мы отдаем всю свою преданность и верность. Гуру — это назначенный свыше духовный посредник, через благословения и учения которого мы находим наш путь к Богу.

Раньше я думала, что после того как Мастер покинет земную сферу, последователям будет очень трудно понять суть взаимоотношений между гуру и учеником. Я никогда не высказывала Гуруджи это сомнение, но он часто сам отвечал на невысказанные мысли. Как-то вечером я сидела у его ног, и он сказал мне: «Для тех, кто думает, что я рядом, я буду рядом. Это тело — ничто. Если ты будешь привязана к этой физической форме, ты никогда не найдешь меня в моей бесконечной форме. Но если ты будешь смотреть за пределы этого тела и зреть меня таким, какой я есть на самом деле, ты поймешь, что я всегда с тобой».

Полностью я осознала эту истину лишь какое-то время спустя. Однажды вечером во время медитации ко мне пришла мысль: «Посмотри на всех учеников, окружавших Иисуса Христа в те годы, что он проповедовал на земле. Кто-то его высоко ценил; кто-то бескорыстно ему служил. Но многие ли из них по-настоящему понимали его учения и следовали им? Многие ли из них стояли подле него и поддерживали его в час его великого испытания и в момент смерти? Многие из тех, кто знал Иисуса и имел возможность следовать ему, отвернулись от него при его жизни. И все же двенадцать столетий спустя на землю пришел простой, смиренный, кроткий человек, который своей прекрасной жизнью, совершенной гармонией с Христом и общением с ним воплотил в себе все, чему учил Иисус, и благодаря этому сам познал Бога». Тем кротким человеком был святой Франциск Ассизский, которого так любил Гуруджи. Я поняла, что тот же самый духовный закон, благодаря которому святой Франциск смог полностью сонастроиться со своим гуру, жившим на земле задолго до него, по-прежнему действенен и для нас сегодня.

Истинный Гуру, которого назначил сам Бог, живет вечно. Он знает своих учеников и помогает им — и неважно, живет он в той же сфере бытия или нет. Все те, кто стремится сонастроиться со своим Гурудэвой посредством преданности и глубокой медитации по его техникам, чувствуют сегодня (и будут чувствовать в будущем) его водительство и благословение в той же мере, в какой они бы чувствовали их, если бы он находился рядом в физическом обличье. Это должно послужить утешением всем тем, кто пришел на этот путь уже после ухода Парамахансы Йогананды и кто сожалеет о том, что не имел возможности знать его во время его земной инкарнации. Вы можете познать его в тишине медитации. Погружайтесь все глубже и глубже с любовью и молитвой, и вы почувствуете его священное присутствие. Если бы все мы — те, кто продолжает его работу — не осознавали и не испытывали этого на себе, мы бы не смогли служить его делу. И если у нас есть силы, решимость, энтузиазм, преданность и убежденность, необходимые для того, чтобы вносить свой вклад в распространение учений Self-Realization Fellowship, то только потому, что мы чувствуем его благословение и водительство и знаем: сегодня он так же близко к нам, как и в годы своей жизни.

Жизнь и труд Парамахансы Йогананды уже сделали многое для того, чтобы повлиять на ход истории; и я убеждена, что это только начало. Он примкнул к тем божественным душам, которые приходили на землю как воплощения света Истины, дабы осветить путь человечеству. Мир должен рано или поздно повернуться к этому свету, ибо Божья воля в том, чтобы не допустить погибели человека от рук собственного неведения. Впереди лучшее завтра, которое ждет, когда человек откроет свои глаза и увидит рассвет. Парамаханса Йогананда и все те, кто отражает Божественное Сияние, несут нам свет этого грядущего дня.

Любовь спасет мир

Фрагменты из выступлений в Индии и Америке

Учение Парамахансы Йогананды, как он и предсказывал, распространяется по всему миру стремительными темпами. Тысячи людей следуют по пути Раджа-йоги и практикуют Крийю. Сегодня больше, чем когда-либо, мир нуждается в том, чтобы закон любви не проповедовался, а практиковался. Мир балансирует на грани уничтожения, и это не пустые слова. Стоит одному главнокомандующему вооруженной страны сказать лишь слово, и это может привести к катастрофе. Разве вас не шокирует такое осознание? Достаточно одному человеку отдать приказ, и это понесет за собой разрушительные последствия! Такова сила ненависти. Но кто-то в этом мире должен громко заявить о безбожности вражды, используя лишь силу любви. Именно поэтому нам были посланы учения Self-Realization/Yogoda Satsanga.

Все в этом мире взаимосвязано; ничто не существует само по себе. Мысли людей влияют даже на равновесие сил во Вселенной. Пока в умах людей всех наций не возобладают мысли о любви и братстве, у человечества будет мало шансов на обретение мира. Из-за ненависти, живущей в сердцах и делах людей, мы становимся свидетелями учащающихся бедствий. Равновесие между добром и злом нарушилось. Чтобы вновь обрести его, мы должны изменить себя. Нам нужно научиться любить.

Потребность в прощении

Как много людей идет на поводу у эмоций, испытывая горечь в сердце из-за того, что против них было сказано или сделано что-то не то. Это неправильно. Мы должны уметь прощать.

Однажды во время медитации Гуруджи молился: «Божественная Мать, Иисус сказал, что мы должны прощать до седмижды семидесяти раз[1]. А не слишком ли это много? Если обидчик делает то же снова и снова, должны ли мы продолжать прощать его?»

Божественная Мать ответила: «Дитя Мое, Я прощаю всех Своих детей каждый день с начала времен. Разве тебе трудно прощать до седмижды семидесяти раз?»

Не может быть такого, чтобы Бог нас не простил. Бог знает о наших человеческих слабостях и сострадает нам. Слабости плоти есть результат побуждений, внушенных нам Природой. Поэтому они, по сути, сотворены не нами. Это смертное тело создал Бог, и Он дал ему возможность взаимодействовать с материальным окружением; из этой предрасположенности возникла склонность удовлетворять все свои желания и потребности. И когда в нашем стремлении удовлетворить их мы преступаем Божьи законы, мы приносим себе страдания и Богу становится нас жаль.

Но, какими бы порочными ни были деяния человека, и какими бы болезненными ни были их последствия, вечного наказания как такового не существует. Да и как оно может существовать, если мы сотворены по Божьему образу и подобию? Было бы большой дерзостью думать, что Бог навечно проклинает Своих детей. Догматическое утверждение: «Ты грешник, и, если

---

[1] «Тогда Петр приступил к Нему и сказал: Господи! сколько раз прощать брату моему, согрешающему против меня? до семи ли раз? Иисус говорит ему: не говорю тебе: до семи, но до седмижды семидесяти раз» (Мф. 18:21-22).

не изменишься, Бог покарает тебя адскими муками» — это не то, чему учил Христос, хотя кто-то может ошибочно интерпретировать его слова именно так. Сама мысль об этом повергнет правонарушителя в такую депрессию и вызовет такое чувство собственной ничтожности, что он будет видеть свое положение абсолютно безысходным. Когда Христа распинали на кресте, он отважился с любовью продемонстрировать образец божественного прощения: «Отче! прости им, ибо не знают, что делают»[2].

Грех — это ложное понятие. Иисус осознавал, что человек совершает ошибки из-за своего неведения. Когда мне было восемь лет, я восстала против идеи ада и Божьего проклятия для грешников. Это был не тот Бог, Которого я стала бы искать. Моим идеалом был сострадательный Бог, Который бы каждому Своему дитя говорил: «Дитя Мое, позволь Мне помочь тебе; позволь Мне утереть твои слезы[3]; позволь Мне утешить твою совесть и даровать тебе покой». Вот в такого Бога я хотела верить. Это очень похоже на поведение матери. Может ли родитель быть более любящим и сострадательным, чем Бог?

Я расскажу вам одну поучительную историю. Однажды Мастер разговаривал с человеком, который был очень догматичен в своих взглядах на истину. Он спросил Мастера:

— Разве вы не верите в то, что грешникам уготованы адские муки?

Гуру ответил:

— Нет, но человек сам создает себе ад в том месте, где он находится. В зависимости от своего поведения человек сотворяет из этого мира и своей собственной жизни рай или же ад; именно поэтому он и страдает.

---

[2] Лк. 23:34.

[3] «И отрет Бог всякую слезу с очей их» (Откр. 21:4).

Собеседник Мастера продолжал защищать свой догматизм. Гуруджи обладал исключительной интуитивной проницательностью; он сменил тему разговора и через некоторое время спросил:

— Это правда, что у вас есть сын, который причиняет вам огромные страдания тем, что пьет и ведет нехороший образ жизни?

Собеседник открыл от удивления рот.

— Откуда вы знаете? Да, это самая большая печаль моей жизни.

— Тогда позвольте дать вам совет.

— Конечно! — Человек жаждал услышать решение проблемы.

— Хорошо, — сказал Мастер. — Отправьтесь со своим сыном на прогулку в горы. И попросите двух надежных друзей подождать вас в определенном месте. Когда вы будете проходить мимо них, пусть ваши друзья набросятся на вашего сына и свяжут его. Потом пусть они разожгут костер; когда он хорошо разгорится, бросьте своего сына в огонь!

Человек с ужасом посмотрел на Мастера.

— Вы что, с ума сошли? И это совет, который вы мне даете? Да как же так можно!

Гуру попал не в бровь, а в глаз.

— Вот-вот! — сказал он. — А вы приписываете такое поведение Богу, Который создал вас и наделил вас любовью к вашему ребенку. Как же можно думать, что Он бессердечно карает Своих детей, совершивших зло, и навечно бросает их в геенну огненную?

Вот так Мастер стряхнул догму истиной. И действительно — как мы смеем приписывать Богу жестокость, которая даже не укладывается в нашей голове? Он сострадателен и бесконечно любвеобилен.

Каким образом любовь меняет людей

Разве мы, глядя на безграничное терпение Милосердного Господа, не можем научиться любить и прощать друг друга за совершаемые ошибки? Как только мы прощаем, наше сердце обретает свободу. Не сковывайте его тяжелыми чувствами к кому бы то ни было — что бы вам ни сделали. Мы должны спросить себя: «С кем я имею дело? С одним лишь Господом. Я должен радовать Его. Неужели я не могу проявить безусловную любовь к тем душам, которых Он мне послал; к Его детям? Неужели я не могу помочь им своим примером, своей любовью?» Я знаю, что это действует. Я видела, как это действует.

Несколько лет назад, вскоре после того как я стала президентом Self-Realization Fellowship, я выступала с речью в одном из храмов общества. Во время банкета, предшествовавшего моему выступлению, рядом со мной села незнакомая мне женщина. Она не была членом SRF, но считала своим долгом критиковать наше общество и администрацию.

Весь вечер мой ум был погружен в блаженную любовь Божественной Матери. И вдруг эта женщина привлекла мое внимание. Ее взгляд поверг меня в шок. «Этот человек меня ненавидит!» — подумала я. На мгновение мой ум дрогнул. Но я обратилась вовнутрь и спросила себя: «Чего стоит моя любовь к Богу, если она настолько поверхностна, что я утрачиваю благостное состояние ума при встрече с недоброжелательностью других? Разве я не могу жить теми же идеалами, которые проповедую? Конечно, могу!» И в тот же самый момент блаженное осознание Божьего присутствия вернулось ко мне.

По ходу банкета женщина стала высказывать другим едкие замечания обо мне — и достаточно громко, чтобы я могла их слышать. Я стала делать то, чему нас учил Гурудэва, — посылать ей волны своей любви.

Я не позволила своему уму поддаться влиянию внешних обстоятельств, и поэтому, когда пришло время выступать, из моих уст исходили слова, рождённые вдохновением души. После этого некоторые из присутствующих собрались вокруг, чтобы поприветствовать меня. И вдруг эта женщина бросилась вперёд и со слезами на глазах воскликнула: «Пожалуйста, мне нужно с вами поговорить!» Мы увиделись с ней после мероприятия, и она сказала мне: «Я умоляю вас: простите меня за то, что я сегодня наговорила. Теперь я знаю, что Парамахансаджи выбрал себе достойного преемника». Я обняла её всей любовью моего сердца.

Любовь к Богу — это то, что делает духовное учение живым

Я никогда не хотела занимать руководящий пост. Когда меня оповестили о решении Совета директоров избрать меня духовной главой всемирного общества, основанного Гуруджи, я сказала: «Я не могу принять этого. Пожалуйста, освободите меня от этой обязанности!»

Мне ответили: «Мы не можем. Такова воля Мастера — он нам сказал об этом». Я пошла в свою комнату, где целую неделю медитировала, рыдала и молилась, прося Божественную Мать не возлагать на меня эту обязанность. Я не хотела расставаться со своей заветной мечтой — быть незаметной ученицей Гурудэвы, любить Бога и служить Ему «за кулисами», не привлекая к себе особого внимания. Я ничего не хотела, кроме Бога.

Когда я молилась, я говорила Божественной Матери: «Я не управленец. Я не обучена этому. Я знаю лишь то, чему научилась здесь, в ашраме. Я не тот человек, который должен руководить всемирной организацией».

Неожиданно голос Божественной Матери ответил мне: «Позволь Мне спросить тебя только об одном: ты Меня любишь? Ты Меня любишь?» Эта мысль захлестнула мое сознание и смела с пути все остальное.

Я разразилась слезами и воскликнула: «Божественная Мать, это все, что я могу Тебе дать. Я — ничто, и мне нечего Тебе предложить, ведь у меня нет особых талантов. Но я знаю одно: я люблю Тебя. И в этой жизни я стараюсь лишь совершенствовать свою любовь к Тебе». На это Божественная Мать ответила: «Этого достаточно. Это все, чего Я прошу». «Тогда я согласна», — сказала я.

Этот опыт был так прекрасен, так божественен! Его невозможно описать словами. С того дня и до сего момента я живу в этой мысли. Любовь к Богу — это то, что делает духовное учение живым. Божий человек и обычный человек могут произносить одни и те же слова, но слова первого затронут ваше сердце, о слова второго — нет. Почему? Потому что в словах того, кто любит Бога, живет Дух.

Когда я стала президентом, время от времени возникали некоторые недопонимания — этого не избежать. Дисгармония отзывалась болью в моем сердце, и тогда я молилась: «Божественная Мать, почему? Я лишь стараюсь исполнять Твою волю».

Во время своего визита в Индию в 1964 году я испытала множество прекрасных внутренних духовных переживаний. Однажды я молилась Махаватару Бабаджи: «Укажи мне путь; я сделаю все, что ты мне повелишь». И в тот же момент я получила ответ. Только любовью можно тронуть сердца людей; только любовью можно изменить людей. Чтобы получить желаемый результат, используя лишь силу любви, нужно много времени и терпения; зато изменения будут долговременными. Человек постепенно придет к пониманию, что вы дарите ему только любовь и доброту и что от него вы тоже хотите только его любви и доброй воли.

Например, во время моей первой поездки в Индию в 1958-59 годах мне предстояло преодолеть множество препятствий.

Гуруджи много лет отсутствовал в Индии, и местные труженики укрепились в своем видении того, как вести дела. Раньше я была секретарем Гуруджи по всем вопросам нашей организации в Индии и хорошо знала его пожелания. Но некоторые из ответственных лиц восприняли меня там как на нарушителя их границ и подумали, что они рискуют потерять занимаемые должности. Подавляющее большинство учеников встретило меня с открытым сердцем; они жаждали услышать лекции об учениях Гуруджи. Но в глазах нескольких человек Дайя Мата была американкой (и к тому же женщиной!), которая не имеет права учить индийцев их собственной религии и традициям. Но я приняла решение: что бы ни случилось, что бы они ни говорили обо мне, я никогда не буду мстить. Это не мой путь, и таковым он никогда не будет.

Однажды после серьезной конфронтации с одним из таких недоброжелателей я должна была выступить перед группой учеников. Я села медитировать напротив портрета Мастера. Когда я глубоко погрузилась в свою молитву, фотография обрела живую форму. Гуруджи благословил меня, и мою душу охватило божественное вдохновение от его присутствия.

И в таком состоянии сознания я выступала в тот вечер перед собравшимися. Во время выступления лидер противостоящей мне группы людей решил покинуть зал, думая, что другие последуют за ним. Но тут произошло необыкновенное. Посмотрев в его сторону, я не увидела человека — в том теле присутствовал только Бог. Тогда я поняла, чему пытался научить меня Господь: «Зри Меня во всех — не только в тех, кто тебя любит». Это осознание осталось со мной навсегда.

И с того момента настрой ума моих «врагов» полностью изменился. Один из них подошел ко мне в конце *сатсанги*, сделал передо мной *пранам* и сказал: «Простите меня». Я была очень благодарна за единство индийских последователей Гуруджи. С тех пор его *Йогода Сатсанга* выросла неизмеримо.

Мораль проста и заключается в следующем: очистите свое сердце от негативных чувств; пусть оно будет любящим и прощающим. Не рассуждайте: «Но ведь этот человек плохо со мной обошелся». С каждым человеком рано или поздно кто-то плохо обходится — к этому нужно быть готовым. Никогда не позволяйте враждебным чувствам и действиям других людей озлоблять вас. Если вы это допустите, вы потеряетесь. Вы не сможете помочь ни себе, ни другим. Пусть ваше сердце будет свободно от злобы независимо от того, как другие обходятся с вами и что они делают. Если вы будете дарить им любовь, на душе у вас будет покой.

Мы слышим об этих принципах и читаем о них в священных писаниях, но лишь немногие живут согласно им. Сколько войн было развязано во имя религии! Мы думаем, что должны сражаться, но война еще никогда не приносила долговременных положительных результатов. Иисус сказал: «Все, взявшие меч, мечом погибнут»[4]. Настоящие завоеватели человечества — не «Наполеоны», не те, кто завоевывают земли. Истинно великими лидерами во все времена были те, кто завоевывал сердца людей. Такие лидеры воистину завоевывают человечество и изменяют судьбу мира.

Отстаивайте свои принципы, но без враждебности

Бывают времена, когда нужно высказаться твердо; когда промолчать нельзя. Но при этом не нужно проявлять чувство враждебности. Гуруджи рассказывал нам историю, которая послужит хорошей иллюстрацией.

В одной деревне жила кобра, от укуса которой погибло

---

[4] Мф. 26:52.

много людей. Староста этой деревни пошел к мудрецу и сказал: «Так больше не может продолжаться. Змея скоро убьет всех жителей деревни. Не могли бы вы нам чем-нибудь помочь?»

Мудрец согласился. Он пошел к кобре и сказал ей: «Слушай меня. Ты не должна больше убивать людей. Это плохо; да и нет в этом никакой надобности. Оставь их в покое».

Кобра ответила: «Хорошо, я последую твоему совету. Я буду практиковать ненасилие».

Прошел год. Однажды мудрец проходил мимо той деревни и решил проведать кобру. Однако на привычном месте ее не оказалось. Когда мудрец наконец нашел несчастную тварь, он обнаружил, что ее израненное тело лежало под солнцем на последнем издыхании.

— Что с тобой? — спросил мудрец.

— А это, мудрый человек, результат практики твоего учения о ненасилии, — ответила кобра. — Посмотри, что они со мной сделали! Я тут лежу мирно, а они приходят и бьют меня камнями — ведь причин бояться у них больше нет!

Мудрец ответил:

— Ты не поняла. Я сказал тебе не кусать, но это не значит, что ты не должна шипеть!

Когда дело касается нашего принципа, мы должны «шипеть» безо всяких колебаний. Человек не должен превращаться в половик. Отстаивайте истину, но никогда не «кусайте». Таков божественный закон.

Дарить любовь нетрудно, потому что сама сущность нашей души — Любовь. Если мы не можем дарить другим любовь, то только оттого, что не находим ее в себе. Это происходит, когда наше сознание находится на поверхности и управляется нашими органами чувств и эмоциями. Если мы будем погружаться внутрь себя с помощью глубокой медитации и общаться с Богом

— хотя бы недолго, но каждый день, — мы со временем начнем чувствовать эту Любовь, являющуюся нашей истинной природой. Если вы чувствуете любовь внутри себя, вам становится легко дарить ее другим.

Сделайте Бога центром своей жизни

Из выступления в Главном международном центре Self-Realization Fellowship, которое состоялось перед длительной поездкой Шри Дайя Маты в Индию, где она посетила ашрамы, центры и медитационные группы общества Yogoda Satsanga, основанного Парамахансой Йоганандой

Пока я буду в Индии, вся работа в Self-Realization Fellowship должна идти своим чередом. К кому обращаться за духовным советом? Как обычно, к Божественной Матери. Она никуда не уезжает! Не думайте, что если Дайя Маты не будет в офисе, то все здесь обрушится. В этом мире нет ни одного незаменимого человека. Самую большую утрату мы уже понесли, когда лишились физического присутствия нашего Гуру. После этого все остальные утраты уже не будут казаться такими уж серьезными.

Я помню данное нам заверение Мастера: «Когда я покину этот мир, только любовь сможет занять моё место. Во главе этого общества всегда будет стоять тот, кто воистину отражает божественную любовь — любовь Бога и наших Гуру. Бабаджи уже давно избрал тех, кому предназначено продолжать эту работу». Так сказал Мастер. Поэтому не нужно ни о чем беспокоиться.

Жизнь президента общества, основанного нашим Гуру, имеет только одну цель: притягивать души не к своей собственной персоне, а к священным стопам Господа, Небесного

Возлюбленного. Самый большой подарок, который вы можете мне сделать, — вручить свое сердце Божественной Матери. Это принесет мне огромную радость. Потому что, если вы отдадите Ей свое сердце, я буду знать, что, куда бы вы ни направились в своей жизни, вы будете спасены. Это единственное, чего я хочу от вас; и Гуруджи хочет от вас того же.

«Божественная Мать, позволь мне завоевывать сердца лишь для Тебя»

Вчера ночью в медитации я пережила необыкновеннейший опыт. Обычно об этом не говорят, но если это может послужить кому-то вдохновением, то это позволительно. Я обращалась к Божественной Матери, глубоко молясь Ей, как вдруг все мое существо захлестнула волна такой пьянящей сладостной любви! Она передала моему сердцу такое послание: смысл жизни состоит лишь в том, чтобы любить Бога; только для этого был сотворен человек. Я сказала Ей: «О Божественная Мать, позволь мне завоевывать сердца лишь для Тебя. Это мое единственное желание в этом мире. Позволь мне завоевывать сердца лишь для Тебя».

Когда мы твердо избираем путь, который учит нас искать и любить Бога, мы приступаем к осуществлению истинной цели своей жизни — и тогда мы узнаем, что наконец начали жить полной жизнью. Я могу с уверенностью сказать, что я осознаю себя по-настоящему живой только тогда, когда общаюсь с Богом. Все, что находится вне этого состояния, — лишь часть Божьего космического спектакля. Сегодня мы находимся здесь и играем определенную роль. Но сколько раз на протяжении веков и множества инкарнаций повторялся этот спектакль жизни и смерти? Сколько раз мы встречались друг с другом в прошлых жизнях? И сколько раз мы встретимся вновь? В чем цель этих постоянных приходов и уходов, входов и выходов из «комнат» материального и астрального миров?[1] Цель одна: посредством земных уроков мы должны достичь Самореализации — полного и окончательного осознания, что мы есть часть одного целого — Единого Бога.

Всякий раз, когда мы теряем себя в этом спектакле, мы должны стряхивать с себя эту иллюзию. Не плачьте о вещах этого мира. Большинство из нас даже не помнит, о чем мы плакали пять лет назад или даже год назад. Плачьте только о Нем, о Боге. Пока мы позволяем волнам перемен укачивать нас, мы будем подвержены болезненным контрастам временных удовольствий и глубоких разочарований. Но если мы глубоко погружаемся в океан Божественного Сознания, наше собственное сознание становится недосягаемо для волн перемен, и колебания извне не оказывают на нас никакого воздействия. Вот почему Господь Кришна сказал: «Укоренись, о Арджуна, в Том, что неизменно»[2]. Когда мы прикладываем усилия, чтобы достичь такого состояния, к нам начинает приходить истинное осознание.

Всякий раз, когда вас охватывает беспокойство, возвращайтесь к этой мысли: «Что делает святых святыми? Они жизнерадостны, когда трудно быть жизнерадостным; они терпеливы, когда трудно быть терпеливым; они заставляют себя идти

---

[1] «В доме Отца Моего обителей много» (Ин. 14:2). Высшие и низшие астральные сферы, состоящие из тонкого света и энергий жизнетронов, являются соответственно раем и адом; туда направляются души после смерти физического тела. Продолжительность их пребывания в тех сферах предопределяется их кармой. Пока у человека есть неисполненные материальные желания или земная карма (неотработанные последствия его поступков в прошлом), он должен рождаться на земле снова и снова, чтобы продолжить свой эволюционный путь обратно к Богу.

[2] «О Арджуна, освободи себя от триады качеств и пар противоположностей! Будь всегда спокоен; не лелей мыслей об обретении и обладании; укоренись в своем истинном „Я"» (Бхагавад-Гита II:45).

вперед, когда им хочется стоять на месте; они молчат, когда им хочется говорить; они готовы идти навстречу, когда им не хочется идти навстречу. Вот и все».

Другими словами, как говорил Гуруджи: «Учитесь делать то, что нужно — и когда нужно». Вот это — святость; это — свобода.

Служение Гуру

Кто-то попросил меня осветить тему служения Гуру. С удовольствием поговорю об этом; но то, что я скажу, будет отличаться от того, что вы хотите услышать. Вся суть служения Гуру состоит в том, чтобы удерживать свой ум на Боге. Это было первым указанием в деле служения Мастеру. При его жизни у нас всегда было много работы, и Мастер был очень благодарен за нашу помощь; но он не принимал ее от того ученика, чей ум был не с Богом. У Гуруджи был особый подход к обучению: он работал напрямую с тем, что мы думали, а не с тем, что мы говорили, потому что именно мысли человека говорят о состоянии его сознания. Если ученик не прикладывал усилий, чтобы внутренне сонастроиться с Богом, ему было очень трудно удерживать эмоциональное равновесие, работая с Мастером, потому что Мастер требовал строгой внутренней дисциплины. Ученик постоянно должен был следить за тем, чтобы в его голове не было негативных мыслей.

Малейшее проявление ревности со стороны ученика приводило к его немедленному исключению из близкого окружения Мастера. Гуруджи был нетерпим к этому мирскому, эгоистическому чувству. Ревность, злоба, ненависть... Гуруджи считал, что все эти негативные человеческие чувства могут и должны быть преодолены. И он помогал нам избавиться от такого рода слабостей, используя самые разнообразные методы.

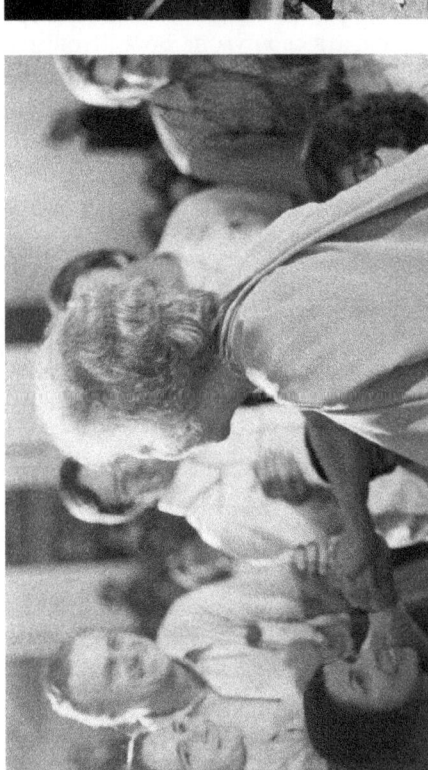

(Вверху) Шри Дайя Мата приветствует участников Ассамблеи SRF. Отель Билтмор, Лос-Анджелес, 1978 год

(Справа) После сатсанги в Дели, 1972 год

«Дарите людям частичку своего сердца, своего понимания... Когда к вам приходит человек, упавший духом, в депрессии, полный негативных мыслей, будет просто замечательно, если вы сможете сказать ему что-то ободряющее, чтобы он мог уйти от вас в хорошем настроении».

Сделайте Бога центром своей жизни

Преодоление плохого настроения

В первые годы жизни в ашраме моей проблемой было плохое настроение — я страдала от него с самого детства. Это было не столько состояние подавленности, сколько переменчивость мысли: в один момент я была весела, а уже в следующий я спрашивала себя: «Почему я так несчастна?» Я всегда любила солнечный свет и веселые улыбающиеся лица; и когда я оказывалась в унылой, негармоничной или грустной обстановке, на меня это оказывало сильное воздействие. Плохое настроение имеет кармические корни, в том смысле что оно является результатом воздействия привычек из прошлых жизней, которые мы принесли с собой. Кармическая ноша — это самое первое, от чего нужно избавиться, когда вы встаете на духовный путь. Я полностью разделяю высказывание: «Печальный святой — плохой святой». Зачем становиться разносчиком печали в этом мире? Мои перепады настроения мучили меня, потому что моей целью было удерживать мой ум на Божественной Матери. Я приняла решение, что никогда не позволю, чтобы Мастер видел меня в плохом настроении.

Помню, однажды было такое пасмурное утро — все мне казалось хмурым, серым и бессмысленным. Мастер позвал меня к себе, и я подумала: «О Боже! Мне сегодня как-то нехорошо. Я должна сделать все, чтобы он не заметил моего плохого настроения». Я натянула на себя широченную улыбку и даже почувствовала гордость за то, что смогла скрыть свое плохое настроение. Я думала, что Мастер не заметит и малейшего признака хмурости на моем лице. Не успела я войти в его комнату, как вдруг, безо всякой на то причины, он направил на меня палец (он так делал, когда хотел что-то особо подчеркнуть) и медленно, отчетливо произнес: «Ты не можешь являться ко мне в плохом настроении!» Я получила удар в самое больное место: мой Гуру был мною недоволен.

Три дня я боролась со своим плохим настроением. Знаете ли вы, что происходит, когда мы в плохом настроении? Мы чувствуем к себе жалость, нам больно, а затем мы сердимся. Мы думаем, что своим поведением мы накажем своих близких за то, что они нас не понимают. Внутренне я решительно сказала себе: «Хорошо. Мастер не хочет, чтобы я была рядом с ним. Тогда я не буду больше подходить к нему». И чем дольше я держалась за эту мысль, тем яснее мне становилось, что страдала именно я — мое поведение не меняло отношения Мастера ко мне. Тогда я подумала: «Кто ответственен за это плохое настроение? Ты! Тогда кто должен от него избавиться? Ты должна от него избавиться». Таким вот логическим путем я пришла к пониманию, что измениться должен был только один человек. Это был не Мастер и не люди, окружавшие меня. Это была я. Измениться должна была я.

Для меня это был огромный урок; и с того дня (было это в 1932 году) я уже никогда не позволяла себе поддаваться плохому настроению. Мастер нам говорил: «Помните: никто не сможет сделать вас счастливым, если вы приняли решение быть несчастным; и никто не сможет сделать вас несчастным, если вы решили быть счастливым». Запомните эти слова, потому что так оно и есть.

Я всегда следую истине священных писаний, которая гласит, что мы сотворены по образу и подобию Божьему. И если природа Бога — блаженство и любовь, то и моя природа — блаженство и любовь. Вот почему моя обязанность — отстраниться от всех темных человеческих качеств, которые не являются частью истинной природы моей души. И когда плохое настроение, негативные мысли, ненависть, недовольство стараются проникнуть в наше сознание, мы должны внушать себе: «Это не я! Я есть блаженство; я есть радость; я есть мудрость; я есть покой», стремясь проявить эти качества в себе.

«И познаете истину, и истина сделает вас свободными»

Свобода приходит, когда мы придерживаемся истины[3] — того, что реально — и отвергаем все то, что ложно. Ненависть, нечестность, мрак, зло — все это ложные вещи. Они порождены иллюзией и существуют в мире относительности. Они — часть покрова *майи*, закрывающего прекрасный лик Божественной Матери. Снимите этот покров, и вы всегда будете зреть Божественного Возлюбленного.

Быть свободным от иллюзии и ее темных качеств — это единственный способ правильно жить в этом мире. Человеческая природа склонна к ссорам, ненависти и негативным мыслям, потому что эта привычка взращивалась на протяжении бесчисленных инкарнаций. Но каждый собравшийся здесь ступил на духовный путь благодаря некоему пробуждению, заставившему его задаться вопросом: «Что есть реальность?» Конечно, мы необязательно использовали именно эти слова, но таковым было наше внутреннее побуждение. И если это побуждение недостаточно глубоко или не подпитывается должным образом, мы можем вернуться к своим старым привычкам; и тогда истины станут лишь вдохновенными словами, которые для нас уже не будут реальностью. У некоторых людей истина входит в одно ухо и выходит из другого, потому что, как говорил Гуруджи, между ними нет ничего такого, что могло бы

---

[3] «И познаете истину, и истина сделает вас свободными» (Ин. 8:32).

Благословение, исполненное любви. Ассамблея SRF, 1983 год

«Смысл жизни состоит лишь в том, чтобы любить Бога; только для этого был сотворен человек... Когда мы твердо избираем путь, который учит нас искать и любить Бога, мы приступаем к осуществлению истинной цели своей жизни — и тогда мы узнаем, что наконец начали жить полной жизнью».

удержать ее! Мы должны развивать духовную восприимчивость, которая улавливает истину и впитывает ее.

Проблема этого мира в том, что люди зачастую не хотят усваивать правильные вещи. Вместо этого они запоминают то, что другие им сказали или сделали. А кто вслушивается в слова, которые нам постоянно пытается сказать Бог? Кто слушает тихий, правдивый, сладостный Голос, живущий в наших сердцах? Это Тот, с Кем я люблю говорить. Это Тот, Кто всегда откликается на зов преданного верующего.

Вас не должно волновать, что делают другие. Беспокойтесь больше о том, как вы обращаетесь с другими, а не о том, как другие обращаются с вами. Таково отношение к жизни зрелого человека, и оно правильно.

Тот, кто умственно уязвим к нападкам других, — хронически несчастный человек. Вместо того чтобы жаловаться: «Он меня обидел; она мне сказала вот это; они меня третируют», человек должен сказать: «Господи, неважно, что делают мне другие, — важно, что я делаю другим. Научи меня быть добрым, даже когда резкие слова причиняют мне боль. Все свои обиды я возлагаю к Твоим стопам. Сделай так, чтобы я извлек из них уроки и обрел понимание». Обретая понимание, мы обретаем осознание своего истинного «Я».

Случайностей не бывает

Твердо знайте: ничто в нашей жизни не происходит случайно — даже когда кажется, что это так. Все организовано согласно высшему Божественному порядку. Всему свое время — как во Вселенной в целом, так и в нашей жизни[4]. Мы никогда не должны винить людей или внешние обстоятельства в

---

[4] «Всему свое время, и время всякой вещи под небом» (Еккл. 3:1).

проблемах, которые встают на нашем пути. Мы просто должны говорить: «Хорошо, Божественная Мать — случилось то, что случилось. Какой урок я должен из этого извлечь?» И не впадайте в панику, если Она вам не ответит сразу.

Безграничное терпение — неотъемлемая часть нашей любви к Богу. Конечно, вам может показаться, что невозможно одновременно иметь страстное рвение к Богу и обладать терпением, необходимым для того, чтобы дождаться Его ответа; но это не так. Человек может так глубоко погрузиться в мысль о Боге или служение Ему, что время перестанет для него существовать. Вся жизнь преданного верующего становится одним сплошным поиском Бога и общением с Ним в медитации и повседневной деятельности.

Чтобы достичь состояния непрерывного общения с Богом самым эффективным способом, нужно внутренне разговаривать с Ним — разговаривать искренно и сердечно. Продолжайте говорить с Ним с бесконечным терпением и любовью до тех пор, пока не придёт Его сладостный ответ. Большинство людей сдаются, потому что они думают, что Бог им не отвечает. Но Он явит Себя, когда Ему того захочется — и тем способом, который Он посчитает нужным. Наша проблема в том, что мы забываем слушать! А ведь это неотъемлемая часть общения с Богом. Библия нам говорит: «Остановитесь и познайте, что Я — Бог»[5].

Если каждый из вас начиная с сегодняшнего дня возьмёт за привычку практиковать это безмолвное общение с Богом, доверчиво ожидая и слушая, Он ответит на зов вашего сердца. Иначе и быть не может. Он отвечает, даже когда вы заняты делами. Но если вы так заняты внешней суетой, разговорами, беспокойными мыслями и потаканием капризам плоти, что у вас нет времени слушать, тогда вы упустите Его тихий шёпот.

---

[5] Пс. 45:11.

Проще всего мне бывает получить от Бога ответ, когда я мысленно взываю к Нему всем сердцем: «Любовь моя, Любовь моя...» Вы должны повторять эти слова снова и снова, даже если вначале не можете их прочувствовать. Однажды вы произнесете их искренне. «Господи, Господи, Господи... Ты есть всё. Ты есть всё». А больше ничего и не нужно.

Практика Божьего присутствия

Меня как-то спросили: «Каким образом мы можем эффективно практиковать Божье присутствие во время работы?» Ответ очень прост. Гуруджи говорил: «Когда начинаешь свой день, внутренне произноси: „Господи, помоги мне сделать все правильно". Затем в течение дня удерживай мысль: „Господи, я делаю это ради Тебя. Я сделаю все наилучшим образом, потому что работа ради Тебя приносит мне огромную радость"». Практикуя Присутствие таким образом, вы не должны работать рассеянно. Будьте внимательны к тому, что делаете. Преданный верующий подобен влюбленному человеку: он выполняет свою работу ради Возлюбленного Господа наилучшим образом.

Того, кто искренен в своем намерении, ничто не может сбить с пути, ведущего к Богу. Все, что пытается его отвлечь — неправедные желания, мысли и действия, — он отсекает силой проницательности. И со временем все мирские наклонности отпадут сами собой, подобно тому как с дерева опадают сухие листья. Их не нужно срывать — они опадут естественным образом, потому что потеряют всякий смысл; они уже не будут приносить наслаждения. Преданный богоискатель находит трансцендентную радость в Господе.

Если верующий регулярно медитирует и практикует Божье присутствие, мысль о Боге постоянно вращается на заднем плане его ума. Истолковывая эту тему, Мастер часто приводил аналогию с коровой и ее теленком. Корова дает своему теленку свободу резвиться на пастбище, как бы не обращая на него внимания. Но стоит чужаку приблизиться к теленку, как она тут же реагирует. Она все время прекрасно осознает, где находится ее дитя. Гуруджи говорил, что верующий должен вести себя как корова, у которой есть теленок. Занимаясь своими делами в этом мире, мы должны постоянно осознавать Божье присутствие на заднем плане своего ума. Ничто не должно уводить наше внимание от Него.

Когда мой ум сосредоточен на Божественной Матери, все проходит гладко. Мое сердце ничем не отягощено; я беззаботна, спокойна и полна энтузиазма. Куда бы я ни пошла и что бы я ни делала, моя Божественная Мать всегда пребывает со мной. Так происходит потому, что я многие годы тренировала свой ум; такое состояние сознания обретается только благодаря постоянной практике. И вы тоже можете взрастить близкие взаимоотношения с Богом. Думайте о Божественной Матери; пусть Она станет вам родной. Я знаю, что Она здесь.

Если вы будете следовать моему совету, то придет время, когда ваше сознание станет непрерывным в своем медитативном состоянии: оно всегда будет с Богом. В конечном итоге верующий становится как брат Лаврентий: подметал ли он полы или поклонялся Богу перед алтарем, его ум всегда был поглощен Господом[6]. Вам нужно стремиться именно к такому состоянию; но это требует усилий — одного воображения для этого недостаточно. Придет время, когда вы сможете вмиг погружаться внутрь себя даже во время работы; вы будете

---

[6] «Для меня рабочий час не отличается от часа молитвы; и в шуме кухонных работ, когда несколько человек одновременно обращаются ко мне каждый со своим вопросом, умом я пребываю с Богом в таком же великом спокойствии, с каким стою на коленях перед алтарем». — Брат Лаврентий. Практика Божьего присутствия.

чувствовать внутри себя живой фонтан любви, мудрости и кипучей радости. Тогда вы сможете говорить: «О, Господь со мной!» Это и есть плод вашей медитации, который вы можете вкушать в любое время — как в покое общения с Богом, так и в дневной активности.

Как найти необходимые руководство и силу

Мне задали такой вопрос: «Не является ли искушением вошедшее в привычку поползновение укоротить медитацию или пропустить ее ради выполнения какой-либо работы?»

Да, это своего рода искушение. Но ведь именно в медитации мы получаем руководство и силу, необходимые для того, чтобы хорошо служить Богу. Так почему же мы должны ее пропускать? Зачастую наша проблема кроется в том, что мы склонны жить в сознании времени, когда ум постоянно спешит и беспокоится, и это отрицательно сказывается на нашей медитации. Когда я медитирую, я не думаю ни о чем, кроме медитации. Если вдруг ко мне приходит какая-то мысль о работе, я говорю себе: «Бог моя реальность. Я ищу именно Его. Почему я должна думать о чем-то другом? Его работа будет сделана после медитации». Для гармоничной духовной жизни необходимы как медитация, так и работа. Если человек только медитирует, он становится умственно и физически ленивым. Если человек только работает, он становится слишком тревожным: он не может сидеть спокойно, сосредоточившись на Боге. Работу и медитацию нужно сочетать и уравновешивать, хотя иногда это и кажется трудным. Вы должны твердо решить, что будете это делать.

Используйте свое время с толком

Многие ученики думают, что время нужно посвящать или Богу, или работе — но не тому и другому вместе. Я с этим не согласна. Я знаю, что можно сочетать и то и другое, если в вашей жизни будет меньше «заполнителей». «Заполнители» — это бесполезные разговоры и бесполезные занятия, которые поглощают свободные минуты и периоды времени в течение дня. Если вы научитесь правильно использовать свое время и покончите с этими бесполезными «заполнителями», вы увидите, что у вас предостаточно времени и для медитации на Бога, и для служения Ему.

В годы жизни Мастера мы все были очень заняты. Мы работали по восемнадцать часов в сутки или даже больше (и я не преувеличиваю!), но при этом мы не пропускали нашу медитацию. Бывало, мы вообще не спали, но мы не валились с ног и не рассыпались на части. С нами были вдохновение, энтузиазм и вера в то, что мы сможем со всем справиться; именно поэтому мы и были способны со всем справляться. Видите ли, все дело в настрое ума. Тем, кто думал, что это очень трудно, было очень трудно. Их умы находили миллионы объяснений, почему они не смогут провести ни одной ночи без сна; почему они не смогут работать так долго; почему не смогут долго медитировать или медитировать в принципе.

Вы должны понять одну вещь: Господь видит, какие мы внутри. Он знает, когда мы искренни, а когда ищем себе оправдания. Мы не должны пытаться утаивать от Бога и от самих себя свои истинные мотивы или свое поведение.

«Будь верен сам себе;
Тогда, как вслед за днем бывает ночь,
Ты не изменишь и другим»[7].

Честность перед самим собой — один из решающих факторов в исцелении себя от болезни неведения.

---

[7] У. Шекспир. Гамлет. Акт 1, сцена 3.

Программа для длительной медитации

В период моей жизни в ашраме я дала себе клятву, что в дополнение к моим загруженным дням я буду раз в неделю медитировать в течение шести часов. В назначенный день я заканчивала свою работу в пять часов, после чего отправлялась в свою комнату, где медитировала с шести вечера до полуночи. Каждому из вас следует практиковать то же самое. Вы даже не представляете, как это изменит вашу жизнь.

Если из-за семейных обязанностей у вас не получается медитировать шесть часов подряд раз в неделю, вы должны использовать с максимальной отдачей то время, которое вам удается выкроить. Это все, что вы можете сделать. Бог ценит того верующего, который прилагает максимум усилий. Если все, что мы можем, — это медитировать лишь полчаса, для Бога они будут равнозначны шести часам усилий того, у кого есть возможность столько медитировать. Дарите Богу все свое свободное время — лишь этого Он от вас хочет[8]. Будьте честны с Ним в своем сердце. Если у вас есть только один час для глубокой медитации, пусть этот час будет полностью посвящен Богу.

Медитация и уединение — разные вещи. Уединяться — значит отводить какое-то время на то, чтобы побыть одному — в выходные дни или в воскресенье, или же по будням в иной свободный час. Это время для расслабления, самоанализа и учебы; оно может включать в себя и медитацию. Мастер начал программу ретритов с целью дать последователям возможность уединяться — другими словами, убегать время от времени от всех мирских забот и посвящать себя размышлениям о Боге и длительным глубоким медитациям[9].

---

[8] «Ибо Господь, Бог твой, есть огнь поядающий, Бог ревнитель» (Втор. 4:24).

[9] Информацию о ретритах Self-Realization Fellowship можно получить у Главного международного центра SRF.

Как бороться с «засухой» в медитации

Как можно преодолеть духовную «засуху» — когда в медитации не ощущается любовь к Богу? Есть только один способ: вы не должны сдаваться! Продолжайте прилагать усилия в медитации, и в конце концов вы одержите победу.

Ум слабого человека рассуждает так: «Сегодня я медитировать не буду: дел много, да и не особо я в этом продвигаюсь». Но мне такое заключение представляется ошибочным. Верующий должен думать наоборот: «Жизнь может закончиться в любую минуту! Я никогда не буду откладывать медитацию на потом — я буду медитировать сейчас. Потом может быть слишком поздно». Как только я думаю: «Пора медитировать», я сажусь медитировать. Безо всяких колебаний.

Приведу один пример. Последние несколько недель были чрезвычайно напряженными: экстренные обстоятельства возникали в самый неожиданный момент. Многие вещи препятствовали моей поездке в Индию. Когда я садилась медитировать, мой ум сам собой начинал думать о нависших проблемах, но я всей силой своей воли говорила навязчивым мыслям: «Вон отсюда!» Из своего опыта я знаю, что все подобные дела могут быть сделаны и после медитации. Нет необходимости жертвовать общением с Богом.

Вчера ночью в медитации меня неожиданно захлестнуло ощущение присутствия Божественной Матери. «О Божественная Мать, — сказала я, — стоит мне лишь на мгновенье ощутить Твою радость, Твое блаженство, и тысячи миллионов препятствий уже не могут оторвать мое внимание от Тебя». Со временем эта радость будет оставаться с вами все дольше; в конечном итоге она будет длиться весь день — что бы вы ни делали. Эти заверения Свыше остаются в вашем сознании, и вы пребываете в непрерывном общении с Божественным Возлюбленным. Вы живете, движетесь и существуете в этом сознании. Это сознание достигается упорством в медитации — и неважно, чувствуете вы ответ Бога или нет.

Поэтому в следующий раз, когда вы почувствуете «засуху» в медитации, откажитесь сдаваться. Продолжайте мысленно говорить с Божественной Матерью; просите, чтобы Она даровала вам большую любовь к Ней. Продолжайте молиться Ей каждый день в медитации, сколько бы времени на это ни потребовалось. Помимо медитации культивируйте привычку каждый день мысленно повторять имя Бога — особенно когда вы чувствуете нервное напряжение. Но никто не должен об этом знать. Внутренне произносите Его имя снова и снова — до тех пор, пока в вашем сознании не останется никаких мыслей, кроме одной: «Ты, Господи, — Ты, Ты, только Ты!» Практикуйте это, и вы увидите, как однажды — когда вы меньше всего этого ожидаете — Господь откликнется.

Бога покоряют безусловной любовью

Поиск Бога не должен быть чем-то обусловлен. Если верующий ожидает найти Бога через год, через три года или через пять лет, и говорит: «Господи, я даю Тебе столько-то времени, и если Ты не откликнешься в срок, придется нам попрощаться!», тогда Бог думает: «Мне такая любовь не нужна». Такой любовью вы никого не сможете покорить. Кто захочет подписать брачное соглашение на таких условиях? Истинно любящий дарит свою любовь «в радости и в горе, пока смерть не разлучит нас». Точно так же последователь должен относиться к своим «узам» с Богом. Нужно всецело вручить себя Богу. Доверьтесь Ему; отдайте Ему всего себя. Пусть Он распоряжается вами, как Ему хочется. Бог не злоупотребит вашим доверием — об этом вы можете не беспокоиться. Он распорядится вами мудро и с нежной любовью. В жизни столько непредвиденных обстоятельств, что подсознательно мы все время полагаемся на Бога. И мы никогда не знаем, когда смерть унесет нас с этой земли! Мы должны сделать это подсознательное доверие сознательным. Безмолвно любите Бога в своей душе. Знайте, что Он имеет силу изменить любую неблагоприятную ситуацию; и Он изменит ее в назначенный Им час, если вы в это верите.

Каждый человек может найти Бога

Вопрос из зала: «Если человек живет или работает с людьми, у которых негативное мышление и материалистический взгляд на жизнь, как он должен с ними обращаться?»

Каким прекрасным может быть союз мужа и жены, если они ищут Бога рука об руку, с безусловной любовью! Они становятся божественными друзьями, помогающими друг другу на духовном пути. Благословенны те, кто имеет такие отношения. Но если ваша супружеская жизнь лишена таких взаимоотношений, не падайте духом. Других людей можно изменить — но не словами, а своим собственным поведением. Вы можете завоевать сердце любовью. Но эта любовь не должна быть чем-то обусловлена. Например, неправильно думать: «Я буду продолжать дарить свою любовь, если он или она будет отвечать на это соответствующим образом». Пусть вас не волнует, как отвечают на вашу любовь — оставьте это Богу. Верьте в силу Его любви.

Если люди критично относятся к вашим духовным устремлениям, продолжайте прикладывать те же усилия, но делайте это тихо и ненавязчиво. Тем, кто нас не понимает, мы ничего не должны говорить о том, что делаем; и мы не должны пытаться произвести на них впечатление.

Незадолго до своего поступления в ашрам, когда я еще жила дома, я имела обычай вставать посреди ночи, когда все уже крепко спали, и идти в другую комнату, чтобы молиться в одиночестве; после этого я прокрадывалась назад в спальню. (Я была застенчивой и не хотела, чтобы другие знали о моем чувстве к Богу.) Если кто-то замечал, что я бродила ночью по дому, и спрашивал, почему я это делаю, я говорила: «Да мне что-то не спалось, и я решила пойти в другую комнату». Не было смысла говорить о моем занятии вслух. Если человек по-настоящему жаждет Бога, он всегда найдет время и возможность быть с Ним.

Тем, кто нас не понимает, можно постоянно дарить свою любовь. Необязательно выражать ее в словах — вы можете делать это своим поведением, в котором отражается доброта вашей души. Будьте внимательны, бескорыстны, заботливы и понимающи и говорите только добрые слова. Людям не нужно знать о вашей религии и вашей вере, ибо то, что в ваших мыслях и сердце, проявится в ваших действиях. Ничто не действует на людей более благотворно.

Да, сначала это может показаться трудным, но практика все облегчит. У вас прибавятся силы, если вы будете регулярно встречаться с теми, с кем вы можете общаться на духовном уровне — в церкви, в группе медитации, на сатсангах. Такие встречи дают нам новые силы, и мы переносим все превратности жизни с правильным настроем ума, зная, что Бог в нужное Ему время освободит нас от дисгармонии в нашем окружении.

Нет на свете человека, который бы не смог найти Бога при имеющемся на то желании — какими бы ни были обстоятельства. Такое просто невозможно. Все зависит от степени желания. Если человек чего-то очень хочет, он будет добиваться своего, несмотря на все препятствия. Для этого у него есть воля. Нам даны все необходимые ресурсы для того, чтобы найти Бога. Но мы должны показать Ему, что мы ищем Его всерьез. Мы должны перевести прожектор своего внимания с наших интересов на желание найти Бога. И тогда Он отзовется.

Антология духовных советов

*Вдохновляющие слова руководства, сказанные
на сатсангах и в письмах ученикам SRF*

Решение всех проблем

Вот какое вдохновляющее послание заключено в словах Гурудэвы Парамахансы Йогананды:

> В Боге кроется решение всех ваших проблем. Он проявляет Себя в божественном законе; и вы получите от Него ответ, если будете следовать этому закону. Гуляя в безмятежной долине веры, вы обнаружите рядом с собой Господа. Тогда вы поймете, что это Он несет за вас ответственность. Освободитесь от злоключений и оков навеки. Бог — ваш Отец, а вы — Его дитя. Единение с Ним удовлетворит все ваши нужды.

Тот, кто медитирует регулярно и добросовестно, знает, что решение всех проблем воистину кроется в Боге. Медитация возвышает сознание, и наше восприятие становится шире; мы начинаем по-другому смотреть на вещи. Мелкие испытания уже не тревожат нас, и мы отчетливее видим, что нужно делать в каждой ситуации. По мере того как Бог обретает для нас все большую реальность, Он становится не только главной Целью нашей жизни, но и центром и источником нашей внутренней защищенности в данный конкретный момент. Мы воспринимаем жизнь как школу, а ее опыт — как возможность обрести знание. Внутренняя защищенность, обретенная в общении с Богом в медитации, делает нас способными бескорыстно дарить любовь, понимание и прощение, совершенствуя наши взаимоотношения с людьми. Йог, нашедший защиту в Господе, не требует от окружающих того, чего они не способны дать. Он все больше и больше убеждается в том, что Бог удовлетворяет все человеческие нужды.

Как много сегодня тех, кто пытается найти решение всех тех ужасных проблем, с которыми мы сталкиваемся в жизни! Но окончательное решение всех проблем — как индивидуальных, так и национальных — кроется в возвращении к Богу. Устремившись к Богу всем сердцем и умом, встречайте каждый новый день с надеждой и верой в Него.

Сила молитвы за мир на земле

Мысль — самая могучая сила в мире. Все мироздание было сотворено мыслью Бога.

«От избытка сердца говорят уста»[1]. Наше мышление проявляется в наших словах и действиях. Поэтому, чтобы наши молитвы за мир на земле были эффективны, мы в первую очередь должны стать мирными в своей собственной жизни. Как мы можем эффективно молиться за мир; как мы можем посылать сильные умиротворяющие вибрации; как, наконец, мы сможем установить мир на земле, если сами не будем миролюбивыми и спокойными?

Чтобы стать спокойным, нужно медитировать. В своих работах Гуруджи неоднократно подчеркивал важность

---

[1] Мф. 12:34.

медитации. Нам нужно глубоко вовлечь свой ум в практику медитации.

Гуруджи рассказывал нам о своей тете, которая однажды пришла к нему со словами: «Пожалуйста, помоги мне. Я молюсь на четках вот уже сорок лет, но внутренний покой так и не обрела». На это он ей ответил: «Когда вы произносите свои молитвы, ваш ум блуждает и думает о чем-то другом. Во время молитвы направляйте все свое внимание на то, что вы произносите; удерживайте свой ум лишь на Том, к Кому вы обращаетесь с молитвой».

Наши молитвы не должны повторяться механически. Попугай повторяет слова, но не знает, о чем он говорит. Когда мы молимся или медитируем, весь наш ум, все наше внимание должно быть предельно сконцентрировано. Именно так нужно молиться; медитативные техники SRF предназначены для развития такой концентрации.

Поэтому, прежде чем пытаться установить мир на земле, сначала попытайтесь стать мирными и спокойными сами, а затем сосредоточьтесь на добрых делах и распространении мира. Первое доказательство Божьего присутствия внутри нас — это покой, «который превыше всякого ума»[2]. Каждый человек обязан стремиться к достижению такого покоя, ибо Бог наделил людей разумом, проницательностью и способностью мыслить. Когда мы ощущаем этот покой внутри себя, мы осознаем, что сонастроены с Богом. Вот тогда мы готовы молиться за мир на земле — и наша молитва будет глубокой и действенной.

Я вовсе не хочу сказать, что вы не должны молиться за мир до тех пор, пока сами не почувствуете в себе покой. Я лишь хочу сказать, что начинать нужно с себя — с этого начинается мир.

---

[2] Филип. 4:7.

Измените себя так, чтобы другие, находясь в вашем окружении, чувствовали мир и покой. И тогда в медитации и молитве о других сила вашей концентрации и покоя станет простираться вширь, пока не затронет весь мир.

Гуруджи говорил, что вибрации слов и мыслей производят определенный эффект: они отпечатываются в эфире, и при наличии достаточно мощного приспособления их мог бы уловить любой человек и в любом месте. Подобную вещь наука продемонстрировала на примере радио и телевидения. Но даже без этих средств передачи волн в эфире энергия моих слов и сила мысли, стоящая за ними, в этот момент уже путешествуют по миру. Сверхчувствительный прибор мог бы это доказать. Так что сильная вибрация покоя, исходящая из наших сердец и умов, может благотворно воздействовать на весь мир. Как ученики Парамахансаджи мы обязаны всеми силами способствовать этому воздействию[3].

Почему некоторые дети рождаются с недугами?

Если мы верим в то, что Бог справедлив — а я в это абсолютно верю, да и все великие религии учат этому, — тогда почему некоторые дети рождаются с отклонениями, словно жизнь им была дана лишь для того, чтобы они страдали? Бог любит всех одинаково. Он заботится о каждой птичке, осознает каждую песчинку; а о нас Он заботится больше всего. Поэтому на этот вопрос есть лишь один разумный ответ: тут задействован

---

[3] Именно с этой целью Парамаханса Йогананда создал Всемирный круг молитвы. См. сноску на стр. 33.

закон кармы, то есть причины и следствия. Что ты посеешь, то и пожнешь.

Но это не значит, что мы должны проявлять бессердечность по отношению к людям с инвалидностью и говорить: «Страдает из-за своей же кармы». Нет! Бог дал людям способность сочувствовать, сострадать. Ни одно другое существо не обладает этими качествами. Бог ожидает, что мы будем использовать их, как это делал Христос и другие духовные гиганты.

То, что мы видим в этой жизни, является лишь звеном в вечной цепи существования. Остальная часть цепи сокрыта, поэтому мы забываем, что за коротким звеном из шестидесяти, семидесяти или даже ста лет таится вечный цикл. То, что мы посеяли в этой или в предыдущих жизнях, мы должны будем пожать в этой или в следующих жизнях. Последствия, однако, не всегда внешне указывают на причины. Матрица индивидуальной кармы есть результат воздействия многих факторов, обусловленных прошлыми действиями и поведением — физическим и умственным. Только духовный мастер может правильно читать эти знаки. Поэтому никто не должен гадать о причинах текущего состояния человека или судить его. Карма предназначена не для того, чтобы наказывать, а для того, чтобы учить.

Поэтому, когда мы видим ребенка с каким-либо отклонением или любого человека, страдающего недугом, мы должны иметь в виду две вещи. Во-первых, необходимо понимать, что человек сам притянул к себе свой недуг — Бог тут ни при чем. Во-вторых, нам представляется возможность расти духовно. Наше духовное развитие ускоряется, когда, проявляя сострадание, мы делаем все возможное, чтобы облегчить состояние человека, пораженного недугом, и помогаем ему справиться с ним.

Об атеизме

Некоторые люди утверждают, что Бога нет. Но разве можно быть абсолютным атеистом? Я могу понять человека, который отвергает определенные представления о Боге потому, что он не получил удовлетворения, практикуя какую-то религию. Но отвергать саму идею существования Бога глупо.

Тем, кто считает себя атеистом, я задала бы такой вопрос: «Вы сами вырастили свое тело из той первичной крошечной клетки?» Ни один человек не сможет утвердительно ответить на этот вопрос и тем более объяснить, как он превратился из одной клетки в человека. Он, возможно, смог бы описать биологический процесс; но что движет этим процессом? Должна быть некая Сила, которая приводит его в действие; Сила, которая упорядочивает движение планет и побуждает деревья расти согласно удивительному шаблону, заложенному в крошечном семени. Это — чудеса Божественной Силы.

Человек может не принять определенное представление о Боге; но я убеждена, что ни один из людей не может, не противореча здравому смыслу, сказать: «Я не принимаю идею о том, что некая Сила стоит за всем происходящим в мироздании и побуждает меня думать, дышать и двигаться». Я не имею абсолютного контроля над своей жизнью, и атеист не имеет контроля над своей. Он ничего не знает о том, как он пришел сюда или когда он умрет, не правда ли?

В этом мире есть Сила, благодаря которой мы существуем и имеем способность мыслить — даже о непринятии идеи существования Бога. Я убеждена, что атеисты просто никогда по-настоящему не задумывались над этим вопросом, иначе они не смогли бы отвергнуть существование Высшей Силы.

Роль музыки в поиске Бога

Источником мироздания является вибрация. Вибрация производит звук. Есть два вида вибраций: гармоничные (позитивные) и негармоничные. Много тысячелетий назад, когда человек изъявил желание как-то выразить себя, он начал производить ритмические звуки. Сегодня мы называем это музыкой. Однако я должна сказать, что некоторые звуки в наше время совсем не музыкальные. Мы живем в достаточно неблагоприятную эпоху, и это проявляется в том числе в отсутствии гармонии во многих музыкальных композициях. Зачастую это просто какофония. Вдохновенная музыка, живопись, скульптура, — все формы искусства являются выражением Бога и Его творения. Многие шедевры искусства религиозны по своей тематике и пробуждают в человеке религиозное вдохновение. Когда человек заходит в древний индийский храм или посещает Ватикан и видит великолепные образцы живописи и скульптуры — такие прекрасные и вдохновенные, — у него уже не остается сомнений в божественном происхождении творческого духа человека. Такие образцы искусства пробуждают в человеке духовные чувства.

Но кто-то из вас спросил, можно ли слушать музыку во время медитации. Этот человек чувствует, что музыка ведет его к Богу. Да, она ведет к Богу. В Индии, например, уже на протяжении многих веков в духовном поиске используются песнопения. В любой религии музыка — неотъемлемая часть религиозных ритуалов. Но было бы неправильно утверждать, что музыка приносит более глубокое осознание, чем то, которое обретается, когда мы в полной неподвижности слушаем внутреннюю музыку[4]. Духовная цель музыки, то есть образов, создаваемых

---

[4] Здесь имеется в виду *Аум* — разумная космическая вибрация Духа; всепроникающий звук, который можно услышать внутри себя посредством практики техник медитации SRF.

гармоничными звуками, заключается в том, чтобы пробуждать у верующего любовь к Богу и религиозное вдохновение; но после этого он должен выходить за пределы внешних звуков, требующих участия физического органа восприятия — уха, и в глубокой медитации, в полной тишине, слушать внутри себя космический звук Вселенной — животворящее «Слово», «голос» Бога.

Следовательно, невозможно глубоко медитировать при прослушивании или исполнении музыки, ибо вы оказываетесь не в состоянии выйти за пределы внешнего стимула, так как находитесь в зависимости от физического органа восприятия. Во время исполнения песнопения человек может медитировать, но при условии, что его ум сосредоточен не на музыке, а на мысли, выраженной в песнопении. Таким образом вы можете погрузиться внутрь себя — погасить все чувства и стать внутренне неподвижным; тогда вы можете почувствовать Бога.

Один из величайших дирижеров нашего времени, Леопольд Стоковский, говорил мне, что почувствовал Бога через музыку. Он знал Гуруджи, был знаком с его учениями, и так получилось, что Мастер попросил меня оказать ему необходимую помощь, когда тот находился в Лос-Анджелесе с концертами. Наши разговоры часто касались учений Мастера о медитации. Как-то маэстро сел за пианино и стал для меня играть. Я была очень польщена этим. Он играл прекрасно, но я думала: «Что же я ему скажу? Как мне объяснить ему, что этого недостаточно для восприятия Бога? Вдохновение и постижение — разные вещи».

Когда он закончил играть, я сказала: «Это было прекрасно!» Я почувствовала, что он ожидал более развернутого комментария, и потому решилась продолжить: «Позвольте вас спросить. Вы говорили, что ваша медитация — это состояние, когда вы играете на пианино или дирижируете оркестром. Это ваша форма общения с Богом. А что бы стало с этим переживанием, если бы вы вдруг потеряли слух или ваши руки уже не смогли бы играть и дирижировать? Он задумался. Тогда я сказала: «Вы ограничиваете восприятие Бога своей зависимостью от способностей физического тела».

Я не преуменьшаю ценность музыки. Музыка всегда меня вдохновляла; вдохновляла она и Гуруджи. Я просто хочу сказать, что есть нечто за гранью музыки, и это нечто можно ощутить только в глубокой медитации.

Для общения с Богом медитирующему не требуются инструменты физического тела. В своем общении он переступает порог зависимости от своих органов чувств и действий — за исключением сознания, конечно.

Из-за своей неусидчивости многие люди просто не хотят прилагать усилия, необходимые для медитации. Они находят причины для замены медитации на другие вдохновляющие их вещи, чем оправдывают свое внутреннее (возможно, подсознательное) нежелание медитировать. Но ни музыка, ни какой-либо другой источник вдохновения не может заменить медитацию. Все формы искусства могут вдохновлять, но ничто не может заменить прямое общение с Богом.

Находите время для Бога

Никто и никогда не говорил, что Бог сделает нашу жизнь легкой! Жизнь — это постоянная борьба, и она всегда будет таковой. Все созданное проистекает из Бога, и большая часть человечества движется, подхваченная этим потоком. Индивидуум, который, развернувшись, устремил свою жизнь к Богу, в каком-то смысле движется против сильного течения. Он старается вернуться к Источнику, в то время как все остальные проплывают мимо него в противоположном направлении.

Поэтому вам может быть трудно уделять время Богу, если вы сами не примете решения сделать медитацию частью своего дня. Да, Он не уберет из вашей жизни все проблемы. Но благодаря контакту с Богом вы приобретете спокойствие, отвагу и силу, необходимые для встречи с тем, что вам несет день грядущий. Иногда груз на ваших плечах будет легким, а иной раз — тяжелым. Но это естественные трудности, которые нужно преодолевать в жизни.

Самые счастливые люди на свете — это те, кто в своей жизни следует определенной философии. Проблемы ввергают людей в отчаяние, когда их уму не на что опереться. Недавно один ученик подошел ко мне и сказал: «Я просто разваливаюсь на части». Причина такой эмоциональной реакции — отсутствие прочной философии, за которую можно держаться. Мастер говорил нам сделать Бога путеводной звездой нашей жизни, чтобы наш ум вращался вокруг Него при любых обстоятельствах. Если каждый день вы будете брать какую-нибудь мысль из работ Мастера и постоянно возвращаться к ней посреди всех своих дел и забот — хотя бы на мгновение, — это поможет вам сохранить внутреннее равновесие и внутреннюю силу. Это поможет вам еще больше укрепиться в Боге.

Намечайте цели для своего духовного развития

Новый год — очень благоприятное время для обновления своего энтузиазма на духовном пути. Многие ученики мне говорят: «Я не знаю, становлюсь ли я ближе к Богу. Внутри я ощущаю „засуху" и не чувствую никакого прогресса». В ответ я могу сказать лишь одно: нужны возрастающие усилия; нужна большая решимость почувствовать Божье присутствие и ежедневно искать Его в медитации.

Выберите одно необходимое вам внутреннее качество и сосредоточьтесь на воплощении его в себе. Это поспособствует вашему духовному росту. В нас изначально заложены божественные качества: смирение, преданность, мудрость, сострадательность, жизнерадостность; все это вечные атрибуты нашей души. Но нашу истинную божественность затеняет наше ограниченное маленькое «я» — наше эго.

Выберите одно качество, которое вам особенно близко, и сосредоточьтесь на нем. Размышляйте над ним; постарайтесь понять его важность и его предназначение; ищите пути его выражения. Преисполнившись решимости, с неослабевающим вниманием проявляйте усердие для достижения своей цели. Когда вы почувствуете, что начали проявлять это качество, прибавьте к нему еще одно качество души, над которым нужно поработать. И делайте так до тех пор, пока каждый лепесток вашей жизни не станет источать аромат Божьего присутствия.

Бог всегда с нами

Наши отношения с Господом становятся такими простыми и сладостными, когда мы помним о том, что Он с нами в каждый момент нашей жизни. Если мы будем искать чуда или феноменальных результатов в нашем поиске Бога, мы можем упустить из виду, какими многообразными путями Он все время приходит к нам. Не получив каких-то грандиозных переживаний, некоторые верующие разочаровываются и думают, что Бог от них далеко. Но если мы приучим себя замечать Его повсеместное присутствие, как нас тому учил Гурудэва, мы совсем скоро убедимся, что Бог всегда с нами. Я призываю вас поразмышлять над этими словами Гуруджи:

> Обычно причина духовного разочарования кроется в одном: верующий ожидает, что ответ от Бога придет в форме внутреннего озарения, повергающего в благоговейный трепет. Это ошибочное представление притупляет восприятие едва уловимых Божьих ответов, которые присутствуют с самого начала медитативной практики. Бог отвечает на каждое усилие верующего, на каждый его любящий зов. Даже будучи новичком, вы сможете убедиться в этом в своем собственном поиске, если научитесь распознавать Его как внутренний покой, который тихо и незаметно проникает в ваше сознание. Этот покой есть первое доказательство Божьего присутствия внутри вас. Вы будете знать, что это Он направил и вдохновил вас принять то или иное правильное решение в жизни. Вы почувствуете, что это Его сила делает вас способным преодолевать плохие привычки и культивировать духовные качества. Вы познаете Его как нарастающую радость и любовь, которые изливаются из внутренних глубин в вашу повседневную жизнь и отношения с окружающими.

Я молюсь, чтобы вы все более отчетливо ощущали Его близость и зрели Его во всех жизненных обстоятельствах; и чтобы посредством медитации и своей любви к Нему вы смогли соединить свою душу и сердце с Его вездесущностью.

Когда же Бог отзовется?

Гуруджи как-то сказал: «Я искал Бога на протяжении веков, но Он мне не отвечал. И тогда я сказал: „Однажды, Господи, Ты придешь ко мне". Мне было неважно, сколько ждать. Я знал, что Он был со мной во всех моих благородных желаниях, в каждом благом деле. А я все равно взывал к Нему, хоть Он и был так близко».

В сердце человека всегда должен жить любящий призыв к Богу, исполненный желания услышать Его ответ. Вот почему Мастер учил нас глубоко медитировать после практики Крийи и страстно молиться: «Господи, яви Себя, яви Себя!» Постоянно говорите с Ним на языке своей души. Чувствуйте смысл произносимых вами слов; не позволяйте себе повторять молитву механически. И не проявляйте нетерпения, если Он не отзывается. Как сказал Гуруджи, неважно, сколько придется ждать. Настрой должен быть таким: «Я буду искать Тебя до конца своей жизни!», а не таким: «Я даю Тебе шесть лет, и, если за это время Ты не придешь, я вернусь к простой мирской жизни».

Поиск Бога становится образом жизни: мы направляем всю свою энергию и мысли в одно русло, продолжая при этом выполнять каждодневные дела и обязанности. Если вы будете так жить, то однажды, когда вы меньше всего того ожидаете, вы получите некий знак, отклик от Бога. Как говорил Гуруджи, это может случиться как в медитации, так и после нее. И, когда это случится, никому об этом не рассказывайте и не принимайте это как должное. Просто внутренне скажите Богу: «Спасибо, Господи, спасибо!»

Некорректно спрашивать, когда же Он придет, потому что Он уже с вами. Он никогда вас не покидал. Вопрос, скорее, должен быть таким: «Когда я смогу осознать, что Ты со мной?» Вот что действительно важно. Да, Он уже с вами. Но вам нужно почувствовать это. Медитация снимет покров *майи*, который разлучил вас с Божественным Возлюбленным.

Когда Гуруджи сказал: «Однажды, Господи, Ты придешь ко мне», он выражался поэтическим языком, ибо затем он признал: «Я взывал к Нему, хоть Он и был так близко». Верующий должен практиковать Божье присутствие — всегда удерживать свой ум на Боге. Если он будет стараться жить согласно руководству Гуру и правильно себя вести, однажды он неожиданно осознает: «О, я думал, что Ты был так далеко, Господь; но теперь я знаю, что Ты всегда со мной!»

Если мы еще не осознаем, что Он всегда с нами, нам нужно проявить терпение. Гуруджи часто говорил нам: «Если вы будете то и дело встряхивать стакан с мутной водой, она так и будет оставаться мутной. Но если вы поставите стакан, муть осядет и вода станет чистой. То же самое происходит и с умом. Уже вскоре после начала медитации мои беспокойные мысли исчезают, и мой ум становится кристально чистым и спокойным». В этом и состоит смысл и ценность медитации.

Когда мы погружаемся в мирскую деятельность, наш ум уподобляется мутной воде. Но если мы научимся спокойно медитировать, муть беспокойства осядет и вода ума станет кристально чистой. И тогда в спокойных чистых водах ума мы сможем увидеть отражение Бесконечности.

Понимаете ли вы теперь, почему Гуруджи постоянно подчеркивал: «Медитируйте, медитируйте и еще раз медитируйте!» Всегда отводите время для медитации и добросовестно относитесь к своим обязанностям. Выполняйте их с мыслью: «Господи, какую бы работу я ни делал, я служу Тебе».

Нужно ли рассказывать о своих духовных воззрениях другим людям?

По мере того как растет наше понимание и любовь к Богу, ускоряется духовное развитие тех, кто нас окружает: наших детей, жены, мужа. Однако влияние необязательно оказывается через слова. Пытаясь навязать свои духовные взгляды, мы зачастую порождаем глубокое непонимание. Если кто-то в вашей семье не следует духовному пути, нельзя навязывать свои религиозные убеждения. Каждый человек, подобно цветку, должен раскрыться в свое время. Мы не можем заставить семя стать цветком за один день.

Поиск Бога — дело личное. Это не означает, что мы должны прятаться в шкафу, когда нам нужно медитировать; но мы должны следовать своему духовному пути так, чтобы наши домашние не испытывали неудобства и не чувствовали вину за то, что не разделяют наши взгляды. Иначе могут возникнуть обиды и негодование. Дети священнослужителей, например, часто самые проблематичные — и это правда, потому что родители сознательно или бессознательно принуждают их к своей вере. Ребенок чувствует, что он не может быть самим собой, не может выразить себя. В результате он может восстать против духовных принципов, которым его учат родители.

Самый лучший способ изменить других — подавать пример своим собственным поведением: не считать себя лучше других, не хвастаться своими духовными устремлениями и проявлять доброту, заботу, любовь и понимание, которые развиваются в нас как часть нашей Самореализации. Именно это трогает людей, и именно это может пробудить в них интерес к нашим духовным занятиям, которые и позволяют нам вести себя примерно.

Гармоничные отношения с окружающими

Почему люди ссорятся? Потому что каждый из них пытается высказать свою точку зрения, не желая слушать чужую. Мы становимся пристрастны в своем мнении. И тогда неизбежно возникают трения. В конце концов члены семьи могут перестать разговаривать друг с другом либо изъявить желание пожить отдельно.

Помню, как однажды мы, ученики, уселись вокруг Гуруджи и начали обсуждать духовные темы. Неожиданно он посмотрел на каждого из нас и начал улыбаться. Мы спросили: «Что такое, Мастер?» Он покачал головой и ответил: «Я не притягивал к себе людей со слабым характером. У каждого из вас очень сильная воля». И добавил: «Всякий раз, когда между вами возникает недопонимание, собирайтесь вместе и обсуждайте возникшую проблему». Мастер также не раз повторял: «Глупые ссорятся — мудрые обсуждают». Никто в ашраме не желает попасть в число глупых, поэтому мы садимся и обсуждаем все как мудрые.

Когда люди, в особенности волевые, выстраивают между собой взаимоотношения, им нужно уже в самом начале договориться, что все свои проблемы они будут обсуждать, давая друг другу возможность высказать свою точку зрения. Старайтесь поддерживать между собой диалог. Как только диалог прекращается, отношения постепенно сводятся на нет. Но если вы уважаете чужую точку зрения и даете человеку возможность ее выразить, не перебивая его, тогда он, возможно, ответит вам тем же. Только таким путем взаимного обмена мнениями мы приходим к обоюдному пониманию. Цель супружества состоит не только в том, чтобы производить детей, но и помогать друг другу. Обмен колкостями — это не помощь. Помогать друг другу нужно путем диалога и обмена мнениями.

Мы нуждаемся в большем понимании, и дать его нам может только Бог и медитация на Него. Бог должен занимать все больше места в нашей семейной жизни. Здесь, на Западе, есть такое выражение: «Крепка та семья, члены которой молятся вместе». И это правда.

«В духе божественной дружбы»

Многие письма к своим ученикам Мастер подписывал словами: «В духе божественной дружбы»; и по его желанию все письма Self-Realization Fellowship, адресованные членам общества, традиционно заканчиваются этой фразой. Он часто говорил нам, что самыми чистыми и благородными взаимоотношениями между душами могут быть лишь те, что построены на духе истинной дружбы. В ней принуждения. Он говорил не об обычной человеческой дружбе; он имел в виду ничем не обусловленную дружбу — те чувства, которые Христос питал к своим ученикам, а они питали к своему гуру и друг к другу. Это безличные отношения, и при этом они самые близкие из всех. Это открытые отношения — в том смысле, что человека принимают таким, какой он есть, — со всеми его недостатками. Когда мнения таких друзей расходятся, они не судят своего товарища; напротив, их дружба остается нерушимой и со временем становится все сладостней. Гуруджи не раз говорил своим возлюбленным ученикам: «Дружба как вино — с годами она становится все слаще».

Я хочу зачитать вам несколько мыслей Гуруджи об идеале универсальной дружбы, всемирного братства:

> Словосочетание «мировое содружество» звучит просто, но в этих двух словах кроется панацея от всех болезней — индивидуальных, социальных и политических, — которые угрожают материальному, умственному, моральному и духовному благополучию человечества. Этот мир не принадлежит ни мне, ни вам. Мы лишь путешественники; мы здесь на короткое время. Этот мир принадлежит Богу. Он его Президент. И под Его руководством мы должны создать объединенный мир, где каждая нация живет в братском содружестве с другими... Путь к этому лежит через

познание Бога, а путь к познанию Бога лежит через медитацию на Бога... Только мировое содружество может устранить ненависть и предотвратить войны. Только мировое содружество может стабилизировать процветание человечества. Поэтому я говорю вам: взлелейте чувство этого содружества в своих сердцах посредством общения с Богом. Почувствуйте отцовство Бога; почувствуйте, что каждый человек на земле близок вам. Когда вы почувствуете Бога в своем сердце, вы внесете в развитие мировой цивилизации такой вклад, какого еще не вносил ни один король или политик. Любите всех, с кем вам доводится сталкиваться. Будьте способны уверенно говорить: «Он мой брат, ибо в нем пребывает тот же Бог, что и во мне».

В чем наш мир сегодня нуждается особо? В том, чтобы все больше и больше людей расширяли свое сознание за пределы своего маленького «я» и дарили божественную любовь и дружбу всем людям.

Рассказывая о Махатме Ганди, Гуруджи отмечал, что он принадлежал не только Индии. Этот скромный человек, в обществе которого Гуруджи провел несколько дней, был смиренной душой; он жил очень просто, и его единственной одеждой была набедренная повязка. Хоть он и был индусом из Индии, его можно назвать истинным христианином современной эпохи. Он говорил: «Всякий, кто любит мою Индию, является индусом». Эти слова говорят о том, что его любовь к людям не знала исключений. Его любовь к Богу и к своей нации охватывала все человечество. Он признавал универсальную природу человеческого духа и был ее живым олицетворением.

Этот дух Гурудэва воплотил и в своей жизни. Для него не было чужих людей. Каждому, кого он встречал, он протягивал руку дружбы с детской доверчивостью. Он дарил понимание тем, кто его не понимал. Он следовал такому идеалу: сначала нужно искренно искать Бога (другими словами, мы должны сами убедиться в том, что мы — часть Бога и что Он отвечает на тайный зов наших сердец), а затем дарить божественную любовь и дружбу, найденные в Боге, каждому, кто повстречается нам на пути.

Прощение приносит умственный покой

Гурудэва не раз говорил, что, подобно тому как смятая роза все еще источает аромат, так и богоискатель, «смятый» недоброжелательностью других людей, по-прежнему источает сладкий аромат любви.

Своей успокаивающей вибрацией божественной любви прощение нейтрализует разрушительный эффект злобы, ненависти и чувства вины. В этом несовершенном мире, где добро неизбежно встречает сопротивление, прощение является проявлением Божественного сознания. Если мы с готовностью прощаем своего обидчика, вместо того чтобы осуждать его, мы очищаем свое сознание, в результате чего получаем вознаграждение — благодатный покой ума.

Почему иногда так трудно простить обидчика и забыть о случившемся? Человеческое эго требует удовлетворения и ищет его путем мести и возмездия; оно чувствует себя выше, когда осуждает. Но это не приносит нам покоя. Мы были бы намного счастливее, если бы прислушались к своему истинному «Я» — к своей душе, которая самодостаточна — и погасили долг правонарушителя молитвой: «Господи, благослови его». Разве мы не хотим, чтобы Бог и люди прощали нас за наши ошибки? «Прощайте, и прощены будете» — это духовный закон.

В индуистских писаниях говорится: «Человек должен прощать, каким бы ни был нанесенный ему ущерб... Все мироздание держится на прощении. Прощение — это сила сильнейшего; прощение — это жертва; прощение — это покой ума. Прощение и доброжелательность есть качества того, кто достиг самообладания. Они олицетворяют вечную добродетель». Старайтесь жить этим идеалом, даря всем доброту и целительную любовь. И тогда вы почувствуете, как в ваше сердце вливается всеохватывающая Божья любовь.

Как «стереть» свои прошлые ошибки

Гурудэва Парамаханса Йогананда говорил: «Ошибки целой жизни могут быть исправлены прямо сегодня... Как только вы вынесете себе вердикт и пожелаете стать другим человеком, вы измените́сь». Мы можем измениться мгновенно, если откроем в себе всепобеждающую силу души. Что нас удерживает от этого? Мы слишком сильно отождествляем себя со своими недостатками; мы формируем в сознании ограничивающие мысли о себе и поэтому сгибаемся под гнетом упаднического настроения и последующей инерции. Совершая ошибку, мы носим в себе «лишний багаж» — угрызения совести и пораженческое настроение.

Мы должны освободить себя от этого мертвого груза. Нужно лишь жить в настоящем. Что было — то было; настал час приложить искренние усилия, чтобы начать жить так, как того хочет от нас Бог. Если мы оступились, мы тут же должны исправить себя, мысленно попросить у Него помощи и постараться впредь двигаться в правильном направлении. Вместо того чтобы думать об ошибках прошлого, сосредоточьтесь на радости, которую испытывает Господь, когда видит, какими сильными и мудрыми мы становимся. Конструктивные усилия, подкрепленные концентрацией внимания на Боге, порождают чувство свободы и энтузиазма и стимулируют волю. Благодаря этой динамической воле, поддерживаемой Божьим благословением, мы можем достичь всего. Но самое главное то, что, сонастроившись с Ним, погрузившись в Его любовь и последовав Его мудрости, мы станем истинно любящими Бога людьми и обретем контроль над своей судьбой.

Безусловная любовь Господа

Какова сущность Господа? Он есть Отец, Мать и Друг; Он есть любовь, сострадание, понимание и прощение.

Такие Божьи воплощения, как Иисус и Кришна, проявили в себе Его качества, чтобы мы могли воочию увидеть и познать Господа. Такие примеры необходимы, чтобы воодушевлять человечество, потому что в трудные времена мы нуждаемся в напоминании о том, что Бог любит и прощает нас. Трудности довольно часто порождают в нас ошибочное чувство, что Бог нас покинул; и ум захлопывает перед Ним дверь как раз в тот момент, когда мы должны обратиться к Нему с верой.

В моменты слабости бывает полезно поразмышлять над мудростью священных писаний, где показывается, как Бог, проявленный в великих душах, относится к ученику, который ошибся, но искренне хочет измениться. На Тайной вечере Иисус не только предсказал, что Петр отречется от него, но также утешил его и защитил от отчаяния: «Но я молился о тебе, чтобы не оскудела вера твоя; и ты некогда, обратившись, утверди братьев твоих»[5]. Он понимал, что страх может ослабить веру его

---

[5] Лк. 22:32.

ученика. Но Иисус смотрел на эту слабость как на временное явление; и это никоим образом не повлияло на его любовь к Петру и веру в его способность исполнить Божью волю.

Душа каждого человека — получатель безусловной любви Бога. Каждый из нас — Его любимчик, как говорил Гуруджи. Будучи величайшим доброжелателем, Господь жаждет нашего спасения даже больше, чем мы сами. Глубоко общайтесь с Богом бесконечной любви; Он всегда ждет вас в храме медитации.

«За все благодарите»

«Всегда радуйтесь, — говорит нам Священное Писание. — Непрестанно молитесь. За все благодарите»[6]. С благодарностью осознавая доброту и любовь нашего Небесного Отца, мы углубляем свою сонастроенность с Ним. Благодарность Ему открывает наши сердца навстречу изобилию Божьей любви в ее многочисленных проявлениях.

Существует три стадии развития в себе чувства неувядаемой благодарности.

Первое: учитесь благодарить Бога всякий раз, когда у вас есть причина для радости. Любое полученное благо всегда должно быть напоминанием о том, что необходимо благодарить истинного Дарителя всех радостей.

Второе: мы не должны воспринимать блага своей жизни как что-то само собой разумеющееся. Недаром ведь говорят, что мы начинаем что-то ценить, только когда теряем это; но так быть не должно. Давайте в полной мере ценить и любить своих родных и близких и все, что мы имеем в этой жизни,

---

[6] 1Фес. 5:16-18.

— здоровье, еду, бытовые удобства, красоту природы и изобилие всего хорошего — постоянно направляя свою любовь и внимание на Божественного Подателя всех этих даров.

И третье: если мы натренируем свой ум благодарить Бога, даже когда нам очень трудно, мы откроем для себя скрытое благо в каждой сложной ситуации. Конечно, это потребует волевого усилия, но этим мы продемонстрируем свое доверие к Нему и автоматически сосредоточимся на всем позитивном, что есть в сложившейся ситуации. Испытания — это не что иное, как «тень Его руки, простертой к нам в благословении»[7], а наша благодарность помогает нам перевести свой взгляд с тени на саму руку Господа. Наше понимание открывается навстречу ценным урокам, которые нам еще предстоит выучить; наш дух вздымается ввысь, и наша вера возрастает. Эти позитивные чувства высвобождают целительную энергию и внутреннюю силу и повышают нашу восприимчивость к преобразующему прикосновению Господа.

Поэтому мы должны «непрестанно молиться» — внутренне поддерживать непрерывную связь с нашим Вечным Отцом и Другом. Когда Он увидит, что Он стоит на первом месте в нашей жизни, мы непременно почувствуем Его вечную, всеутоляющую любовь.

---

[7] Фрэнсис Томпсон. Гончая Небес.

КНИГИ ПАРАМАХАНСЫ ЙОГАНАНДЫ НА РУССКОМ ЯЗЫКЕ

Издательство Self-Realization Fellowship

Доступны на сайте www.srfbooks.org и в других книжных интернет-магазинах

«Автобиография йога»

«Там, где свет»

«Вечный поиск»
Первый том собрания лекций, эссе и неформальных бесед Парамахансы Йогананды

«Как говорить с Богом»
Характеризуя Бога как трансцендентного всеобъемлющего Духа, Отца, Мать, Друга и всеобщего Возлюбленного, Парамаханса Йогананда показывает, насколько близок Господь к каждому из нас, а также объясняет, как сделать молитвы настолько интенсивными и убедительными, чтобы они смогли принести ощутимый ответ от Бога

«Научные целительные аффирмации»
В этой книге Парамаханса Йогананда представляет основательное разъяснение науки аффирмации. Он доступно объясняет, почему аффирмации эффективны, а также каким образом задействовать силу слова и мысли не только с целью исцеления, но и для привнесения желаемых перемен во все сферы жизни. В книге, помимо прочего, содержится огромное многообразие аффирмаций

«Метафизические медитации»

Более трехсот вдохновенных медитаций, одухотворенных молитв и аффирмаций Парамахансы Йогананды

«Религия как наука»

По словам Парамахансы Йогананды, в каждом человеке живет неотвратимое желание преодолеть все страдания и обрести неиссякаемое счастье. Объясняя, каким образом можно утолить это желание, он в то же время говорит об относительной эффективности разнообразных подходов, применяемых для достижения этой цели

«Закон успеха»

В этой книге Парамаханса Йогананда разъясняет динамические принципы достижения целей

«Внутренний покой»

Практичное и вдохновляющее руководство, основу которого составляют выдержки из лекций и печатных трудов Парамахансы Йогананды. Эта книга рассказывает о том, как стать «активно спокойным» посредством медитации и «спокойно активным» посредством сосредоточения на безмятежности и радости нашей внутренней сущности, живя при этом динамичной и сбалансированной жизнью, несущей удовлетворение

«Высказывания Парамахансы Йогананды»

Мудрость Парамахансы Йогананды, запечатленная в его чистосердечных, проникнутых любовью наставлениях всем тем, кто приходил к нему за духовным руководством

«Жить бесстрашно»

Парамаханса Йогананда объясняет, как сломить оковы страха и преодолеть психологические преграды, стоящие на нашем пути. Книга «Жить бесстрашно» ярко демонстрирует, какими мы можем стать, если просто лишь поверим в божественность нашей подлинной сущности — души

«Быть победителем в жизни»

В этой замечательной книге Парамаханса Йогананда рассказывает, как достичь высочайших жизненных целей, раскрыв свой безграничный внутренний потенциал. Он дает практические советы по достижению успеха, описывает эффективные методы обретения неувядаемого счастья, а также учит, как преодолеть пессимизм и инерцию путем использования динамической силы собственной воли

«Почему Бог допускает зло»

В книге «Почему Бог допускает зло» Парамаханса Йогананда раскрывает тайны *лилы* — Божественного спектакля жизни. Его комментарии даруют утешение и силы, которые так необходимы во времена испытаний. Читатель поймет, почему Господь задумал двойственную природу мира, в которой переплетены добро и зло, а также узнает, как можно возвыситься над самыми сложными обстоятельствами

ДРУГИЕ ИЗДАНИЯ SELF-REALIZATION FELLOWSHIP НА РУССКОМ ЯЗЫКЕ

«Только любовь»
Шри Дайя Мата

«Как найти радость внутри себя»
Шри Дайя Мата

«Отношения между гуру и учеником»
Шри Мриналини Мата

«Проявление Божественного сознания в повседневной жизни»
Шри Мриналини Мата

*В издательстве «София» (www.sophia.ru)
можно приобрести следующие книги:*

«Автобиография йога»

«Бхагавадгита: Беседы Бога с Арджуной»
— *Новый перевод и комментарии*
В этом монументальном труде Парамаханса Йогананда раскрывает суть самого известного священного писания Индии. Исследуя психологические, духовные и метафизические глубины, он проливает свет на продолжительный путь души к озарению посредством царской науки Богопознания.

КНИГИ ПАРАМАХАНСЫ ЙОГАНАНДЫ НА АНГЛИЙСКОМ ЯЗЫКЕ

Autobiography of a Yogi

God Talks With Arjuna: The Bhagavad Gita —
A New Translation and Commentary

The Second Coming of Christ
The Resurrection of the Christ Within You —
A revelatory commentary on the original teachings of Jesus

The Yoga of the Bhagavad Gita

The Yoga of Jesus

The Collected Talks and Essays
Volume I: **Man's Eternal Quest**
Volume II: **The Divine Romance**
Volume III: **Journey to Self-realization**

Wine of the Mystic
The Rubaiyat of Omar Khayyam — A Spiritual Interpretation

Songs of the Soul

Whispers from Eternity

Scientific Healing Affirmations

In the Sanctuary of the Soul
A Guide to Effective Prayer

The Science of Religion

Metaphysical Meditations

Where There Is Light
Insight and Inspiration for Meeting Life's Challenges

Sayings of Paramahansa Yogananda

Inner Peace
How to Be Calmly Active and Actively Calm

Living Fearlessly
Bringing Out Your Inner Soul Strength

The Law of Success

How You Can Talk With God

Why God Permits Evil and How to Rise Above It

To Be Victorious in Life

Cosmic Chants

АУДИОЗАПИСИ ПАРАМАХАНСЫ ЙОГАНАНДЫ

Beholding the One in All

The Great Light of God

Songs of My Heart

To Make Heaven on Earth

Removing All Sorrow and Suffering

Follow the Path of Christ, Krishna, and the Masters

Awake in the Cosmic Dream

Be a Smile Millionaire

One Life Versus Reincarnation

In the Glory of the Spirit

Self-Realization: The Inner and the Outer Path

ДРУГИЕ ИЗДАНИЯ SELF-REALIZATION FELLOWSHIP НА АНГЛИЙСКОМ ЯЗЫКЕ

The Holy Science
— Swami Sri Yukteswar

Only Love
Living the Spiritual Life in a Changing World
— Sri Daya Mata

Finding the Joy Within You
Personal Counsel for God-Centered Living
— Sri Daya Mata

Intuition:
Soul Guidance for Life's Decisions
— Sri Daya Mata

God Alone
The Life and Letters of a Saint
— Sri Gyanamata

"Mejda"
The Family and the Early Life of Paramahansa Yogananda
— Sananda Lal Ghosh

Self-Realization
*(журнал, основанный
Парамахансой Йоганандой в 1925 году)*

DVD-фильм

Awake: The Life of Yogananda
Фильм производства CounterPoint Films

Каталог всех печатных изданий, а также аудио- и видеозаписей Self-Realization Fellowship доступен на сайте www.srfbooks.org.

БЕСПЛАТНЫЙ ОЗНАКОМИТЕЛЬНЫЙ МАТЕРИАЛ

Крийя-йога и другие научные техники медитации, которым обучал Парамаханса Йогананда, а также его руководство по всем аспектам сбалансированной духовной жизни представлены в серии уроков для домашнего изучения — *Self-Realization Fellowship Lessons*. Если вы желаете запросить бесплатный ознакомительный материал по *Урокам SRF*, пожалуйста, посетите веб-сайт www.srfbooks.org.

Self-Realization Fellowship
3880 San Rafael Avenue • Los Angeles, CA 90065-3219-USA
Phone +1(323) 225-2471 • Fax +1(323) 225-5088

www.yogananda.org

О ПАРАМАХАНСЕ ЙОГАНАНДЕ

«В жизни Парамахансы Йогананды в полной мере проявился идеал любви к Богу и служения человечеству... Хотя большую часть своей жизни Йогананда провел за пределами Индии, он все же занимает особое место среди наших великих святых. Его работа продолжает приносить свои плоды и сияет все ярче, привлекая людей всего мира на путь духовного паломничества».

— из сообщения индийского правительства, посвященного выпуску памятной марки в честь Парамахансы Йогананды

Парамаханса Йогананда широко известен как один из наиболее выдающихся духовных деятелей нашего времени. Он родился в Северной Индии в 1893 году; более тридцати лет — вплоть до своей кончины в 1952 году — он прожил в Соединенных Штатах, куда был приглашен в 1920 году для участия в Международном конгрессе религиозных либералов в Бостоне в качестве делегата от Индии. Своими духовными учениями, а также примером своей собственной жизни, он внес неоценимый вклад в признание Западом духовной мудрости Востока.

Его знаменитая «Автобиография йога» являет собой одновременно блестящий портрет духовного учителя мировой величины и основательное введение в древнюю науку йоги с ее многовековой традицией медитации. Неизменный бестселлер со своего первого появления в печати более шестидесяти лет назад, эта книга переведена на более чем сорок языков и широко используется в колледжах и университетах в качестве авторитетного пособия. Став современной духовной классикой, «Автобиография йога» сумела проложить свой путь к сердцам миллионов читателей во всем мире.

В наши дни духовная и гуманитарная работа, начатая Парамахансой Йоганандой, продолжается обществом Self-Realization Fellowship — международной религиозной организацией, основанной им в 1920 году. Работой общества руководит брат Чидананда. Помимо издания письменных трудов Йогананды, его лекций, неформальных выступлений и всеобъемлющей серии уроков для домашнего изучения *(Уроки SRF)*, общество курирует работу храмов, ретритов и медитационных центров, действующих по всему миру, а также работу Всемирного круга молитвы и монашеских общин Ордена Self-Realization Fellowship.

В октябре 2014 года вышел удостоенный наград документальный фильм о жизни и деятельности Парамахансы Йогананды, *Awake: The Life of Yogananda*.

ЦЕЛИ И ИДЕАЛЫ
SELF-REALIZATION FELLOWSHIP

как их сформулировал его основатель Парамаханса Йогананда

Брат Чидананда, президент

Распространять среди народов мира знание об определенной технике обретения прямого личного контакта с Богом.

Учить, что цель жизни состоит в эволюции сознания — расширении ограниченного человеческого, смертного сознания до Божественного Сознания путем работы над собой. С этой целью создавать во всем мире храмы Self-Realization Fellowship для общения с Богом и поощрять создание личных Божьих храмов в домах и сердцах всех людей.

Раскрыть полную сочетаемость и сущностное единство изначального христианского учения, каким его принес в мир Иисус Христос, и изначального учения йоги, каким его принес в мир Бхагаван Кришна. Показать, что истины, изложенные в этих учениях, являются общей научной основой всех истинных религий.

Указать людям единую божественную дорогу, к которой в конечном счете ведут пути всех истинных религий, — дорогу ежедневной, научной и вдохновенной медитации на Бога.

Освободить людей от тройного страдания: физических болезней, дисгармонии ума и духовного неведения.

Поощрять «простую жизнь и возвышенное мышление»; распространять дух братства среди всех людей и народов, раскрывая им вечную основу их единства — их родство с Богом.

Продемонстрировать превосходство ума над телом и превосходство души над умом.

Преодолевать зло добром, печаль — радостью, жестокость — добротой, неведение — мудростью.

Воссоединить науку с религией путем осознания единства принципов, лежащих в их основе.

Всячески способствовать культурному и духовному взаимопониманию между Востоком и Западом и поощрять взаимный обмен их наилучшими достижениями.

Служить человечеству как своему высшему «Я».

www.ingramcontent.com/pod-product-compliance
Lightning Source LLC
Chambersburg PA
CBHW020729160426
43192CB00006B/166